供应链大数据分析与应用

主　编　佟　昕
副主编　于海峰　赵瑞君　相聪姗
　　　　张冰华　王妮妮

北京理工大学出版社
BEIJING INSTITUTE OF TECHNOLOGY PRESS

内 容 简 介

本书共有9个学习单元，每个学习单元都包含知识目标、技能目标和素质目标，教材内容反映了行业发展的新趋势，能满足行业企业对高素质高技术技能人才的需求。同时，在本书的编写过程中加入了思政元素，潜移默化培养大学生人才的思想道德。本教材的主要内容如下：

学习单元1是供应链的定义，主要包括供应链的定义和范畴，供应链的发展新形态。学习单元2是供应链的作用，主要包括供应链在电子商务中的地位、对其影响和运作形式。学习单元3是生产活动，主要包括传统行业生产与电商行业生产、生产流程和生产方式。学习单元4是供应计划，主要包括供应计划流程、供应分析和缺货分析。学习单元5是需求计划，主要包括需求收集、需求预测分析和需求评估分析。学习单元6是分销计划，主要包括库存分析、缺货预警分析和进销存分析。学习单元7是物流管理，主要包括运输线路规划、头程物流分析、B2B物流分析和B2C物流分析。学习单元8是仓储管理，主要包括仓储选址和布局规划、大仓管理模式、电商仓作业流程、入库分析、订单操作和出库分析。学习单元9是供应链的发展新态势，主要包括各行业的电商化、跨境电商、O2O和新媒体电商。

图书在版编目（CIP）数据

供应链大数据分析与应用／佟昕主编. -- 北京：
北京理工大学出版社，2022.11
ISBN 978-7-5763-1823-4

Ⅰ. ①供…　Ⅱ. ①佟…　Ⅲ. ①供应链管理-数据处理
Ⅳ. ①F252.1

中国版本图书馆CIP数据核字（2022）第208175号

出版发行／北京理工大学出版社有限责任公司
社　　址／北京市海淀区中关村南大街5号
邮　　编／100081
电　　话／（010）68914775（总编室）
　　　　　（010）82562903（教材售后服务热线）
　　　　　（010）68944723（其他图书服务热线）
网　　址／http://www.bitpress.com.cn
经　　销／全国各地新华书店
印　　刷／三河市天利华印刷装订有限公司
开　　本／787毫米×1092毫米　1/16
印　　张／14
字　　数／326千字
版　　次／2022年11月第1版　2022年11月第1次印刷
定　　价／69.00元

责任编辑／孟祥雪
文案编辑／孟祥雪
责任校对／周瑞红
责任印制／施胜娟

前　言

2020 年 4 月 10 日，在中央财经委员会第七次会议上，习近平总书记强调要构建以国内大循环为主体、国内国际双循环相互促进的新发展格局。

从供给层面来看，经过四十多年的改革开放，中国已经拥有了最完整、规模最大的工业供应体系，是全世界唯一拥有联合国产业分类中全部工业门类的国家；中国多数产业内部竞争激烈，企业可以同时收获规模经济效应和竞争效应。从需求层面来看，中国拥有超大的市场规模，是全球最有潜力的消费市场。同时，伴随着我国互联网、大数据和人工智能等技术的发展和进一步应用，各个行业从供给结构到需求结构都发生了深刻的变革。为了适应和融入变化，直面挑战和拥抱机遇，本书作为面向高职教育中供应链管理与物流类专业的教材，主要从供应链管理、供应链整个环节的系统分析出发，通过在供应链需求预测的基础上，对供应链采购决策、库存、生产管理等分析进行控制，再对供应链运输规划、网络策略、分销策略等进行优化配置，使学生具备供应链管理与物流管理行业的专业知识与能力，发挥专长，参与企业发展和全行业的建设，为整体国家经济发展贡献力量。

本书由多位教学一线的教师共同完成，依据供应链管理、供应链系统分析等实际工作内容，把供应链管理的有关环节，包括供应链需求预测、供应链采购决策、供应链库存控制、供应链生产管理、供应链运输规划、供应链网络策略、供应链分销策略、供应链风险评估及供应链数字化运营进行系统化讲解，形成了一个完整的知识体系。本书可作为高职高专院校物流管理、供应链管理与电子商务等专业学生学习"供应链数据分析与管理"课程教材，同时可作为期望成为供应链管理与物流从业人员进行数据分析的自学参考用书。

本书在编写过程中重点突出实操能力的培养，并以期在供应链管理方面有所突破，编写思路突出了以下特点：

1. 校企双元团队合作开发与编写。教材编写团队建立了校企双元团队，以佟昕领衔，多位高职院校供应链与物流管理教师和企业供应链管理人员参与编写。企业管理人员主要提供行业、企业供应管理数据分析的素材，教师负责将这些素材转化为学习任务和项目等内容。

2. 配套视频教学资源。本书突出学生实操模拟实训的情景设计与组织，使教材更贴近于供应链管理的实践。为了能让学生更好地理解有关操作方法和步骤，对一些关键的实操内容拍摄成视频教学资源，学生可以反复多次观看直到学会为止，让学生更容易学会和掌握。

3. 注重实践，锻炼学生动手能力。在教学目的和方法上，力求能够以案例为引导，开展实例训练，锻炼学生的动手能力。在教学内容安排上，摒弃了以往传统的学科体系，设计了多个教学实操环节，每个案例实操都是先让学生进入任务情景，通过案例的导入，学生面对现实供应链管理的问题，以供应链管理者的角色，独立思考所碰到的实际问题，去探究学习所需要的知识与技能，引导学生在工作中学习，在学习中工作，在整个过程中注重学生动手能力的培养。

4. 思政内容贯穿始终。本书以习近平新时代中国特色社会主义思想为指导，坚持把思政内容贯穿教材的始终，提倡正确的政治方向、价值观念和舆论导向。在每一个学习单元中都加入思政元素，分别从法制意识、责任意识和职业道德素养等方面学习，旨在通过学习知识与技能的同时给学生讲好思政内容，让学生在学习知识和掌握技能的过程中，深刻意识到思政元素在今后工作中的重要性，能把法律意识、职业道德和团队精神潜移默化融入学生的思想观念中，在日常生活和工作中自觉践行社会主义核心价值观。

5. 采用企业真实数据，让学生掌握真正解决问题的能力。本书在编写过程中，得到北京京东乾石科技有限公司、顺丰快递沈阳分公司、辽宁诚通物流有限公司等企业大力支持，为教材编写、任务实施、案例或学习检测等内容的数据分析提供了企业的真实数据。通过这些企业真实数据，学生能够真正了解到企业实际发生的问题，如何通过数据分析来解决企业在供应链中存在的问题。

本书由辽宁经济职业技术学院佟昕（首批国家级职业教育教师教学创新团队（现代物流管理领域）核心成员、辽宁省千层次人才）担任主编，负责拟定全书的编写大纲、框架设计以及最后的统稿工作，由辽宁经济职业技术学院于海峰、赵瑞君、相聪姗，辽宁交通高等专科学校张冰华，辽宁诚通物流有限公司王妮妮担任副主编。具体编写分工如下：佟昕编写项目一至项目四；赵瑞君编写项目五、项目六；相聪姗编写项目七、项目八；于海峰、张冰华编写项目九；王妮妮对全书进行校验。

本书可作为高职高专院校、成人高校供应链管理、经管、物流管理、国贸、营销等专业的教学用书，也可作为其他专业学生和供应链管理与物流人员的培训教材。

本书可作为高职高专院校商科专业学生学习供应链数据分析的课程教材，同时可作为期望成为供应链数据分析从业人员的自学参考用书。

在本书编写过程中，编者参阅采撷了大量国内外同类教材和专家学者的研究成果，恕不能一一列出，在此谨向各位作者致谢！

尽管我们在本书的编写中，致力于探索高职高专院校工学结合的人才培养模式并以此来设计教材内容，但是由于数据分析技术的发展日新月异，加之时间及作者水平有限，本书还有许多不成熟的地方，恳请同行及读者批评指正，以使本书日臻完善。

编　者

目　录

学习单元 1　供应链的定义 ·· 1

　　任务 1-1　供应链的定义和范畴 ·· 2

　　任务 1-2　供应链的发展新形态 ·· 6

学习单元 2　供应链的作用 ·· 10

　　任务 2-1　供应链在电子商务中的地位 ······························ 11

　　任务 2-2　供应链对电子商务的影响 ·································· 13

　　任务 2-3　供应链的运作形式 ·· 15

学习单元 3　生产活动 ·· 21

　　任务 3-1　传统行业生产与电商行业生产 ····························· 22

　　任务 3-2　生产流程 ·· 25

　　任务 3-3　生产方式 ·· 32

学习单元 4　供应计划 ·· 38

　　任务 4-1　供应计划流程 ·· 39

　　任务 4-2　供应分析 ·· 52

　　任务 4-3　缺货分析 ·· 61

学习单元 5　需求计划 ·· 65

　　任务 5-1　需求收集 ·· 66

　　任务 5-2　需求预测分析 ·· 69

　　任务 5-3　需求评估分析 ·· 83

学习单元 6　分销计划 ·· 91

　　任务 6-1　库存分析 ·· 92

　　任务 6-2　缺货预警分析 ·· 106

　　任务 6-3　进销存分析 ·· 111

学习单元 7　物流管理 ··· 122

　　任务 7-1　运输线路规划 ·· 123

　　任务 7-2　头程物流分析 ·· 131

　　任务 7-3　B2B 物流分析 ·· 139

　　任务 7-4　B2C 物流分析 ·· 148

学习单元 8　仓储管理 ··· 159

　　任务 8-1　仓储选址和布局规划 ······································ 161

任务 8-2 大仓管理模式 ·· 173

任务 8-3 电商仓作业流程 ··· 175

任务 8-4 入库分析 ·· 179

任务 8-5 订单操作 ·· 183

任务 8-6 出库分析 ·· 187

学习单元 9 供应链的发展新态势 ·· 195

任务 9-1 各行业的电商化 ··· 196

任务 9-2 跨境电商 ·· 200

任务 9-3 O2O ··· 205

任务 9-4 新媒体电商 ··· 208

参考文献 ··· 214

学习单元 1 供应链的定义

知识目标

1. 掌握传统供应链采购、生产、物流和销售的过程和相互关系。
2. 掌握电商供应链采购、分销、平台渠道销售的过程和相互关系。
3. 掌握供应链按照职能划分和从事活动划分的范畴。

技能目标

1. 能够说出传统供应链和电商供应链的区别。
2. 能够说出电商供应链在平台模式和自营模式情况下的区别。

素质目标

1. 理解国家对于供应链改善中国国民经济运营效率的期望。
2. 理解国家对于供应链从事人员个人品德的要求。

思政元素

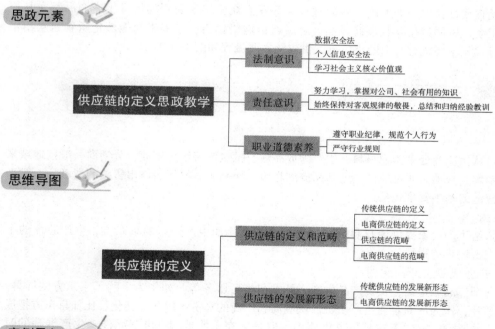

思维导图

案例导入

  由于汽车市场需求的变化，一汽大众需要把采购从少品种、大批量的方式转变为多品种、小批量的方式。如果不采用先进的信息管理系统，必会导致库存量大、生产效率低、生产成本高的情况。因此企业考虑统筹规划，使用合适的供应链软件，使物流、信息流和资金流并行，对企业内部物流整合，从制度上规范公司业务的各个环节，改善企业的经营决策功能，实现采购订货及时、库存量降低、生产计划安排合理、整体运营水平提高。具体表现在以下方面：采购人员可以从系统中查看各供应商的历史信息，根据其价格、供货质量、服务等指标来选择供应商，既准确实现物料采购，也大大缩短了采购周期，缩短了库存盘点的时间，又智能地选择库存的补充时机和补充数量，生产装配能够精细科学地执行计划过程和完成计划任务，质量管理信息的采集、处理和质保的跟踪变得特别容易。

案例思考

1. 企业如何系统地、有针对性地管理供应链复杂度？
2. 企业如何保证物流、信息流和资金流的协同工作？

案例启示

1. 采购、库存和生产阶段的供应链管理能够大大提高整体供应链的运营效率。
2. 通过信息化改造和标准软件的采用，能为供应链管理实行信息的透明和关键数据的共享。

任务 1-1 供应链的定义和范畴

知识准备

供应链的概念是从扩大的生产（Extended Production）概念发展而来的，现代管理教育对供应链的定义为："供应链是围绕核心企业，通过对商流、信息流、物流、资金流的控制，从采购原材料开始到制成中间产品及最终产品，最后由销售网络把产品送到消费者手中的一个由供应商、制造商、分销商、零售商直到最终用户所连成的整体功能网链结构。"

（一）传统供应链的定义

供应链是现代社会中一个无比关键的过程，普罗大众能够享受到的批量生产商品都是从原材料通过加工制成中间产品以及最终成品，之后通过网络销售，让零售商能够把货物售卖给消费者。这个过程就是传统意义上的供应链。供应链主要流程如图 1-1 所示。

图 1-1 供应链主要流程

公司通过从供应商处采购原材料，生产为成品后，批量销售给分销商，分销商一般按地域来负责商品的销售。分销商通过地推，把商品放到超市、便利店等零售店铺出售给消费者。一般来说，构成供应链的基本要素包括：

1. 供应商

供应商指给生产厂家提供原材料或零部件的企业。比如生产屏幕的京东方，生产芯片的中芯国际，生产摄像头的索尼。

2. 厂商企业或者生产商企业

厂商企业即产品制造商，负责产品生产、开发和售后服务等。如华为采购了京东方的屏幕、中芯国际的芯片，作为厂商企业生产手机。供应商和厂商的身份可以相互转化，比如京东方把成品出售给华为的时候，它的正式身份是供应商。但是它在采购玻璃、电气元件来生产屏幕的时候，又是厂商或者生产商。

3. 分销商

分销企业为实现将产品送到经营地理范围每一角落而设的产品流通代理企业。华为生产出来的手机，通过神州数码把产品送达到各个省份城市，神州数码就扮演了分销商的角色。

4. 零售商

零售商是渠道的最后一环。神州数码把手机放到超市、手机店或者百货去售卖。超市、手机店、百货就作为零售商直接接触消费者。

5. 消费者

消费者是供应链的最后环节，也是整条供应链的唯一收入来源。

供应链是一个多方角度集成的概念，它想要达到的目的是 5R——Right Place、Right Time、Right Quantity、Right Price、Right Quality。即通过合适的价格，采购合适数量、合格质量的商品，并在合适的时间交付到合适的地点。为了达到这样的目标，供应链需要克服几项挑战：

1. 数量庞大带来的复杂性

从原材料到成品，每一种物料都需要成本优惠、数量准确、质量合格、送达地点正确、送达及时。庞大的物流种类使得完成这个过程极为复杂。

2. 市场变化带来的动态和不确定性

市场环境复杂多变，消费者需求会变化，原材料会稀缺和涨价，这就要求供应链上各个链条的企业需要动态追踪趋势和方向，保留足够的灵活性以适应多变的环境，实现整个链条的效率优化。

3. 多方服务造成的局部竞争和相互依赖性

供应链链条上节点企业很可能同时给多个供应链上的其他节点企业提供产品服务，众多供应链相互交叉相互依赖的特征，要求供应链管理团队花费大量的精力跟踪管理。

为了克服这些挑战，供应链始终在不断进化。现在大部分的企业，除了维持供应链的正常运作之外，越来越加强对供应链的管理。所以供应链通常来讲会被分成两块内容：我们介绍过的供应链各阶段流程以及供应链管理流程。何为管理？简单来讲，管理是为了保证当下的正常业务执行能够始终对准业务目标而往复不断实行的措施。供应链管理就是为了确保供应链实现企业经营正常开展的目标而实现的措施，往往细分为：

（1）供应链采购管理。

（2）供应链生产管理。

（3）供应链销售管理等。

（二）电商供应链的定义

电商供应链是指借助互联网服务平台，实现供应链过程特别是交易过程的全程电子化。电商供应链和传统供应链最大的区别在于是否涉及生产过程。电商供应链更关注成品从生产厂商到客户的流通链路，解决销售端的效率问题。有别于传统供应链，电商供应链最大的优点就是信息化和数字化，它对电商的作用主要体现在以下几点：

1. 实现供应链业务协同

使平台的物流、资金流通过信息流自动在供应商、平台、客户之间同步流转，从而实现高效的业务协同。

2. 转变经营方式

电商供应链可以帮助企业从传统的经营方式向互联网时代的经营方式转变。随着互联网技术的深入应用、网上交易习惯的逐渐形成，企业必须走上数字化的道路。借助数字化的优势，企业可以实现一站式服务，显著提升企业的销售运营效率。

电商主要有两种运营模式，电商供应链也因为运营模式的不同而有相应的差别。电商的一种运营模式为自营模式。这种模式下，电商平台作为供应链的中间节点，会从生产商采购商品，然后通过平台售卖。供应链从供应商，到电商平台，到消费者的完整流程，如图 1-2 所示。

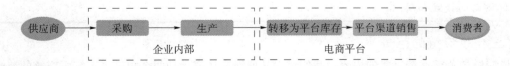

图 1-2　电商供应链（自营模式）

电商的另一种运营模式为平台模式。在这种模式下，电商平台同样作为供应链的中间节点，会和生产商签订供货协议，把生产商的商品在平台售卖，消费者购买之后，电商平台会促发对供应商的采购。整个流程的执行顺序如图1-3所示。

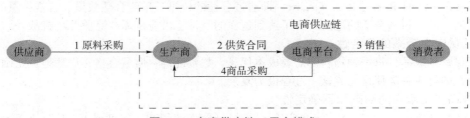

图1-3　电商供应链（平台模式）

电商供应链和传统供应链最大的不同在于，商品的销售链路没有了经销商、零售商节点，离消费者的距离被大大缩短。这种距离的缩短对企业意味着更快的市场触达，对消费者意味着较低的商品标价。

知识拓展

2017年我国社会物流成本占GDP的比重达14.6%，比美国的7.5%高出7.1%。未来要重点完成一个目标、六大任务、三项成果。其中，六大任务包括创新发展产业供应链，发展绿色供应链，融入全球供应链，构建供应链质量促进体系，供应链金融，探索政府治理、服务的新模式；三项成果包括宏观上形成国家战略，中观上形成重点产业供应链体系，微观上形成新技术、新模式最佳实践、最佳理论。

作为全国供应链创新与应用试点企业之一，海尔为满足日益成熟的中国消费市场，将供应链的制造模式前连引领战略，后连个性化定制，整合全球一流的研发资源网、供应商资源网、用户资源网，打造精准、高效、满负荷下的定制包销体系，满足用户个性化需求，正在逐步形成高精度下高效率的供应链智慧生态系统。

海尔相关负责人在发言时指出，海尔COSMOPlat供应链智慧生态系统，致力于满足用户个性化定制的最佳体验，最终实现供应商、企业、用户全链条的价值增值，为供应链产业的采购服务提供了新思路。

具体而言，COSMOPlat着力打造"用户交互定制平台""精准营销平台""开放设计平台""模块化采购平台""智能制造平台""智慧物流平台"和"智慧服务平台"等供应链全流程七大子平台，实现跨用户和跨资源的零距离。

COSMOPlat是海尔推出的具有中国自主知识产权、全球首家引入用户全流程参与体验的工业互联网平台，它的核心是大规模定制模式。COSMOPlat通过生态圈模式与七大模块互联互通，赋能衣联网、食联网、农业、房车等15个行业物联生态，践行跨行业、跨领域生态赋能，并复制到11个区域和20个国家，提供大规模定制社会化服务，助推企业转型升级。

海尔在"人单合一"管理模式下，率先开启了物联网时代的生态品牌建设。海尔COS-MOPlat创新供应链将走向物联网、智慧化、模块化，通过跨行业、跨领域的赋能与实践，推动各行业供应链的整合优化，形成可复制的供应链新模式，为全国供应链领域的管理创新提供新的模式和思路。

（三）供应链的范畴

供应链的范畴涵盖丰富的内容，我们可以从职能和从事活动两个角度来了解供应链的范畴。

从职能角度来讲，供应链一般包括物资流通、商业流通、信息流通、资金流通四个流程。四个流程有各自不同的功能以及不同的流通方向。

1. 物资流通

这个流程主要是完成发送物资和接收物资的程序。该流程的上下游两两结对，由多个阶段实现。供货商作为上游，发送原材料给下游的厂商；生产出成品之后，厂商作为上游，发送给下游的分销商；分销商作为上游通过下游的零售商把商品铺开；最后消费者作为下游购买商品。我们日常去超市购物，就作为供应链的最后一个节点——消费者，来实现供应链的完整链条。

2. 商业流通

这个流程主要是买卖契约的流通过程。契约既包含了签订的采购合同、分销商的订货合同这样的文书，也包含了消费者在零售商处购买商品达成的事实契约。每一个过程都是为了保证供应链的合法性和有效性。

3. 信息流通

供应链效率的提升和生产消费的匹配始终是供应链团队需要解决的问题，通过信息的流通，消费者的购买需求、企业的生产计划、供应商的原材料供应之间共享一致的信息，避免生产过多导致过剩，也避免生产不足导致缺货。

4. 资金流通

货币是企业现金流的血液，如果采购和生产过多商品但是销售不畅，货币被占用为库存，会给企业的财务健康带来巨大的影响。在这种情况下，控制采购支出、加强库存周转和销售回款能够让资金有效健康地流转起来。

从从事活动的角度来讲，供应链涵盖从原材料的供应，到生产商的开发、加工、生产，到随后的分销、零售、到达用户手中等过程，其中的业务活动或许和物资的送达有关、或许和商品的生产有关、或许和销售有关，因此供应链的范畴也涵盖了生产理论、物流理论、营销理论等三大理论。这些理论指导着和商品相关的三项活动：

1. 商品开发生产

（1）原材料的需求。

（2）需求预测和生产计划。

（3）商品生产和质量保障。

2. 商品配送

（1）确保销售渠道的畅通。

（2）确保配送的及时准备。

（3）降低配送的成本。

3. 商品销售

（1）成品库存的快速周转。

（2）商品收入的回款。

（3）售后服务和管理。

动画-电商供应链的范畴

（四）电商供应链的范畴

电商供应链是传统供应链在分销和销售渠道数据化、信息化后的产物。企业希望通过平台能够快速地销售商品，平台也希望能够迅速地找到目标客户。电商的供应链在当前，更加关注生产过程之后如何快速销售商品，拉升用户对平台的黏性。电商供应链从职能上来讲，重点涵盖了物资流通、信息流通、资金流通三个流程，我们一般简称为物流、信息流、资金流，如图1-4所示。

1. 物流

顾名思义，物流就是货物的流动。在平台模式下，品牌商或者生产商会把商品提前放到电商平台仓或者放在自己的仓库中，消费者下单购买商品后，电商平台会把订单信息都推送给品牌商或者生产商，由品牌商或者生产商负责发货。在自营模式下，大多数的电商平台会提前从生产商那里采购货物放进自己的仓库，然后在消费者下单后，通过物流把商品送到消费者手中。

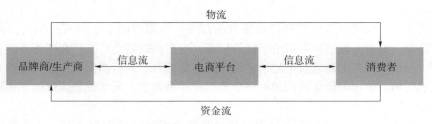

图 1-4　电商供应链物流、信息流、资金流

2. 信息流

消费者的购买数量、金额、商品结构等需要通过电商平台，进一步同步到品牌商或者生产商。通过源于消费者的需求，品牌商或者生产商可以计划合理的产出。

3. 资金流

这个当然是非常重要的。消费者的支付金额通过电商平台回款给品牌商或者生产商，使这个交易链路能够持续地进行。

任务 1-2　供应链的发展新形态

微课-供应链的发展新形态

知识准备

提高经济发展质量和效益为中心，供应链与互联网深度融合为根本路径，以信息化、标准化、信用体系建设和人才培养为支撑，创新发展供应链新理念、新技术、新模式，高效整合各类资源和要素，提升产业集成和协作水平，打造大数据支撑、网络化共享、智能化协作的智慧供应链体系。

（一）传统供应链的发展新形态

1. 传统供应链的发展历史

中国的供应链经历了 20 多年的发展时间，在"采购-生产供应链"中，主要是以物质需求计划（Material Requirement Planning，MRP）、制造资源计划（Manufacture Resource Plan，MRP-Ⅱ）、企业资源计划（Enterprise Resource Planning，ERP）等各类资源制造计划来完成采购与生产过程，并且在某些行业实现了精益生产。在销售供应链环节中，包含"商品流渠道"与"物流运作"两大环节。特别是在商品流渠道，近十几年内供应链的中心驱动方发生了几次更替。

改革开放初期，原材料相对匮乏，制造能力有限，此时供应链的驱动方主要是生产制造商。而当产能升级，生产原材料与能力不再是"瓶颈"时，驱动方流通端倾斜，彼时的商业流通方式主要是线下，业态从百货商店到像苏宁、国美等连锁经营门店再到大型超市，门店的选址不断缩短着与消费者的距离，为了能够实现更高效的销售转化。

2008 年之后，淘宝、京东等一批电商企业兴起后，凭借跨区的销售触达和高效的以货找人效率，逐渐取代线下经销商，成为供应链的新驱动方。线下的份额被挤压，使得很多传统经销商和品牌方不断向线上转型，比如国美和苏宁，但是相对的市场份额较低。电商的发展带动了以快递模式为主的 C 端物流网络模式，物流的品质与时效决定了电商整体的满意度，也在对供应链做着改造。

随着电商的新用户数量增长越来越慢，获客成本越来越高，同时，消费者的需求升级也对商业本身产生着巨大的影响，此时供应链的驱动方以消费者为主导。消费者的心智变化、喜欢倾向差异化、消费习惯个性化对供应链的发展提出了更高的要求。为了满足需求，传统供应链面临新的发展需要。

2. 传统供应链的发展新形态

传统的供应链需要智能化和个体差异化的升级线路去满足以消费者为中心的时代。供应链在原有的信息流上，做了进一步的数字化改造，使按需制造、供应成为可能。供应链靠近消费者的一侧基于历史消费记录，借助日益成熟的数据分析和预测能力，从而向供应链的生产端发送需求，同时发送的还有商品结构、数量、价格分布、消费者喜好这些信息。生产端的供应链接受了终端产生的预测需求和额外信息后，可以知道什么样的商品消费者多、商品什么时候需要的数量多，从而按需生产，在一定程度实现客户定制生产（Customer to Manufacturer），比如定制价格、定制商品配置、定制商品外观、定制商品生产数量等。

实际上，无论供应链如何变化，最核心的部分基本不变——更准确的消费者需求、更优良的生产效率、更高效的物流运作。与之对应的则是新需求、新制造、新物流赋能的新供应链。

行业趋势

智慧供应链

智慧供应链是结合物联网技术和现代供应链管理的理论、方法和技术，在企业中和企业间构建的，实现供应链的智能化、网络化和自动化的技术与管理综合集成系统。这一概念由复旦大学罗钢博士后在 2009 年上海市信息化与工业化融合会议上首先提出。

随着传统供应链的发展，技术的渗透性日益增强，很多供应链已经倾向于具备或已经具备了信息化、数字化、网络化、集成化、智能化、柔性化、敏捷化、可视化、自动化等先进技术特征。在此基础上，"智慧供应链"将技术和管理进行综合集成，系统化地论述技术和管理的综合集成理论、方法和技术，从而形成系统地指导现代供应链管理与运营的实践。

智慧供应链与传统供应链相比，具备以下特点：

（1）智慧供应链与传统供应链相比，技术的渗透性更强。在智慧供应链的语境下，供应链管理和运营者会系统地主动吸收包括物联网、互联网、人工智能等在内的各种现代技术，主动将管理过程适应引入新技术带来的变化。

（2）智慧供应链与传统供应链相比，可视化、移动化特征更加明显。智慧供应链更倾向于使用可视化的手段来表现数据，采用移动化的手段来访问数据。

（3）智慧供应链与传统供应链相比，更人性化。在主动吸收物联网、互联网、人工智能等技术的同时，智慧供应链更加系统地考虑问题，考虑人机系统的协调性，实现人性化的技术和管理系统。

智慧供应链在传统产品的基础上，实现了"参数化"产品创新，聚焦跨境金融、在线融资等创新趋势，建立了更全面的产品体系；系统方面，融合大数据和互联网技术，开发了当前行业内最具领先优势的"智慧供应链系统"；定制方案，按国家政策导向和实体经济需求，定制最贴合行业特征的综合金融解决方案。

（二）电商供应链的发展新形态

电商在 2008 年蓬勃兴起，电商的供应链同时开始兴起、发展、成熟。供应链运营效率已经成了电商领域最为重要的核心竞争力之一。京东作为最大的自营模式电商之一，希望能够通过供应链实现"卖全天下的货"和"全天下卖货"的目标。

"卖全天下的货"，对于消费者而言，意味着几乎在电商平台上可以买到所有的商品。为了这个目的，需要打造强而有力的供应链基础设施，通过支持更多的品牌生产商把商品通过平台售卖，同时，利用 C2M 助力中小制造企业，提供定制化商品。

"全天下卖货"，这是对电商供应链发展的新要求。除了在电商平台卖货，也需要在大卖场、超市、便利店等地方可以看到特定供应商的货。对于供应链而言，库存的全局管理和商品的全渠道销售是重点演变的方向。

以上是从电商到消费者的供应链，被称之为 B2C（Business to Customer）时代的电商供应链。由于很多时候从生产商直接发货，因此常常被误解成了物流，但是在 B2B2C（Business to Business to Customer）阶段，电商供应链终于得以正名。

供应链上有一个链主的概念，是拥有这个供应链上最大的话语权的节点企业。在 B2B2C 时代，"平台链主"应运而生，负责横向一体化的整合，作为核心运营供应链。新形态供应链的运营包含商家运营、商品运营、货品运营、网络运营以及门店运营等。"平台链主"以横向一体化的方式进行规模化运营，从而降低了单一"商业链主"的运营成本，提高了其运营效率，让其能够更高效地来管理其独特的商业供应链。当 B2B2C 阶段的建设完成后，电商平台就进入了第三个阶段，即 S2B2C（Service to Business to Customer）的阶段，供应链也发展到新形态。这里多出来的 S 代表了平台的服务能力。这个时候的"平台链主"为供应链上下游提供供应链服务。在 S2B2C 阶段，"平台链主"和供应链节点参与企业的关系会越来越默契。

我们来看一个例子来理解 B2C、B2B2C 和 S2B2C：电商平台的运营模式之一是自营模式。在这种模式下，电商平台从品牌商采购商品，管理库存，作为自己的商品售卖给消费者。由电商平台自己负责完整的供应链条，不需要品牌介入，这种供应链满足了 B2C 的能力需求。

随着销售商品和平台会员的增长，电商平台需要数量庞大的品牌供应商去满足销售的需求。单一的采购、库存管理、销售链条已经无法满足业务的发展。电商平台需要重新构建供应链 IT 系统和业务逻辑，进化为 B2B2C 的供应链。

为了让销售突破公司人员规划和能力的限制，电商平台走上了平台模式，平台售卖商品，然后根据销售单或者订单从品牌商进行实际的采购。这个过程，品牌商、平台和消费者都参与到整个供应链条的高效流转中，这种供应链要求平台能够打造新型的供应链形态，既赋能自己也赋能品牌商，这就是适应 S2B2C 模式的供应链。

思政园地

随着移动技术的迅猛发展，移动应用也正逐步地渗透到各个业务领域。但在很长一段时间里，供应链管理却没有加入到"移动家族"。受制约的原因主要在于供应链管理包含的范畴很广，涉及业务环节多而杂，移动的价值并不凸显。可随着企业对供应链管理要求的提升，让供应链移动起来的呼声愈发强烈。

近年来，移动应用呈现爆发式增长，越来越多的企业在管理深化方面选择采用移动的方式来提升效率。据《2016 年中国企业移动管理市场专题研究报告》指出：2015 年中国企业移动管理市场规模达到 147.1 亿元，同比增长 41.1%。越来越多的企业不再满足通过移动应用实现"事务级处理"，进而转向"业务应用+信息处理"模式，希望可以通过智能手机、平板电脑和其他移动设备访问企业网络，处理相关业务。相较于移动应用的风光无限，传统供应链管理领域在发展的同时却面临众多挑战。

传统供应链管理"盲区"成症结点。随着企业规模、商业模式等方面的变化，供应链管理"链"条越来越长，越来越多的场景被要求纳入管控之中，难免鞭长莫及。这些环节通常很难通过传统方式接入到供应链的架构之中，比如物流的管理、订单全过程管理等。空间限制阻碍了业务效率的提升。在实际的业务运维中，因为出差、外勤等原因造成的业务流转的停滞屡见不鲜。因此，很多业务人员亟待从计算机前面解放出来，从而满足优化或构建新业务模式的深度应用需求，进一步帮助业务提升、强化内部沟通。

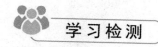 学习检测

单项选择题

1. 供应链理论范畴覆盖三大理论，下面选项中错误的是（　　　）。

A. 商品开发生产理论　　　　　　　　B. 商品配送理论

C. 商品销售理论　　　　　　　　　　D. 商品定价理论

2. 下列选项中不是供应链的构成要素的是（　　　）。

A. 平台　　　　　B. 分销渠道　　　　　C. 零售渠道　　　　　D. 消费者

多项选择题

1. 关于电商供应链的发展，下面说法中正确的是（　　　）。

A. 供应链通常会有一个链主

B. S2B2C 是通过"供应链主"，给供应链上下游提供服务的

C. B2C 指的是品牌针对终端消费者的服务

D. B2B2C 和 S2B2C 的区别在于是否通过平台提供网络链接的供应链服务

2. 商品配送的主要目标和任务是（　　　）。

A. 确保销售渠道的畅通　　　　　　　B. 确保配送的及时准备

C. 降低配送的成本　　　　　　　　　D. 寻找合适的仓储地址

判断题

1. "全天下卖货"的含义是电商平台的商品池除了线上平台之外，也可以在其他线上程序、线下便利商超等零售渠道出售。　　　　　　　　　　　　　　　　　（　　　）

2. 当前电商企业供应链的驱动方为消费者。　　　　　　　　　　　　　（　　　）

学习单元2 供应链的作用

知识目标

1. 掌握供应链给电子商务的蓬勃发展带来的机遇。

2. 掌握供应链的发展给电子商务带来的影响和积极因素，阐述数字化和需求驱动带来的变化。

技能目标

1. 能够说出供应链的运转形式和各个运作流程。

2. 能够针对不同的供应商、采购商的不同关系设计和优化供应商各个计划阶段的衔接和定制。

素质目标

1. 深刻理解供应链效率的高低对于整体国民经济的促进作用和对各行业的不同影响。

2. 了解国家对于供应链的重视和投入，理解国家对于从供给到消费的全链路效率的关注。

思政元素

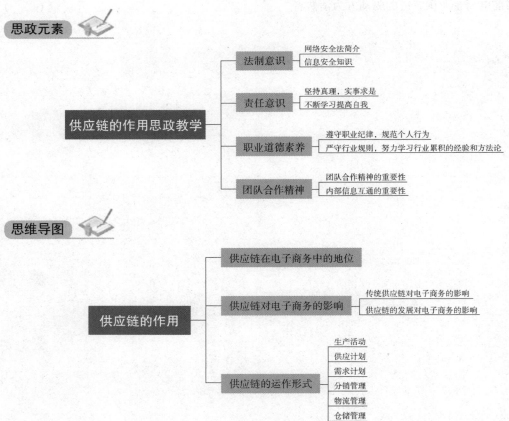

供应链的作用思政教学
- 法制意识
  - 网络安全法简介
  - 信息安全知识
- 责任意识
  - 坚持真理，实事求是
  - 不断学习提高自我
- 职业道德素养
  - 遵守职业纪律，规范个人行为
  - 严守行业规则，努力学习行业累积的经验和方法论
- 团队合作精神
  - 团队合作精神的重要性
  - 内部信息互通的重要性

思维导图

供应链的作用
- 供应链在电子商务中的地位
- 供应链对电子商务的影响
  - 传统供应链对电子商务的影响
  - 供应链的发展对电子商务的影响
- 供应链的运作形式
  - 生产活动
  - 供应计划
  - 需求计划
  - 分销管理
  - 物流管理
  - 仓储管理

案例导入

　　直播电商的火爆，对直播电商的参与者提出了更高的要求，特别是直播电商供应链，已经成为直播电商的生命线。更好的购物体验，更好的产品质量，成为直播电商的标配。

　　魔筷科技在这个"双 11"提出的观点掷地有声：好货等于流量、信任等于流量。魔筷科技不是人们粗浅理解的 MCN 机构，而是在长达六年的直播供应链实战进化中，发展成的一家以供应链服务为核心，并向主播提供包括智能选品、培训孵化、直播运营在内的直播电商全链路服务商。所以，供应链能力才是魔筷科技真正的核心科技。

　　魔筷将与精选的千个源头工厂进行合作，在严控品质的基础上，共同优化和升级生产水平，降低生产成本，控制商品价格，使其适应直播电商的新销售场景。同时，魔筷计划引入 1 000 个知名品牌方，并通过长期合作的模式降低其营销成本，推动品牌快速布局直播电商。

　　案例思考

　　1. 为什么说供应链的能力是企业的核心科技之一？

　　2. 供应链能力的强弱主要体现在哪些方面？

　　案例启示

　　1. 供应链从品牌货源切入，通过优质低价的商品，整体推动消费和供应。

　　2. 供应链从智能选品、服务等全链路出发，一站式地满足供给侧的实际需求。

任务 2-1　供应链在电子商务中的地位

知识准备

　　供应链在当前互联网加持的电商行业发挥着意想不到的重要作用。电子商务的销售是在线上，突破了地域、时间、空间的限制。正因为如此，供应链需要满足更为精准、及时的用户体验要求。供应链本身的目标是在正确时间、供应正确数量的合格商品，并能够正确交付到消费者手中。为了追求目标，供应链不断精益求精，持续不断支持电商的发展。

　　供应链对电子商务的意义：

　　电子商务有别于线下的零售，对于企业的信息流、资金流和物流的要求也有别于线下零售的运作方式。电子商务的蓬勃发展，依赖于线上零售形态给消费者带来的购物体验的提升：较低的价格、更多的可选商品、24×7 在线、送货上门、几乎没有地域限制等。之所以能够达到这些优势，在于供应链对于电子商务运作流程的重要支撑作用。通过对供应链面向电子商务业务模式的改造，它可以在多个方面帮助电子商务的发展。

　　（1）突破了供应商和客户之间的距离。

　　供应链加强了电子商务一体化的倾向，通过高速有效的信息分发和同步，供应链的物流配送体系可以直接连接生产商和消费者，降低了库存成本、运输费用。

　　（2）供应链的物流、资金流帮助电子商务完成信息流的闭环。

　　电子商务强于信息的分发和同步，能够迅速完成商品上架和销售的转化。但是消费者的购买资金回笼到生产商手中、实际商品到达消费者手中，都需要供应链的物流配送能力和资金管理能力来实现。

　　（3）供应链让电商的销售更为柔性。

　　（4）电商的销售特点之一就是商品众多，根据销售的具体情况可以随时调整商品的品类数和可售数量，更为复杂的是，由于我国辽阔的地域，物流仓往往有多个站点。只有完整的供应链能够支撑不同地域不同的商品宽度和深度。

总而言之，供应链决定了你以多大的成本做进销存，多大的成本把货送到顾客手里。供应链管理不好，不仅成本相当惊人，而且占用现金流。供应链管理不好，特别是对于电商自营模式（自己采购商品，自己负责销售），会导致出现下列这些严重影响用户体验的问题：

(1) 卖好的商品，却断了货。

(2) 备了很多货，却卖不掉。

(3) 产品数量平均化，缺乏深度。

(4) SKU 管理的复杂化。

(5) 货物质量出现问题。

(6) 发货效率低下。

因此，电商企业的供应链突破了传统的计划、采购、生产、分销范畴，能够把订单处理、生产组织、采购管理、配送与运输管理、库存管理、客户服务、支付管理等几个方面有机地集成起来。通过各种线上供应链相关系统，如 ERP（Enterprise Resource Planning）、OMS（Order Management System）、WMS（Warehouse Management System）等紧密高效的配合，才能达到更快的配送、更好的服务、更优的成本。因此，电商的核心竞争也是供应链效率的竞争，值得各电商玩家花大力气提高和完善。

行业趋势

最初的电商供应链是怎么样的？

网购的本身就是一个供应链条，由最初的店家开店来售卖商品，到红海时期，厂家的单刀直入，让原有的商品变为趋势持平化的商品价格，打响了第一炮。时代在变，固有的商业模式也在更新换代，从最早的刷单抢排名，到最后的付费推广，商家的利润越来越少，价格战也是愈演愈烈，此时除了做活动炒作，刺激消费，更多的是需要一个突破口来解决目前的生存现状。

直播带货的浪潮冲击

从 2020 年开始某淘宝直播间 2 小时卖出一个亿美的空调；某明星快手直播首秀，总销售额破 1 000 万元；某明星 5 秒卖出 5 万瓶洗发水……

不可否认，直播确实非常赚钱，而明星利用自己的流量变现也无可厚非。对本身拥有粉丝群体和流量优势的明星们来说，带人"种草""剁手"显然比同样从基层做起的素人主播更容易，变现的报酬自然也更可观。

电商供应链迅速蔓延

通过上述浪潮的冲击，直接落地的商业就是卖货，大家了解常识的就知道，带货如果是从淘宝拿链接必须要通过淘宝联盟转化到各大推广平台拿链接，也就是说，内部流量急剧攀升，作为阿里妈妈招商团长来说，更是一个很不错的机会，从挑选商户参加活动，到后期的私域流量和公域流量都有很不错的提升，其中电商公司单人业绩，最低 10 000 元的分润，还是非常可观的，而且精英永远都是停留在几十万元之间，爆单的概率随着带货兴起，就像雨后春笋，更是层出不穷！

任务2-2 供应链对电子商务的影响

知识准备

供应链在发展历程当中，承担着增长国民经济、提升交易效率和支持行业发展的作用。在早期的工业社会，供应链需要满足简单的商品采购、按计划生产、成品运输到销售渠道的基本功能。这些基本功能，仍然是当前供应链的根基和骨架。随着业务越来越复杂、行业的链条越来越多元、供给侧消费侧和渠道越来越网络化，供应链在自身发展的阶段需要对包括电子商务在内的各行各业提供更强有力的支持和深化对其的影响。

（一）传统供应链对电子商务的影响

我们来回顾一下在2000年之前的供应链演变，整个历史大致可以划分为三个阶段。第一阶段为1980年前的供应链，强调物流管理过程，这个时候的供应链更像是后勤，用英文Logistics来指代供应链。第二个阶段大约为1995年之后，由于日本精益生产的影响力极大，行业开始强调价值增值链。"供应链"这个专用名词开始出现并影响日益扩大，强调供应链的精益特性，后来很快加入集成化和敏捷的元素。供应链开始有了专用英文词：Supply Chain。第三阶段为2000年后，互联网+等元素融入，出现以用户为中心的敏捷供应链概念。敏捷，依赖于快速生产、快速物流和高周转的仓库管理，供应链开始成为企业竞争的核心竞争力。

这三个阶段，我们认为是传统供应链阶段。但是在这个阶段的底层供应链的运营和管理能力，即使在变化更快、竞争更激烈、业务影响更大的电子商务领域，也是不可或缺的基本业务能力。

电子商务，本质上是分销体系的数字化和线上化。它通过一个电子的网站或者App，告诉消费者：你能买到什么商品，这个商品什么价格，并且通过快递提供送货上门。在这个过程中，传统供应链的运转能力强弱也是电子商务体验好坏的关键。一个典型的电子商务流程如图2-1所示。

微课–供应链对
电子商务的影响

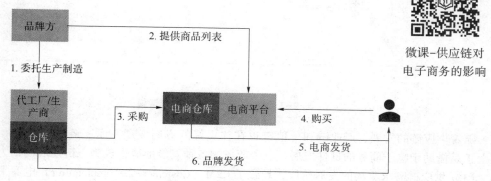

图2-1 电子商务流程

电子商务分为平台模式和自营模式，因此可以从品牌自有仓库发货，也可以从电商采购仓库发货。我们主要来看一下自营模式的电子商务：电商从工厂或者仓库处采购商品，入到电商自营仓库中，用户购买了商品后，通过物流公司使用快递的方式送货上门。传统的供应链努力打造的两个重要的能力——仓库管理能力，订单履约能力，正好能够帮助电商公司很好地管理库存周转和帮助物流配送，高效地实现送货服务。电商仓库本质和工厂仓库并无不同，传统供应链管理的仓库管理方法和理念一样可以用于电商仓库的管理；快递配送不论是电子商务供应链还是传统供应链，都关注客户时效需求，也都关注为了满足客户时效需求和配送成本平衡诉求下，对于干线、支线、配送站店的建设和规划。

（二）供应链的发展对电子商务的影响

从另一方面来说，供应链也在发展和成熟。2019年上海达睿供应链管理公司对300家制造企业进行了调查，结合2004年和2012年做的两次调查，总结了供应链当前在国内发展的阶段：

第一阶段，对供应链重要性的认识快速提升，认同供应链是企业的核心竞争力。

动画-供应链对
电子商务的影响

第二阶段，供应链从推式进入拉式，一切从需求出发成为共识。

第三阶段，从企业内部资源整合开始，扩展到企业外部的资源整合。

第四阶段，只有供应链数字化才能最大化防止供应链风险。

第五阶段，供应链金融的作用愈发显著。

回顾这五个阶段，我们可以发现，新形态下的供应链发展历史，正是我们国家产业链、价值链和供应链重塑和完善的过程。产业链是基础的东西，包括工业生产和农业生产；价值链是价值创造，供给侧和消费侧的需求提升带来的国家经济实力的增长，就是因为越来越多的价值被创造。那么承接产业链的产出，支撑价值链的收获，正是依靠越来越完善的供应链，如图2-2所示。

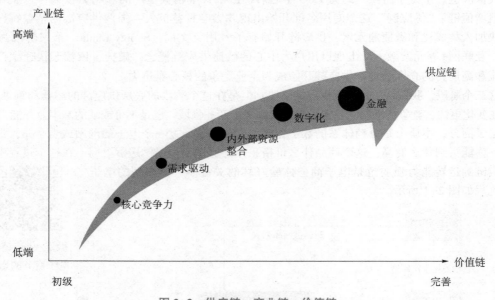

图 2-2　供应链、产业链、价值链

随着供应链的发展，产业链和价值链也在往更好的方向发展。而三链的良性发展在一定程度上正是借助于电子商务的良性发展。电子商务的各种发展形势也成为三链发展的助力。

（1）供应链需求驱动的发展阶段，导致了C2M（Customer-2-Manufacturer）电商平台成为高效库存管理和产品研发的推手。新国货、新品牌正是因为能够更深度地参与设计，才能够让消费者有更多的国内品牌可选，彰显个性和国民特性。

（2）供应链内外部资源整合和数字化的发展阶段，最明显的表现就是助力农业、减少贫困。电商平台通过农产品源头的直接触达，帮助劳作的人们得到直接的经济回报，又连接消费者让他们之间可以用少溢价、少消耗的成本接触农产品。

（3）供应链金融的发展阶段是为了解决品牌商、供应商的后顾之忧。通过电子商务的仓库，品牌商和供应商可以把商品作为抵押，通过贷款提早得到继续发展和生产的资金，在现金流和资产健康度层面让公司发展、壮大和更有活力。

因此，供应链的发展，直接帮助了电子商务企业能够持续改善，在多方面优化。

（1）更多的品类，比如之前的农产品因为供应链能力不足，导致无法通过电子商务实现线上售卖和线下履约。

（2）更多的业务模式，比如之前的电子商务只能实现分销ODM（Original Design Manufacturer）和OEM（Original Equipment Manufacturer）的代工商品，现在可以借助供应链的全链路信息流来进行C2M的商品销售。

（3）更多的赋能，供应链金融能够解决电商平台品牌商的后顾之忧和发展资金需求；供应链出口和进口能力能够帮助电商销售更多更好的全球商品。

（4）更多的社会公益责任，通过电子商务，帮助降低物流的非必要运输成本，帮助贫困地区的商品流通等。

知识拓展

供应链金融

2020年9月22日，人民银行联合8部委发布了《关于规范发展供应链金融、支持供应链产业链稳定循环和优化升级的意见》（简称《意见》），第一次明确了供应链金融的内涵和发展方向，向市场传递清晰的信号。

《意见》指出，供应链金融是指从供应链产业链整体出发，运用金融科技手段，整合物流、资金流、信息流等信息，在真实交易背景下，构建供应链中占主导地位的核心企业与上下游企业一体化的金融供给体系和风险评估体系，提供系统性的金融解决方案，以快速响应产业链上企业的结算、融资、财务管理等综合需求，降低企业成本，提升产业链各方价值。

基于供应链管理，在供应链中寻找一个核心企业（平台），由核心企业（平台）主导，以核心企业（平台）的上下游为服务对象，以核心企业（平台）的资质作为信用担保，对供应链上所有企业的信用进行捆绑，为供应链中制造、采购、运输、库存、销售等各个环节提供融资服务，实现物流、商流、资金流、信息流四流合一，以解决供应链中各个节点资金短缺、周转不灵等问题，激活整个供应链的高效运转，降低融资成本。与传统的融资业务相比，在供应链金融中，供应链金融很好地满足了部分中小企业的资金需求，有利于整条产业链的协调发展。

任务2-3　供应链的运作形式

知识准备

供应链是一个完整的流程，它制订计划，同时又实施管理。很多人可能把供应链看成一个非常简单的业务路程，觉得供应链就是从工厂买商品，然后卖出去。却没有意识到背后的高度复杂性和风险可能性。比如，服饰采购很多，鞋包采购很少，然后在销售过程中想买服饰的用户很少，想买鞋包的用户很多。从小处讲，损失了很多的盈利机会；从大处讲，服饰积压在仓库，每天都在产生成本，很有可能压垮公司。更何况，分销仅仅是一种供应链满足的场景，如果公司从事的是工业生产行业，那么就需要采购零部件，管理不同部件的配额比。同时也要考虑产能的规划、产出和需求的匹配等因素。

（一）生产活动

某公司专门生产户外运动设备。根据过去 10 年的经验，生产一张野营椅需要四根不锈钢管和两张帆布。根据历史数据，在未来的一季度需要生产 5 000 把野营椅。一个典型供应链的生产活动，主要包含以下过程：

1. 原料准备

为了生产 5 000 把野营椅，考虑到 1% 的原料损耗，需要从供应商那里购买 20 200 根不锈钢管和 10 100 张帆布。这里不锈钢的数量为 $4×5\,000×(1+1\%)=20\,200$（根）；帆布的数量为 $2×5\,000(1+1\%)=10\,100$（根）。

2. 生产准备

为了生产这 5 000 把野营椅，需要做一些额外的准备工作，即生产准备。生产准备指的是正常生产的整个过程中，为了确保产品质量和生产过程能够按计划顺利进行试产、批量生产，而进行的相关人员培训、指导书制定、物料调配、设备（含工装、量具、工具）的准备活动。如有必要，也包括工作地的准备。

3. 生产过程

成熟的生产加工型企业必然有成熟的流水线作业 SOP（Standard Operating Procedure，标准操作流程）。根据野营椅的成品结构，比如会有各个零部件的组装顺序。生产过程就是按照组装顺序和流程，安排工人进行生产的过程。

4. 包装

野营椅被生产出来之后，在达到最终消费者手里之前，需要能够有一个易于运输且美观的外包装。比如使用塑料袋保持成品的清洁状态，用泡沫塑料保持在运输过程中不被挤压变形，最后用硬纸压成包装盒。

5. 出厂检验

规模生产总是难以避免会有次品产生。在出厂之前，必须进行成品抽检。质检当然不可能每一个都检查一遍。一般根据抽检的结果来看，如果次品率控制在一定的水平之下，可以认为整个生产过程的质量是可控的，工艺流程是符合要求的。

（二）供应计划

生产活动需要达成一个前提——生产活动需要的原材料数量能够满足原来的产出预期。同时加工这些原材料的设备能力能够达成生产要求。因此在供应计划阶段，厂商需要做两件事情：确认生产能力和确认原材料的供应稳定性。

确认生产能力常常从 RCCP 开始。RCCP 的全称是 Rough Cut Capacity Planning，即粗生产能力计划。它的理论基础建立在约束上，主要计算被认为是"关键工作中心"的生产能力。关键工作中心的设置会考虑到关键资源和"瓶颈"资源。RCCP 计算出的"瓶颈"资源能力如何去判定是否满足生产需求呢？在供应计划中，还有重要的一步 MPS（Master Production Schedule），主生产计划。它主要是模拟了生产过程中，主要时间节点需要的生产能力。通过 RCCP 的计算结果和 MPS 对照，可以得到 RCCP 是否满足生产的大致结果。RCCP 和 MPS 的关系如图 2-3 所示。

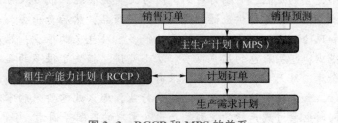

图 2-3　RCCP 和 MPS 的关系

解决了能力问题之后，就需要解决原材料的供应稳定性问题了。需要明确的是，原材料供应不会有 100% 的稳定，我们通过某个供应商的原材料供应的每批次交货数量和供应前置周期，可以基本获取一个代表稳定性的指标：变异指数。变异指数的定义是：数据集每个数值的标准差 σ 除以每个数值的平均值 $\overline{X}$。比如某个供应商的每批次交货数量为 37，46，38，43，44，40，39，那么平均值 $\overline{X}=41$。通过 Excel 电子表格的 stddev 函数算出的标准差 $\sigma=3.367$，则变异指数 = $3.367/41=0.082$。如果供应商的交货能力足够完美，每批次的交货数量为 41，41，41，41，41，41，41，那么标准差 $\sigma=0$，则变异指数 = 0。顾名思义，变异越小，稳定性越高。

（三）需求计划

生产活动和供应计划解决了两个问题：怎么生产和够不够生产的问题。但是最为关键的一点是在需求计划阶段解决的：生产多少，这才是整个供应链存在的意义。需求计划主要有三个步骤：需求收集、需求预测分析、需求评估分析。

在需求收集阶段，主要通过定性和简单定量的方法去获取大致的需求数量，比如通过专家意见法、德尔菲法、移动平均法、指数平滑法等。

在需求预测分析阶段，通过指数平滑法或者回归法等定量的方法，采用机器学习手段，去预测需求而不是收集需求。比如，通过历史上每个月人口和销量的关系得出规律，在未来几个月，根据能获取的人口数据，来计算销量。

在需求评估分析阶段，在接受预测有误差、有时间性的前提下，评估预测结果和真实数据的误差程度，得到预测的模型是否可用的结论。

（四）分销管理

分销是把成品通过不同渠道销售的过程。在这个过程中，销售管理着重于以下几个方面：库存分析、缺货预警分析和进销存分析。

库存分析首先划分了库存的种类，比如周转库存、安全库存和在途库存等。并且通过库存周转率、库存动销率和呆滞库存率来给出库存健康度指标。

动画-分销管理

在缺货预警分析阶段，主要通过缺货状态判断、缺货预警和缺货应对这三步来实现，如图 2-4 所示。

图 2-4 缺货预警步骤

判断缺货状态的主要依据和标准是当某件商品当前库存低于安全库存，或者根据实际销售情况，在下一次补货之前就会消耗到安全库存之下。在 IT 信息化已经非常完善的今天，缺货预警一般通过系统来给出。公司也会提出应对缺货的不同策略。

在进销存分析中，统一考量了采购（进）、销售（销）、库存（存）三个维度，也称之为 PSI（Purchase-Sales-Inventory）模型。三者的联动关系主要有两种：以产定销和以销定产。采购过多而销售不畅的结果就是滞销库存，采购过少而需求旺盛的结果就是错失销售机会，导致市场份额的下降。三者的数据流向大致如图 2-5 所示。

在具体的分析过程中，往往会参考行业通用的一些指标框架，如图 2-6 所示。

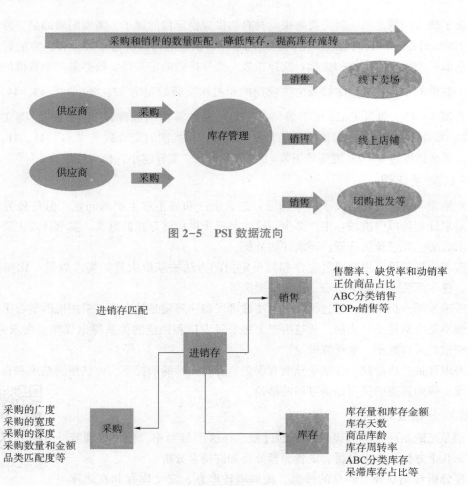

图 2-5 PSI 数据流向

图 2-6 PSI 指标框架

（五）物流管理

供应链的主要任务之一是商品物资的流动，这种物资的流动是物流的主要组成部分。国内的物流主要分为头程物流、B2B 物流和 B2C 物流。每种物流涉及的过程、目的、运输方式、面临的约束各不相同。

动画-物流管理

头程物流主要涉及跨境，运输过程主要如图 2-7 所示。

图 2-7 头程物流过程

头程物流可以选择国际直发、海外仓发货、海运头程和邮政小包等方式，也会有时效和成本之间的平衡考量。

B2B 就是大家常说的 Business 2 Business，它主要是大宗商品直接的物流配送，面向 B 端企业。从成本、便利性的角度来看，主要使用海运和陆运的方式。B2B 物流成本的计算方式主要为指标对比法和因素分析法。

B2C 就是大家常说的 Business 2 Customer，国内对 C 端的电商平台就是使用这种方式进行物流运输。B2C 的运输和 B2B 的运输相比，主要差异在最后一公里。而完整的 B2C 的运输主要由干线、支线、终端配送组成，如图 2-8 所示。

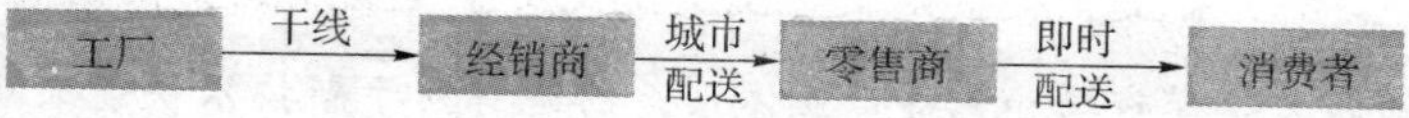

工厂 —干线→ 经销商 —城市配送→ 零售商 —即时配送→ 消费者

图 2-8　B2C 物流配送

B2C 的物流分析，主要是为了优化用户处理快递费用的体验。比如订单金额满足一定条件免邮，或平台会员免邮等。

（六）仓储管理

我们最后来看一下仓储管理。在供应链过程中，大多数情况下，商品是需要中间站点过渡的，也需要一个成品储存的地方，这个就是仓储。为了让供应链的成本和运营效率达到一个良好的程度，仓储必须选择一个合适的中间地址，仓储内部布局也必须能够满足高效拣货的需求。从管理模式的角度来说，仓储可以自建，可以租赁，可以使用第三方仓库。而电商平台，不同的货物流转方式可以有更多的管理模式选择，比如 JIT（Just In Time）模式。

仓库的操作一般分为入仓、上架、订单操作和出仓。这些操作互有重叠，也有着不同的侧重。从管理角度来看，每个操作的时效和准确度是最直接的分析对象和跟踪监控目标。由于仓储的投资巨大，仓储的管理特别看重数据分析能够带来的洞察和建议。

思政园地

关于产业链和供应链，总书记如是说：

产业链环环相扣，一个环节阻滞，上下游企业都无法运转。区域之间要加强上下游产销对接，推动产业链各环节协同复工复产。

——2020 年 2 月 23 日，习近平总书记在统筹推进新冠肺炎疫情防控和经济社会发展工作部署会议上的讲话

要在严格做好疫情防控工作的前提下，有力有序推动复工复产提速扩面，积极破解复工复产中的难点、堵点，推动全产业链联动复工。要加强对国际经济形势的研判分析，及时制定有针对性的政策举措，保持国际供应链畅通，保障各类经贸活动正常开展。

——2020 年 3 月 29 日至 4 月 1 日，习近平总书记在浙江考察时强调

产业链、供应链在关键时刻不能掉链子，这是大国经济必须具备的重要特征。这次疫情是一次实战状态下的压力测试。我国完备的产业体系、强大的动员组织和产业转换能力，为疫情防控提供了重要物质保障。我国口罩日产能从 1 月底 1 000 万只提高到目前的 5 亿只。同时，疫情冲击也暴露出我国产业链、供应链存在的风险隐患。为保障我国产业安全和国家安全，要着力打造自主可控、安全可靠的产业链、供应链，力争重要产品和供应渠道都至少有一个替代来源，形成必要的产业备份系统。

——2020 年 4 月 10 日，习近平总书记在中央财经委员会第七次会议上的讲话

现在，全国都在复工复产，我们不应该也不可能再简单重复过去的模式，而应该努力重塑新的产业链，全面加大科技创新和进口替代力度，这是深化供给侧结构性改革的重点，也是实现高质量发展的关键。一是要拉长长板，巩固提升优势产业的国际领先地位，锻造一些"杀手锏"技术，持续增强高铁、电力装备、新能源、通信设备等领域的全产业链优势，提升产业质量，拉紧国际产业链对我国的依存关系，形成对外防人为断供的强有力反制和威慑能力。二是要补齐短板，就是要在关系国家安全的领域和节点构建自主可控、安全可靠的国内生产供应体系，在关键时刻可以做到自我循环，确保在极端情况下经济正常运转。

——2020 年 4 月 10 日，习近平总书记在中央财经委员会第七次会议上的讲话

要依托我国超大规模市场和完备产业体系，创造有利于新技术快速大规模应用和迭代升级的独特优势，加速科技成果向现实生产力转化，提升产业链水平，维护产业链安全。

——2020 年 8 月 24 日，习近平总书记在经济社会领域专家座谈会上的讲话

我们必须坚定不移走自主创新道路，坚定信心、埋头苦干，突破关键核心技术，努力在关键领域实现自主可控，保障产业链、供应链安全，增强我国科技应对国际风险挑战的能力。

——2020 年 10 月 16 日，习近平总书记在中央政治局第二十四次集体学习时强调

要面向世界科技前沿、面向经济主战场、面向国家重大需求、面向人民生命健康，加强基础研究和应用基础研究，打好关键核心技术攻坚战，加速科技成果向现实生产力转化，提升产业链水平，为确保全国产业链、供应链稳定多做新贡献。

——2020 年 11 月 12 日，习近平总书记在浦东开发开放 30 周年庆祝大会上的讲话

 学习检测

单项选择题

1. 关于供应链对电子商务的影响，下面说法中错误的是（　　）。

A. 增长国民经济 　　　　　　　　　　　B. 提升交易效率

C. 支持行业发展的作用 　　　　　　　　D. 仅提供运输、仓储等服务

2. 以下当前供应链在国内的发展阶段的论述，错误的是（　　）。

A. 对供应链重要性的认识快速提升，认同供应链是企业的核心竞争力

B. 供应链从推式进入拉式，一切从需求出发成为共识

C. 只有供应链数字化才能最大化防止供应链风险

D. 供应链金融让供应链进入金融投资领域

多项选择题

1. 行业三链主要指（　　）。

A. 产业链 　　　　　B. 供应链 　　　　　C. 价值链 　　　　　D. 生态链

2. 供应链对电子商务的作用，主要体现在（　　）。

A. 供应链让商品线上销售超过了线下销售

B. 供应链的物流、资金流帮助电子商务完成信息流的闭环

C. 突破了供应商和客户之间的距离

D. 供应链让电商的运作更为柔性

判断题

1. 1980 年之前的供应链，主要是满足后勤管理的一些需求。　　　　　　　（　　）

2. 电商的自营模式和平台模式，最主要的区别在于商品货权的转移处理。　　（　　）

学习单元 3　生产活动

知识目标

1. 掌握 JIT（Just In Time）零库存生产方式是为了降低库存成本、提高周转和改善现金流。
2. 掌握从原料准备到出厂检验作为完整生产过程的几个必要阶段，是以流水线的方式相互依存的。

技能目标

1. 能够说出库存生产方式的异同点。
2. 能够详细描述完整的生产流程及流程关注点。

素质目标

1. 深刻理解生产活动是整个国民经济商品流通过程中的开始阶段和商品的创造阶段。
2. 了解生产活动精细化管理对生产效率提升的帮助，也进一步意识到国际对供给制提效的号召和鼓励的必要性。

思政元素

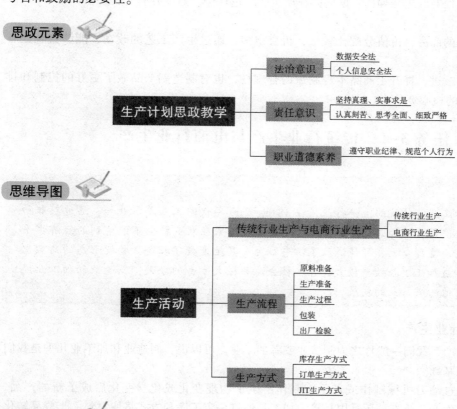

思维导图

案例导入

中国巨石是世界规模最大的玻纤生产企业，在桐乡、九江、成都、埃及、美国都建有生产基地。从 2015 年到 2018 年，中国巨石的综合毛利率都在 40% 以上，2018 年其营业收入突破 100 亿元，净利率达到 23.8%。

巨石的玻纤生产，从矿石矿粉到拉丝织布，空间距离很长；恒石的风电基材生产，从玻纤材料到玻纤织物，空间距离很短。巨石董事长很朴素地说，距离长短就是价值链环节的长短。如果价值链环节短，则产品质量主要靠设备来保证，关键是要采购一流设备。如果价值链环节长，就要在整个生产和工艺流程上做文章。

2004 年前建成的池窑，在通路布置上都采用国外通用的横向双 "H" 结构，经过集思广益，将结构改为纵向双 "H" 结构，使单条作业通路的炉位可以增加不少，从而配置更多的漏板。纵向双 "H" 结构的主通路长，也为玻璃液的温度下降提供了充分的时间，能更好地控制通路中玻璃液温度的一致性。

玻璃液的熔化，传统是用空气燃烧。空气中含氧量约 21%，含氮量约 78%，在燃烧过程中，氮气吸收了大量热量从烟道排走，造成能源浪费。巨石通过创新，采用了纯氧燃烧法。纯氧燃烧可以获得温度更高的火焰，有利于提高窑炉熔化率，改善玻璃液质量，还可以将氮气排除在燃烧过程外，减少 80% 以上的废气和 99% 的氮氧化物排放，同时避免气体排放时大量热量的流失。

早期玻纤生产中产生的废丝很多，通用的处理方法是深埋，但废丝不能降解，会占用土地。巨石通过不断改变废丝的投入比例和频率，以及投料技术的改进，最终在 2001 年年底投产的一条年产 6 000 吨环保池窑拉丝生产线上，实现了全部以废丝为原料组织生产。

案例思考

1. 巨石如何思考价值链长短和生产工艺流程的关系？
2. 生产工艺流程的改进是如何帮助商品在质量、绿色环保、业务方面增长的？

案例启示

1. 价值链较长的商品，价值分配比较散，机会也多，通过生产工艺的改动，能够直观地看到价值提升的效果。
2. 生产工艺的改进，提升了商品本身制造的合理性，也对制造副产品做了更好的控制和排放管理，成了公司的核心竞争力。

任务 3-1　传统行业生产与电商行业生产

知识准备

制造业和加工业是传统的生产行业，在 18 世纪 60 年代的工业革命开始，通过获取初级资源和材料，使用器械加工到成品，极大地丰富了国家在农业社会不能达到的经济水平和物品丰富程度。直到今天，即使进入了信息社会，甚至是数字社会，物理形态的商品仍然需要被制造和被加工。在效率极大提升、社会商品极大丰富的今天，制造业和加工业焕发活力，倒逼其他新兴行业的发展。

（一）传统行业生产

传统行业的生产，我们一般称之为制造业或者加工业。可以说，制造业和加工业几乎是我们供应链商品流通的基础。

制造指的是经过动力机械制作或者手工制作产生了物理变化或化学变化后成了新的产品。典型的制造有汽车生产、成衣、玩具用品等。加工是通过一定工序和方式将原材料、半成品转化为目标需求的过程的总称，典型的加工有压榨食用油、矿石提炼等。不论是制造还是加工，主要的生产流程如下：

1. 原料准备

确保原料满足需求。

2. 生产准备

确保设备、场地、人员满足需求。

3. 生产过程

进行制作和加工。

4. 包装

对成品打包，便于运输和售卖。

5. 出厂检验

质检的一步，通过抽检或者全量检测确保商品的功能完好。

整个生产过程如图 3-1 所示。

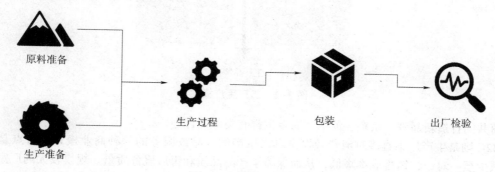

图 3-1　整个生产过程

在出厂检验之后，生产出来的商品开始了流通。这些商品可能会进入工厂的仓库，或者直接去到了采购方的仓库。去向哪里，依赖于采购方的采购策略和工厂生产策略。比如采购方补货次数频繁，同时每次补货量较小，那么商品可能出厂之后，就直接送到了采购方仓库；如果采购方是有规律的季节性采购，那么商品需要在出厂之后，等待统一的配送。

（二）电商行业生产

典型电商行业的生产，并不是我们通常意义的制造或者加工。并且需要强调的是，作为分销的电商平台，它售卖的任何实体商品，都是通过传统意义的制造和加工生产出来的。所以电商平台发展得越好，传统的制造和加工需求就越强烈。

动画-电商行业生产

电商行业的生产，不涉及具体的制造和加工行为。实际上指的是电商行业给工厂的制造和生产带来的变化。工厂生产模式主要有四种：OEM（Original Equipment Manufacturer）、ODM（Original Design Manufacturer）、C2M（Consumer To Manufacturer）和 M2C（Manufacturer To Consumer）。它们的差别主要在工厂设计程度和工厂品牌打造程度，如图 3-2 所示。

OEM 与 ODM 其实都属于代工模式，即品牌或者平台向工厂发送订单，最终商品一定是归属于品牌方或是某个电商平台。OEM 与 ODM 之间，设计能力较强的品牌会选择 OEM 模式，更多地参与商品设计，然后将设计图等给到工厂，典型代表是小米和蔚来汽车。

而对于部分无设计部门、生产经营弱化品牌的商家，就可以选择 ODM 模式，即由工厂设计生产，品牌只需在厂家现有的款式中挑选即可，比如不少淘系品牌。

C2M 与 M2C 则更偏向于我们所说的工厂店/工厂模式，因为其最终呈现的品牌归属于工厂。与常见的销售模式不同，C2M 跳过了品牌商、代理商、最终销售终端等渠道和中间环节，因而可以实现对中间成本的节省。基于互联网、大数据、人工智能，C2M 按照客户的产品订单要求，最终生产出个性化产品的工业化定制模式。在主流电商，比如拼多多等，就期望能够基于用户，

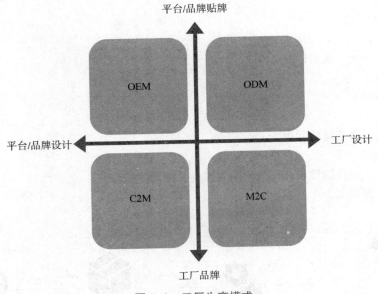

图 3-2　工厂生产模式

和厂商共同打造新品牌。京东、苏宁、淘宝也都有类似的计划。

M2C 则是生产厂家直接对消费者提供自己生产的产品或服务的一种商业模式，特点是流通环节减少至一对一，销售成本降低，从而保障了产品品质和售后服务质量。规模较大的厂家，会搭建自己的电商平台，直接让商品触达消费者，在强化品牌的前提下，以较低的价格销售商品。规模较小的品牌，可能借助京东、拼多多和淘宝等开发平台，去实现 M2C 的模式运营。

知识拓展

从自主品牌打造、高库存、柔性供应链改造等角度看，C2M 模式对上游供应链的变革程度最深。对消费者而言，可以和工厂直接对接，是使短路流通加价环节和品牌溢价环节减少，商品性价比提高，而先订单后生产的模式可以根据消费者的需求生产个性化和定制化商品。对上游厂商而言，先订单后生产的模式是某种意义上的"零库存"，同时，厂商以品牌方的身份入驻，用户直接与厂商品牌发生联系，有助于工厂自主品牌打造。此外，入驻厂商通过电商平台直接连接消费者，通过消费大数据可以直接了解用户的体型体态等信息以及消费偏好，指导工厂选品、设计、改造工艺水平、预测销量等。对 C2M 电商而言，C2M 模式准确切入消费升级用户高品质和定制化需求，为其提供满意的商品，开辟出新的细分市场，在电商整体市场中逐渐占据一席之地。

C2M 模式需要重视价值链的每一环节，招商标准、生产线标准、先进产能标准、商品管理标准、服务标准逐渐成为 C2M 电商标配。

供应商：C2M 要求上游的供应商具备柔性生产线改造的技术和能力，因而在招商环节应按照一定的标准筛选合作厂商。

生产制造：C2M 由订单驱动生产，消费端订单零散不固定、规模小且多变，要求上游厂商必须改造生产组织方式，并采用先进智能化手段提高效率，降低成本，以适应"小单快返且零散不固定"的需求。

商品管理：C2M 模式起于消费端，应由实际消费需求主导，包括选品及设计参考消费者需求或消费者参与、商品上架及下架由消费者实际购买情况及评价机制驱动等。

市场与销售：主要包括售前售后的客户服务，包括客户接待、业务处理、评价投诉处理等。如由于商品生产与销售由 C 端驱动，需要及时了解消费者退货及差评的原因，及时追访差评率也必须成为 C2M 模式的客服标准之一。

实时互动、在线化服务、智慧、数字化供应链、智能生产、个性化设计等内容均为 C2M 模式下的重点项目，其中，电商平台对上游供应链升级变革最大的价值在于消费大数据的指导，将生产和终端消费直接链接，生产端按照实际消费情况规划设计、产量、产能分布，实现资源的最优配置，同时，通过消费数据建模，为小规模私人定制的实现提供基础支持。

任务 3-2　生产流程

微课-生产流程

知识准备

生产过程是一个很成熟的组织步骤。严格意义上来说，整个过程就像一部机器，输入采购的原材料，输出包装好的合格商品。在整个生产过程中，为了高效率低消耗，需要特别关切的几个点如下：

（1）如何保证采购的材料满足生产的输入需求。

（2）如何保证生产过程需要的设备、空间、人力的充足。

（3）如何更好地让商品易于运输和渠道销售。

（4）如何确保规模生产的商品能满足质量需求。

（一）原料准备

原料准备是一个远比我们想象得复杂的过程。以我们日常使用的毛巾为例，它的原料在保证供应量的前提下，另外需要历经以下几个步骤：

1. 原料挑选

根据毛巾的用途及特性，仔细挑选适合的棉花原料，并将棉花捻成纱，称之为原纱。

2. 选纱、前漂

毛巾的原纱常用纯棉、混纺等材质，又依照粗细分为 16，20，32，40 支纱等，还有单股、双股之分。为使纱的颜色更绚丽，许多原纱在盘整前先染色，即前漂。

3. 经纱、浆纱

原纱上机织造前，必须先将原纱整经在盘头上面，使纱线在织造过程不易断裂，增加其耐磨力。

（二）生产准备

生产准备是产品批量正常生产的整个过程中，进行的相关人员培训、指导书制定、物料调配、设备的准备活动。这个活动过程通常也称为生产准备阶段。主要是为了做以下几方面的工作：

1. 技术文件方面的准备

技术文件是计划和组织生产活动的重要依据。新工艺或者改良工艺需要的技术文件，应当根据生产作业计划，提前发送到有关的生产管理科室、车间和班组，以便有关部门安排生产作业计划提前熟悉工艺。

2. 机器设备的检修准备

机器设备是否处于良好的状态，是保证完成生产作业计划的一个重要条件。生产管理部门要提前将生产任务安排在预占设备上进行,以便保证设备按期检修。机修部门要按照计划提前做好检查、配件等准备工作。

3. 工艺装备的设计和制造

产品制造过程中的各种工具、量具、夹具、模具等装备,是保证生产作业计划正常进行的重要物质条件。生产管理部门要检查工艺装备的库存情况和保证程度。

4. 人员方面的准备

这就要根据生产作业计划的安排,提前做好劳动环节的调整和人员的调配,保证生产作业计划的执行。

5. 编制生产准备计划

在生产准备计划中,要明确规定各项准备工作的内容、要求、进度和执行单位。

6. 核算设备和场地面积的负荷

为了落实生产作业计划,还需要核算设备和生产面积的负荷程度,以便保证生产任务的实现和消除负荷不均衡等现象。

(三)生产过程

生产过程,是指从产品投产前一系列生产技术组织工作开始,直到把合格产品生产出来的全部过程。生产过程分为自然过程和劳动过程。劳动过程分为生产准备过程、基本生产过程、辅助生产过程和生产服务过程,基本生产过程又具体划分为工艺过程、检验过程和运输过程,分别由各自的工序组成。

一个典型的生产过程,根据在生产过程中的作用不同,可以把主要工作划分为以下三部分:

1. 基本生产过程

基本生产过程指的是生产组织为了实现主要的业务继存而完成的商品的生产过程。比如机械企业以机械制造和加工为主要业务模式,企业的铸造、锻造、机械加工和装配等过程就是基本过程;又如纺织企业中的纺纱、织布和印染等过程。

2. 辅助生产过程

辅助生产过程是指为保证基本生产过程的正常进行而从事的各种辅助性生产活动的过程。比如为基本生产提供机械设备、附件工具以及对损害生产设备的维修工作等。

3. 生产服务过程

生产服务过程指的是为保证生产活动顺利进行而提供的各种服务性工作。比如运输工作、技术检验工作甚至某些行业的衣、食、住、行等。

我们能够接触到的生产过程,主要以流水线为主,流水线的含义是把生产一件商品的步骤分成若干道工序,由专人负责特定的工序。往往在接受过培训和学习之后,固定的人工去完成特定的工序会很有效率,流水线作业已经成了任何生产场所基本的工序设计标准。但是在流水线作业第一次出现的 1769 年,都是由一个人从头到尾去完成一件商品的全部工序。生产效率受到极大的限制。除了流水线之外,当前制造和加工业还存在着几种更为高级的生产方式:

(1)自动流水线生产方式。

自动流水线生产方式指依靠自动化机械体系实现产品的流水线加工。同一般的流水线相比,自动化流水线上的所有机器设备都可以连续运转,减少了工人的需求量,减少了繁重的体力劳动,生产效率更高,产品质量更容易保证。

(2)成组技术生产方式。

成组技术基本思想是用大量的专业技术和专业化方法组织多品种生产,提高多品种小批量的生产效率。成组技术不以单个产品为生产对象,而是以“零件组”为对象编织成组生产过程和成组作业计划。目前成组技术主要应用于机械制造、电子产品、军工产品等领域。

（3）柔性制造单元。

柔性制造单元，以数控机床或数控加工中心为主体，是成组加工系统实现加工合理化的高级形式。它具有机床利用率高、加工制造与研制周期缩短、在制品及零件库存量低的优点。柔性制造单元与计算机辅助设计等功能的结合，则成为计算机一体化制造系统。

合理生产过程组织可以把生产过程在时间和空间上组织起来，使在制品以最短的路线、最快的速度通过生产过程的各个阶段，并且使企业的人力、物力和财力得到充分的利用。合理组织生产过程需要做到以下几点：

（1）生产过程的连续性。

产品和零部件在生产过程各个环节上的运动，自始至终处于连续状态，不发生或少发生不必要的中断、停顿和等待等现象。

（2）生产过程的比例性。

生产过程的各个阶段、各道工序之间，在生产能力上要保持必要的比例关系。它要求各生产环节在劳动力、生产效率、设备等方面，相互均衡发展，避免"瓶颈"现象。

（3）生产过程的节奏性。

产品在生产过程的各个阶段，从投料到成品完工入库，都能保持有节奏地均衡地进行，避免前松后紧的现象。

（4）生产过程的适应性。

生产过程的组织形式要灵活，能及时满足变化的市场需要。

（四）包装

包装（Packaging）是指为在流通过程中保护产品，方便储运，促进销售，按一定的技术方法所用的容器、材料和辅助物等的总体名称。为了实现包装对商品保护、储运和销售的促进作用，包装需要有一定的规范：

（1）商标或品牌商标或品牌是包装中最主要的构成要素，应在包装整体上占据突出的位置。

（2）包装形状适宜有利于储运和陈列，也有利于产品销售。比如牛奶使用利乐装使相同的储运和陈列空间可以容纳更多的商品。

（3）包装颜色需要突出商品特性的色调组合，不仅能够加强品牌特征，而且对顾客有强烈的感召力。

（4）包装图案需要在合法合规的前提下，吸引消费者对商品乃至品牌的印象和兴趣。

（5）包装材料的选择除了成本，也需要考虑是否合乎精简和环保趋向。

（6）产品标签一般都印有包装内容和产品所包含的主要成分、品牌标志、产品质量等级、产品厂家、生产日期和有效期、使用方法。

包装是人们自始至终在研究和探索的课题。商品包装随着人类的进化、生产力的发展和科学技术的进步而逐渐发展，并不断地发生一次次重大突破。包装大致经历了原始包装、传统包装和现代包装三个发展阶段。

1. 原始包装

最初，人们用葛藤捆扎猎获物，用植物的叶、贝壳、兽皮等包裹物品，这是原始包装发展的胚胎。以后随着劳动技能的提高，人们以植物纤维等制作最原始的篮、筐，用火煅烧石头、泥土制成泥壶、泥碗和泥灌等。

2. 传统包装

4 000 多年前的中国夏代，人类已能冶炼铜器，商周时期青铜冶炼技术进一步发展。春秋战国时期，人们掌握了铸铁炼钢技术和制漆涂漆技术，铁制容器、涂漆木制容器大量出现。在古代埃及，公元前 3000 年就开始吹制玻璃容器。因此，用陶瓷、玻璃、木材、金属加工各种包装容器已有千年的历史。15 世纪，欧洲开始出现了活版印刷，包装印刷及包装装潢业开始发展。16

世纪欧洲陶瓷工业开始发展；建成了玻璃工厂，开始生产各种玻璃容器。至此，以陶瓷、玻璃、木材、金属等为主要材料的包装工业开始发展，传统包装发展到顶峰。

3. 现代包装

自 16 世纪以来，由于工业生产的迅速发展，特别是 19 世纪的欧洲产业革命，极大推动了包装工业的发展，从而为现代包装工业和包装科技的产生和建立奠定了基础。20 世纪中后期开始，国际贸易飞速发展，包装已成为商品生产和流通过程中不可缺少的重要环节。电子技术、激光技术、微波技术广泛应用于包装工业，包装的设计和生产也实现机械化与自动化生产。

对于任何商业公司和机构，包装的成本始终是一个需要严肃考虑的问题。特别是伴随着物流行业的高速发展和电商分销的蓬勃兴起，很多商品在下生产线之后会马上进行纸箱的包装。纸箱包装的成本＝纸箱面积×单价。

图 3-3 所示为纸箱示意图。

图 3-3　纸箱长宽高

纸箱的面积的计算公式为：[（纸箱长＋纸箱宽）×2＋80]×（纸箱宽＋纸箱高＋40），其中80（厘米）和40（厘米）分别指纸箱容纳物体需要留的余量。

2020 年纸箱和相关材料的单价，如表 3-1 所示。

表 3-1　2020 年纸箱和相关材料的单价

名称	单位	单价/元	规格参数
3 层 E 瓦瓦楞纸	平方米	4.79	140/140/140
3 层 B 瓦瓦楞纸	平方米	4.79	140/140/140
3 层 A 瓦 2 瓦楞纸	平方米	5.6	200/160/200
3 层 C 瓦瓦楞纸	平方米	5.5	200/150/200
5 层 BE 瓦瓦楞纸	平方米	6.15	200/120/70/120/200
5 层 CB/AB 瓦瓦楞纸	平方米	6.24	200/140/140/140/200
7 层 ABE 瓦瓦楞纸	平方米	14.5	200/140/140/200/ 140/140/200
气泡袋	平方米	2.31	50 克/米²
牛皮纸袋	平方米	12.74	

续表

名称	单位	单价/元	规格参数
牛皮纸气泡袋	平方米	12.74	
PE袋（塑料袋）	平方米	0.9	厚度0.08毫米
木箱（胶合板）	立方米	2 393.16	69元/米²
木箱（不熏蒸实木）	立方米	1 709.4	42元/米²
木箱（熏蒸实木）	立方米	2 692.31	50元/米²
标签纸	个	0.06	

因此，选对合适的纸箱满足商品的包装需求和成本需求是供应商和品牌商，乃至分销商的共同诉求和关注点。

（五）出厂检验

出厂检验即OQC（Outgoing Quality Control，OQC），出厂商品的品质稽核及管制。主要为采用一定检验测试手段和检查方法测定产品的质量特性，并把测定结果同规定的质量标准作比较，从而对产品或一批产品作出合格或不合格判断的质量管理方法。其目的在于，确保客户收货时商品内容和约定内容符合一致，以完全达标的方式出货。检测的内容主要针对出货品的包装状态、防撞材料、产品识别/安全标示、配件、使用保证书、附加软体光碟、产品性能检测报告、外箱标签等。我国现行的产品质量标准，从标准的适用范围和领域来看，主要包括国际标准、国家标准、行业标准（或部颁标准）和企业标准等。比如从1993年1月1日起，我国实施等同采用ISO 9000系列标准，编号为：GB/T 19000—ISO 9000系列，其技术内容和编写方法与IOS9000系列相同，使产品质量标准与国际同轨。

思政乐园

2021年最新中华人民共和国产品质量法修订全文第二章 产品质量的监督

第十二条 产品质量应当检验合格，不得以不合格产品冒充合格产品。

第十三条 可能危及人体健康和人身、财产安全的工业产品，必须符合保障人体健康和人身、财产安全的国家标准、行业标准；未制定国家标准、行业标准的，必须符合保障人体健康和人身、财产安全的要求。

禁止生产、销售不符合保障人体健康和人身、财产安全的标准和要求的工业产品。具体管理办法由国务院规定。

第十四条 国家根据国际通用的质量管理标准，推行企业质量体系认证制度。企业根据自愿原则可以向国务院市场监督管理部门认可的或者国务院市场监督管理部门授权的部门认可的认证机构申请企业质量体系认证。经认证合格的，由认证机构颁发企业质量体系认证证书。

国家参照国际先进的产品标准和技术要求，推行产品质量认证制度。企业根据自愿原则可以向国务院市场监督管理部门认可的或者国务院市场监督管理部门授权的部门认可的认证机构申请产品质量认证。经认证合格的，由认证机构颁发产品质量认证证书，准许企业在产品或者其包装上使用产品质量认证标志。

第十五条 国家对产品质量实行以抽查为主要方式的监督检查制度，对可能危及人体健康和人身、财产安全的产品，影响国计民生的重要工业产品以及消费者、有关组织反映有质量问题的产品进行抽查。抽查的样品应当在市场上或者企业成品仓库内的待销产品中随机抽取。监督抽查工作由国务院市场监督管理部门规划和组织。县级以上地方市场监督管理部门在本行政区域内也可以组织监督抽查。法律对产品质量的监督检查另有规定的，依照有关法律的规定执行。

国家监督抽查的产品，地方不得另行重复抽查；上级监督抽查的产品，下级不得另行重复抽查。

根据监督抽查的需要，可以对产品进行检验。检验抽取样品的数量不得超过检验的合理需要，并不得向被检查人收取检验费用。监督抽查所需检验费用按照国务院规定列支。

生产者、销售者对抽查检验的结果有异议的，可以自收到检验结果之日起十五日内向实施监督抽查的市场监督管理部门或者其上级市场监督管理部门申请复检，由受理复检的市场监督管理部门作出复检结论。

第十六条　对依法进行的产品质量监督检查，生产者、销售者不得拒绝。

第十七条　依照本法规定进行监督抽查的产品质量不合格的，由实施监督抽查的市场监督管理部门责令其生产者、销售者限期改正。逾期不改正的，由省级以上人民政府市场监督管理部门予以公告；公告后经复查仍不合格的，责令停业，限期整顿；整顿期满后经复查产品质量仍不合格的，吊销营业执照。

监督抽查的产品有严重质量问题的，依照本法第五章的有关规定处罚。

第十八条　县级以上市场监督管理部门根据已经取得的违法嫌疑证据或者举报，对涉嫌违反本法规定的行为进行查处时，可以行使下列职权：

（一）对当事人涉嫌从事违反本法的生产、销售活动的场所实施现场检查；

（二）向当事人的法定代表人、主要负责人和其他有关人员调查、了解与涉嫌从事违反本法的生产、销售活动有关的情况；

（三）查阅、复制当事人有关的合同、发票、账簿以及其他有关资料；

（四）对有根据认为不符合保障人体健康和人身、财产安全的国家标准、行业标准的产品或者有其他严重质量问题的产品，以及直接用于生产、销售该项产品的原辅材料、包装物、生产工具，予以查封或者扣押。

第十九条　产品质量检验机构必须具备相应的检测条件和能力，经省级以上人民政府市场监督管理部门或者其授权的部门考核合格后，方可承担产品质量检验工作。法律、行政法规对产品质量检验机构另有规定的，依照有关法律、行政法规的规定执行。

第二十条　从事产品质量检验、认证的社会中介机构必须依法设立，不得与行政机关和其他国家机关存在隶属关系或者其他利益关系。

第二十一条　产品质量检验机构、认证机构必须依法按照有关标准，客观、公正地出具检验结果或者认证证明。

产品质量认证机构应当依照国家规定对准许使用认证标志的产品进行认证后的跟踪检查；对不符合认证标准而使用认证标志的，要求其改正；情节严重的，取消其使用认证标志的资格。

第二十二条　消费者有权就产品质量问题，向产品的生产者、销售者查询；向市场监督管理部门及有关部门申诉，接受申诉的部门应当负责处理。

第二十三条　保护消费者权益的社会组织可以就消费者反映的产品质量问题建议有关部门负责处理，支持消费者对因产品质量造成的损害向人民法院起诉。

第二十四条　国务院和省、自治区、直辖市人民政府的市场监督管理部门应当定期发布其监督抽查的产品的质量状况公告。

第二十五条　市场监督管理部门或者其他国家机关以及产品质量检验机构不得向社会推荐生产者的产品；不得以对产品进行监制、监销等方式参与产品经营活动。

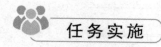
任务实施

判断生产线的配置差异

1. 背景了解

工厂有两条生产线，都生产游戏用的塑料球。工厂总有人怀疑，生产线 A 的调节配置有问题，导致它生产的塑料球比生产线 B 的塑料球大。

在数据分析领域，我们可以通过假设检验这种方法来给出结论，通过 H0 和 H1 两种假设，统计两条生产线的实际商品数据，来判断这两种假设哪一种可以成立。

2. 数据准备

出厂检验阶段，质检员对两条生产线分别抽样了 12 个样本，我们把下列数据导入到 Excel 电子表格中，如表 3-2 所示。

表 3-2 两条生产线的抽样数据

滚球/毫米	样本 1	样本 2	样本 3	样本 4	样本 5	样本 6	样本 7	样本 8	样本 9	样本 10	样本 11	样本 12
生产线 A	31	34	29	32	35	38	34	30	29	32	31	26
生产线 B	26	24	28	29	30	29	32	26	31	29	32	28

3. 分析结果

（1）给定假设。

H0 假设：生产线 A 生产的塑料球不比生产线 B 生产的大。

H1 假设：生产线 A 生产的塑料球比生产线 B 生产的大。

（2）确定显著性水平 $\alpha = 0.05$，大家可以把这个指标理解为概率：如果最后得到的结果：一个概率指标是小于 5% 的，那么后面数据的出现不是偶然出现或者是人为误差的，而是因为两条生产线的差异而导致的出现的结果。我们一般用 p 值或者 t 值来指导显著性水平。

（3）计算 t 值。

这种少样本抽样的假设检验通常称之为 t-test，t 值代表了差异值发生的概率。计算过程如下：

1）两条生产线的样本差值为 5，10，1，3，5，9，2，4，-2，3，-1，-2，如图 3-4 所示。

滚球（mm）	样本1	样本2	样本3	样本4	样本5	样本6	样本7	样本8	样本9	样本10	样本11	样本12
生产线A	31	34	29	32	35	38	34	30	29	32	31	26
生产线B	26	24	28	29	30	29	32	26	31	29	32	28
生产线B-A	5	10	1	3	5	9	2	4	-2	3	-1	-2

图 3-4 样本差值

2）上面差值均值为 $X = 3.08$。

3）样本方差计算公式 $\sigma^2 = \sum (X_i - X)^2 / n - 1$。$X_i$ 为上面的每一样本的差值，X 为均值，得到方差为 14.99，开方得到标准差为 $\sigma = 3.872$。使用 Excel 电子表格的函数 stdev（），可以直接得到结果，如图 3-5 所示。

4）计算 $t = (X-0) \times \text{sqrt}(n)/\sigma = (3.08-0) \times \text{sqrt}(12)/3.872 = 2.75$。

5）按照 5% 的显著水平和 $n-1 = 11$ 的自由度来单侧（我们的假设是生产线 A 的商品大于生

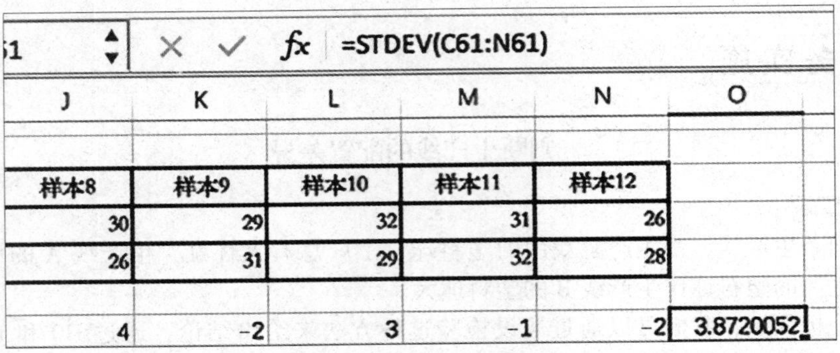

图 3-5　标准差计算

产线 B，是一个单向比较问题）选择一个参考 t 值：1.796。

1.796 小于上面的 t 值 2.75，所以我们认为在 5% 的显著水平下，只有假设 H1 成立，才能得到上面 2.75 的 t 值。

4. 给出结论

得到假设 H1 即生产线 A 生产的塑料球比生产线 B 生产的大的结论是基于这样的一个认知：在小概率 5% 下，如果 H1 假设不成立，那么生产线 A 和生产线 B 的数据如此分布是不可能出现的。因此 H1 假设成立。所以生产线 A 的调节配置的某个问题导致了生产线 A 的塑料球会比生产线 B 的塑料球大。

任务 3-3　生产方式

微课-生产方式

知识准备

生产方式是指制造工厂或者加工工厂是如何通过不同的生产策略来满足客户的需求的。不同的商品特性会有不同的策略。消费较平稳的商品，一般按照自己的工厂生产计划来生产，波动较小，比如酒水饮料等；订单需求波动较大，会根据订单量来生产，避免无效产出，比如特殊设备或者高价值商品。在此之外，还有 JIT（Just In Time-精益生产）的生产方式，这种零库存的生产模式可以把库存周转提高，同时避免库存资金的占用。

（一）库存生产方式

库存生产是指最终产品是从成品库中直接发运的，因此在客户订单到达之前已经制成，也称为备货生产产品。其优点是缩短了交期，客户不需要等待，即可获得产品。比如一款手机在未来一季度的总需求是 1 000 万部，那么根据未来三个月的产能和原材料入库数量，工厂可以计划在第一、二、三个月的生产分别是 340 万部、340 万部、330 万部。当客户来采购、提货的时候，由于手机已经生产出来，故可以迅速交货。但是，如果外界需求发生变动，比如大幅减少，那么库存生产方式生产的大量商品可能无法售出，让公司面临库存积压乃至库存贬值的窘境。导致这种情况，最常见、影响最大的一个原因就是"牛鞭效应"。牛鞭是用来驱赶牛的，从开始甩动之后，在末端变成一个大圈。需求也是这样，根据用户反馈，零售商认为下个月的需求是 100 万件，反馈到代理商那里，代理商会认为增长趋势向好，那么就认为需求可以到 120 万件，最终到了工厂需求变成了 150 万件。如图 3-6 所示。

所有人都认为销售看好，但是实际的销售情况受诸多因素的影响，比如市场出现了一个价格更便宜、质量更好的竞争商品，极大地影响了客户购买倾向。这个信息层次传导到工厂的时

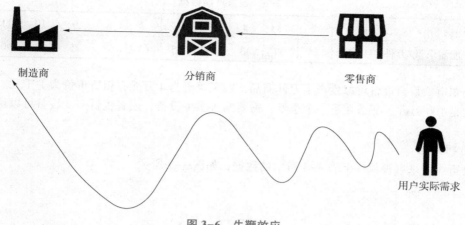

制造商　　　　　分销商　　　　　零售商

用户实际需求

图 3-6　牛鞭效应

候，多余的商品已经生产出来了。

因为"牛鞭效应"的存在，需求和生产总是脱节和有延迟的。为了解决需求有效传导的问题，现在通过零售、分销、制造的信息一体化，可以解决信息及时同步问题，也有类似于 C2M 的需求驱动制造的方式来提升消息传导效率。

（二）订单生产方式

订单生产方式，顾名思义是根据订单来生产的一种生产方式。订单生产是厂商根据其经销商和客户的订单进行生产，也就是根据消费者的需求来接受预定。订单式生产的优点主要是消费者可以对产品进行广泛的选择，满足消费者的需求；经销商避免库存对资金的占用，降低经营风险；生产厂商降低或避免库存，从而降低成本和积压的风险。另外还可以减少资金占用，缓解资金压力等。这样的订单商品往往是定制商品，比如特殊用途的器械；或者是高价商品，比如国产飞机；或者是发展比较完善的直接面向消费者的商品，比如 C2M 的商品等。

订单生产方式面临的独特挑战在于采购管理的复杂性和生产资源的协调平衡。为了实现订单商品的生产，如何进行原材料的准备，原材料供应商又如何满足波动的采购数量和采购频率呢？这取决于原材料或者半成品的稀缺程度和价值。

通用、可替代性强的原材料或者半成品一般通过管理多个供应商，去实现采购的灵活性。

稀缺，但是低价值的原材料或者半成品通过大量采购，实现完全管理。

稀缺并且高价的原材料或者半成品，和供应商建立进一步的伙伴关系，通过协议和约束来保障供应的灵活。

生产资源的协调平衡是公司内部的管理问题，为了满足短时间大批量的订单需求，需要有足够的产能来支撑，就意味着更多的设备和更多的人力。另外，在订单的淡季，设备会被闲置。那么如何处理呢？一般有采购并提供租赁服务和采购并接受租赁服务。

采购并提供租赁，指的是采购满足所有需求的设备，在闲时，为了收回投资，提供对外设备租赁服务。

采购并接受租赁，指的是采购满足部分需求的设备，在忙时，为了满足生产需求，租赁外部机械设备。

1. 分析内容

制造商打算使用采购并接受租赁的设备产能管理方式，现在收集到了过去 12 个月的订单需求和对应的设备需求。基于现有产能，该如何规划未来三个月的设备管理策略呢？需要的设备数据如表 3-3 所示。

表 3-3 设备产能数据

月份	1	2	3	4	5	6	7	8	9	10	11	12
设备产能需求量/万件	31	34	37	43	49	55	61	67	75	82	90	100

已经知道，每台设备可以生产 1 万件商品，购买单价为 4 万元，租赁单价为 1 千元。当前的设备产能是 100 万件。那么在下一个季度，需要购买多少设备，或者租赁多少设备可以达到成本最优？

2. 分析方法

通过折线图来可视化一下表 3-3 所示的数据，如图 3-7 所示。

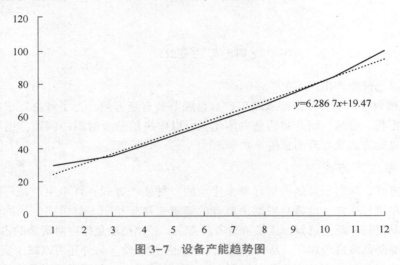

$$y=6.286\ 7x+19.47$$

图 3-7 设备产能趋势图

我们假定产能和时间是简单的线性关系，则我们预计未来第 1 个月、第 2 个月、第 3 个月的产能，分变为 $6.286\ 7×13+19.47=101.2=102$（台）、$6.286\ 7×14+19.47=107.5=108$（台）、$6.286\ 7×15+19.47=113.8=114$（台）。

我们假设制造商想要采购 X 台设备，那么其他不足的产能通过租赁来实现。则

未来第 1 个月的总体费用为 $4X+(102-100-X)×0.1$；

未来第 2 个月的总体费用为 $(108-100-X)×0.1$；

未来第 3 个月的总体费用为 $(114-100-X)×0.1$；

三个月总体费用为 $2.4+3.7X$。

为了让总体费用最低，很显然什么设备都不买，而直接采用租赁的方式可以获取最低的总体费用。这里租赁费用是一个变量，当费用很低的时候，往往倾向于租赁而不是购买。当租赁费用涨到一定程度的时候，采购反而会变成一种更经济的策略。因为在闲时，多余的设备可用于外租。

（三）JIT 生产方式

准时化生产方式（Just In Time，JIT）是在 20 世纪五六十年代研究和开始实施的生产管理方式，是一种有效地利用各种资源、降低成本的准则，其含义是：在需要的时间和地点生产必要数量和完美质量的产品和零部件，以杜绝超量生产，消除无效劳动和浪费，达到用最少的投入实现量大产出的目的。

这种方法有很多被认可的优点：减少库存，缩短工时，降低成本，提高生产效率。最早曾被称为"丰田生产方式"，后来这种生产方式的独特性和有效性，被越来越广泛地认识、应用，人们才称为 JIT。

JIT 生产方式的主要特点如下：

（1）生产过程中各个环节之间直接制约。

传统计划方式的一种是"推动式"，各个生产环节都由生产计划部门直接发出指令，并没有过多考虑前后衔接过程。JIT 采用"拉动式"计划方式，各环节的生产指令直接由后序拉动。这样就形成了环环拉动的生产链，有效地保证了生产进度。

（2）生产作业计划与现场控制的功能合并。

在传统做法中，计划提前编制，实施中的变化情况到措施和计划的调整有较大的延迟。而 JIT "拉动式"方式中，生产指令由后序直接向前序下达，与生产实施的时间差距很小。因为变化而需要的调整延时较短，更加灵活和敏捷。

（3）各生产环节的双重控制。

由于 JIT 方式中，生产计划部门将粗略生产计划下达至各生产环节，具体生产指令又靠后面环节反向拉动。这样，每个生产环节会直接受后序督促，又受生产计划管理部门的督促。

行业趋势

柔性供应链

供应链向"柔"转变，是消费新趋势下，市场倒逼供应链改革的结果。传统模式中许多制造企业都面临产品同质化、滞销产品大量积压、畅销产品缺货断供、物流效率低等问题。新零售时代，多元化、细分化、精准化的消费需求，加上电商市场导向的订单更加趋向碎片化，引发制造企业供应链变革创新，向小批量、多品类、高效率的柔性供应链模式转变。

柔性化生产能够帮助制造业企业打造新的核心竞争力。其特点：一是精细，以数据做支撑，有效洞察需求，制订合理的生产计划；二是精准，通过数据精准分析用户偏好，并把这种用户偏好细分到具体的尺寸、材质和功能，生产更有利于品牌全渠道销售的产品；三是精心，通过数据分析减少物流仓储压力，提升供应商周转率。

较早尝试打造柔性供应链的一批企业已经尝到了甜头。如国产服装品牌 Shein，借助"小批量、高频次、快速滚动返单"的柔性供应能力，一年上 30 万个新款，覆盖众多流行款式，然后通过精准又快速地返单，力求把每一个销售机会价值最大化。通过这种模式，Shein 的年营业收入快速突破了千亿美元。再比如，为国内数千家服装企业、客户提供"小单快反"供应链服务的 AI+服装柔性供应链公司飞榴科技，获得了多家知名资本青睐，已完成了超 2 亿元融资。

 任务实施

平台-计算租赁费用决策点

计算租赁费用决策点

1. 数据整理和公式

我们按照订单生产方式的例子，进行第 3 个月的费用试算，计算出租赁到购买决策变化的费用阈值。并且假设，采购的设备费用分摊到每个月。

我们使用的数据如表 3-3 和图 3-7 所示，采购一台设备的费用依然为 4 万元，购买设备的数量为 X，其他所需设备都用租赁，一台设备的费用我们设为 Y。则未来第 1 个月的总体费用为 $4X/3+(102-100-X)\times Y(X\leq3)$ 或者 $4X/3(X>3)$；

未来第 2 个月的总体费用为 $4X/3+(108-100-X)\times Y(X\leq8)$ 或者 $4X/3(X>8)$；

未来第 3 个月的总体费用为 $4X/3+(114-100-X)\times Y(X\leq14)$。

2. 决策

总成本的计算公式如下：

当 $X=0\sim3$ 时，$4X+25Y-3XY$；

当 $X=4\sim8$ 时，$4X+22Y-2XY$；

当 $X=8\sim14$ 时，$4X+14Y-XY$。

我们分别来看一下当 $X=0\sim14$ 时，每个月的费用和总费用，如表 3-4 所示。

表 3-4　不同设备采购和租赁费用

采购设备	租赁费用	计算公式	租赁费用	租赁费用	租赁费用	租赁费用	租赁费用	租赁费用	租赁费用	租赁费用
台	万元		0.1	0.5	0.7	1	1.2	1.5	2	2.5
0	Y	$=4X+25Y-3XY$	2.5	12.5	17.5	25	30	37.5	50	62.5
1	Y	$=4X+25Y-3XY$	6.2	15	19.4	26	30.4	37	48	59
2	Y	$=4X+25Y-3XY$	9.9	17.5	21.3	27	30.8	36.5	46	55.5
3	Y	$=4X+25Y-3XY$	13.6	20	23.2	28	31.2	36	44	52
4	Y	$=4X+22Y-2XY$	17.4	23	25.8	30	32.8	37	44	51
5	Y	$=4X+22Y-2XY$	21.2	26	28.4	32	34.4	38	44	50
6	Y	$=4X+22Y-2XY$	25	29	31	34	36	39	44	49
7	Y	$=4X+22Y-2XY$	28.8	32	33.6	36	37.6	40	44	48
8	Y	$=4X+22Y-2XY$	32.6	35	36.2	38	39.2	41	44	47
9	Y	$=4X+14Y-XY$	36.5	38.5	39.5	41	42	43.5	46	48.5
10	Y	$=4X+14Y-XY$	40.4	42	42.8	44	44.8	46	48	50
11	Y	$=4X+14Y-XY$	44.3	45.5	46.1	47	47.6	48.5	50	51.5
12	Y	$=4X+14Y-XY$	48.2	49	49.4	50	50.4	51	52	53
13	Y	$=4X+14Y-XY$	52.1	52.5	52.7	53	53.2	53.5	54	54.5
14	Y	$=4X+14Y-XY$	56	56	56	56	56	56	56	56

3. 结论

我们可以看到：

（1）租赁费用小于 1.2 万元的时候，成本随着采购数量的增长而增长。

（2）租赁费用从 1.2 万元开始，成本随着采购数量的增长而减少。

因此，当租赁费用上升到 1.2 万元的时候，我们的产能管理策略应该是从租赁变为购买了。

 学习检测

单项选择题

1. 纸箱面积的计算公式是（　　　）。

A.［（纸箱长＋纸箱宽）×2］×（纸箱宽＋纸箱高）

B.［（纸箱长＋纸箱宽）×2+80］×（纸箱宽＋纸箱高+40）

C. [（纸箱长+纸箱宽）+80]×(纸箱宽+纸箱高+40)

D. [（纸箱长+纸箱宽）×2+80]×(纸箱宽+纸箱高+40)×2

2. 以下不适合订单生产方式的商品是（　　　）。

A. 飞机　　　　　　B. 精密仪器　　　　　C. 高档西装　　　　　D. 糖果零食

3. 下面哪一个步骤，不属于生产流程中的步骤？（　　　）。

A. 原料准备　　　　B. 生产准备　　　　　C. 出厂检验　　　　　D. 物流中转

多项选择题

1. 电商行业的工厂生产模式，主要有（　　　）。

A. OEM　　　　　　B. ODM　　　　　　C. C2M　　　　　　　D. M2C

2. 当前制造和加工业还存在着几种更为高级的生产方式，它们是（　　　）。

A. 自动流水线生产方式　　　　　　　　B. 成组生产方式

C. C2M 生产方式　　　　　　　　　　　D. 柔性制造单元

3. 生产方式的主流主要有（　　　）。

A. 订单生产方式　　　　　　　　　　　B. 委托加工生产方式（OEM）

C. 库存生产方式　　　　　　　　　　　D. JIT 生产方式

判断题

1. OEM 和 ODM 相比，工厂在打造品牌方面，更有控制权和主动权。　　（　　　）

2. 在传统包装迅速发展的阶段，陶瓷、玻璃、木材和金属作为包装材料，发展到了顶峰。　　　　　　　　　　　　　　　　　　　　　　　　（　　　）

3. 牛鞭效应主要指的是市场的需求变化无法及时传递到供应侧，导致生产不足或者库存积压等重大影响。　　　　　　　　　　　　　　　　　　（　　　）

学习单元 4 供应计划

知识目标

1. 掌握供应计划中粗产能计划（Rough Cut Capacity Planning，RCCP）对主生产计划的校验和确认过程。

2. 掌握供应计划中主生产计划（Master Production Schedule，MPS）的各项指标和对应的计算过程。

3. 掌握供应计划中缺货场景的分析、理解和应对方法。

技能目标

1. 能够通过 RCCP 对 MPS 的可行性和科学性进行校验和修正。

2. 能够基于不同的缺货场景，通过分析原因和具体问题，建议、提出、应用相关应对方法。

素质目标

1. 深刻理解国家对于改善供应计划，优化供应链效率和最大化利用信息改善生产的关切。

2. 深度思考供应计划的完善对于整个国民供应链的发展起到的重大意义。

思政元素

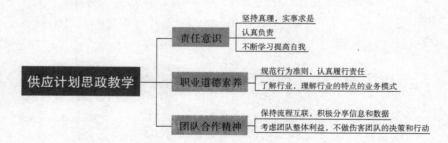

思维导图

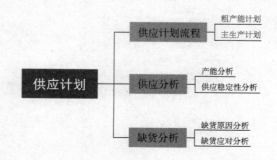

案例导入

　　2021 年，封测市场需求爆发，导致上游供应链的大部分环节都出现供应紧张的局面，包括引线框架、封装基板、键合丝、塑封料等产品，都出现了不同程度的缺货、停止接单、订单交期拉长、涨价等现象。

　　据了解，封装材料包括封装基板、引线框架、键合丝、包装材料、陶瓷基板、芯片黏结材料等，其中封装基板是目前所有封装材料中最为紧缺的产品，也是封装市场占比最大的原材料，占封装材料比重达 40%。由于封装基板缺货，已经极大地限制了 CPU、GPU 等基板类芯片产品的出货。雪上加霜的是，2021 年由于疫情限工、上游产能紧缺、铜价暴涨等原因，引线框架产品价格已经出现多次调涨，特别是蚀刻引线框架供不应求的情况尤为严重，现阶段日系等国外厂商当年的产能都已经被订单排满，部分企业甚至开始洽谈 2022 年订单，产品交期也拉长至半年以上。

　　国内 IC 封测大厂超丰电子表示，目前晶圆代工和后段封测产能持续吃紧，原物料价格上涨也让成本增加。原物料的持续短缺和由于疫情对劳动力供应的影响，超丰产品交期已从原先 2 周拉长至 2 个月以上。

　　目前来看，封装市场需求持续旺盛，引线框架供应不求，在短时间内新增的引线框架产能也无法大幅开出，部分产能还将受到疫情影响。在此情况下，出现交期延长至半年，2021 年产能排满也不足为奇。业内人士表示，从目前的市场情况来看，封测市场供应不求的情况将会持续至2022 年年底。

　　案例思考

　　1. 供应链上游的持续稳定和可靠性，对于公司生产运营的重要意义。

　　2. 公司应该如何去应对原物料的短缺和价格上涨对生产、销售、成本带来的影响？

　　3. 公司内部的销售、生产计划该如何应对实际发生的供应问题？

　　案例启示

　　1. 公司的供应链管理团队在供应商管理层面需要不同策略，比如关键原材料供应商需要更密切的战略关系。

　　2. 公司的销售团队应该很好地管理客户期望，帮助供应链降低管理复杂度。

　　3. 公司需要高效灵活的生产计划流程，更好应对生产需求的波动。

任务 4-1　供应计划流程

微课–供应计划流程

知识准备

　　在整个供应链完整业务流程中，供应计划流程的重要性越来越高。几乎在所有主流的 ERP 工具中，MPS 都属于非常中心的位置。MPS 的全称是 Master Production Schedule，即主生产计划，它的主要作用是连接外部客户的购买需求和公司内部的生产安排。MPS 以外部确定的购买需求或者预测的购买需求作为主要输入参数，帮助公司的生产制造、采购、物流、销售、财务等部门统一企业生产经营的目标。MPS 并不是一蹴而就的，也需要受到公司机械资源的产能约束，因此需要公司关键核心资源去回答一个简单的问题：公司产能能不能实现和支持计划的成品产出？RCCP 全称为 Rough Cut Capacity Planning，即粗产能计划，就是为了实现产能和生产计划的匹配确认。

（一）粗产能计划（Rough Cut Capacity Planning，RCCP）

动画-粗产能计划

在供应链的完整流程中，主生产计划（MPS）是关键的一步，它计划了每一个具体的最终产品在具体时间段内生产的具体时间，而 RCCP 是对 MPS 是否可行的校验。它通过对关键工作中心的生产能力进行计算，从而产生支持 MPS 的能力需求计划。它的理论基础建立在约束上，主要计算被认为是"关键工作中心"的生产能力。关键工作中心的设置会考虑到关键的资源和"瓶颈"资源。通过 RCCP 的运算和校验确认，对应的 MPS 才能被确认为是可靠和可执行的。RCCP 在 MPS 的流程位置如图 4-1 所示。

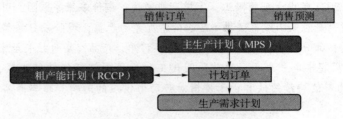

图 4-1　RCCP 在 MPS 的流程位置

一旦 MPS 订好计划之后，会进入计划订单流程。RCCP 的生产能力计算和校验之后，进入物流需求计划和后继其他流程。技术过程中，需要 MPS 的产能计划转换为产能需求，然后计算可用产能。

1. 分析内容

我们先来看一下 RCCP 的计算步骤：

（1）定义关键工作中心。

（2）确定主生产计划的产品生产周期和计划数量，如果产品过多，则选择代表产品。

（3）确定每个产品的关键工作中心能力需求量。

（4）将计划数量和关键工作中心能力清单的资源需求量相乘。

（5）汇总每个产品的需求能力总量，得到对应计划的总能力。

比如某产品 A，它单位产品的生产工艺需要的零部件和数量，如图 4-2 所示。

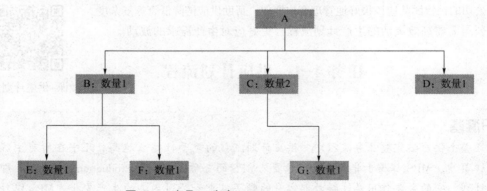

图 4-2　产品 A 生产 BOM（Bill of Material）

其中，D，E，G 采购自上游供应商，不需要考虑产能问题。一份的 E 和一份的 F 能够组装成 B，而一份的 B、两份的 C、一份的 D 能够组装成单位成品 A。商品 A 的 MPS 结果如表 4-1 所示。

表 4-1　商品 A 的 MPS 结果

商品	第一周	第二周	第三周	第四周	第五周	第六周	第七周
A	25	25	20	20	20	20	30

每一个零件对应的关键工作中心产能配置信息，如表4-2所示。

表4-2　关键工作中心产能配置信息

零件号	工序	关键工作中心	单件加工时间/小时	生产准备时间/小时	平均批量生产数量	单件准备时间/小时
A	S10	W30	0.09	0.4	20	0.02
B	S20	W15	0.26	0.96	100	0.009 6
C	S30	W15	0.14	1.6	80	0.02
C	S40	W20	0.07	1.1	80	0.013 75
F	S50	W25	0.06	0.28	40	0.007

其中，单件准备时间为生产准备时间/平均批量生产数量。

2. 分析方法

RCCP 的计算方法主要有以下两步：

（1）计算每一个关键工作中心单件生产时间和加上单件准备时间的总生产时间。

W30 的单件生产时间为 0.09，总生产时间为 0.09+0.02＝0.11。

W15 的单件生产时间为 1×0.26+2×0.14＝0.54，总生产时间为 0.54+1×0.009 6+2×0.02＝0.589 6。

W20 和 W25 的计算方式一致，最后结果如表4-3所示。

表4-3　单位时间

关键工作中心	单位加工时间	单位准备时间	总单位时间
W15	0.54	0.049 6	0.589 6
W20	0.14	0.027 6	0.167 6
W25	0.06	0.007	0.067
W30	0.09	0.02	0.11

（2）根据产品 A 的主生产计划，算出产品 A 的粗产能计划。

比如，第一周的 W15 总加工时间为 0.589 6×25＝14.74；第二周的 W15 总加工时间为 0.589 6×25＝14.74；第三周的 W15 总加工时间为 0.589 6×20＝11.792。对每一个关键工作中心和对应的 MPS 当周生产计划做相同的运算，得到的结果如表4-4所示。

表4-4　关键工作中心总加工时间和设计最大加工能力

关键工作中心	第一周	第二周	第三周	第四周	第五周	第六周	第七周
W15	14.74	14.74	11.792	11.792	11.792	11.792	17.688
W20	4.19	4.19	3.352	3.352	3.352	3.352	5.028
W25	1.675	1.675	1.34	1.34	1.34	1.34	2.01
W30	2.75	2.75	2.2	2.2	2.2	2.2	3.3
W15（最大加工能力）	15	15	15	15	15	15	15
W20（最大加工能力）	5	5	5	5	5	5	5
W25（最大加工能力）	1.8	1.8	1.8	1.8	1.8	1.8	1.8
W30（最大加工能力）	3	3	3	3	3	3	3

如图 4-3 所示，我们可以清楚地看到第七周的 MPS 计划是超过关键工作中心承受能力的。

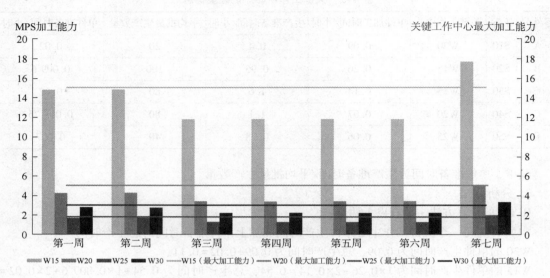

图 4-3　MPS 加工能力和最大加工能力组合图

一个简单的调整就是降低第七周 MPS 产品 A 的生产计划量，但是 MPS 和 RCPP 本身不是一个独立的流程，从销售计划和预期来说，也许客户的确需要在第七周采购 25 个产品。那么需要销售层面去管理客户的预期，比如分批交货，第六周和第七周分别生产 25 个，就能解决需求和生产能力的匹配问题。但是从另一方面来说，提早生产的一批产品，也许会对库存计划产生影响。

（二）主生产计划（Master Production Schedule，MPS）

主生产计划（MPS）是确定具体产品在具体时间段的生产计划，简单来说，通过 MPS，生产部门基本确定了哪些产品在哪个时间段的生产数量。计划的对象一般是最终产品，在特殊情况下，也会考虑成品零部件或者成品模块的 MPS 计划。主生产计划的确定对关键资源进行平衡和校验，即需要经过 RCCP 过程。企业的其他机会，比如物料需求计划、车间作业计划、采购计划等均来源于主生产计划。即由主生产计划 MPS 驱动物料需求计划（Material Requirement Planning，MRP），再由物料需求计划生成车间作业计划与采购计划。所以，主生产计划在完整的制造生产资源计划（Manufacturing Resource Planning，MRP）系统中起着承上启下的作用。

任何确定的主生产计划必须是可以执行、可以实现的，它应该符合企业的实际情况，其制订与执行的周期视企业的情况而定。主生产计划项目还应确定其在计划期内各时间段上的需求数量。主生产计划的来源主要有以下几种途径：客户订单、需求预测、库存备件、厂际间需求、客户选择件及附加件和计划维修件等。

1. 分析目标

我们首先了解一下 MPS 的报表和指标，然后了解 MPS 报表的生成过程和计划流程。

2. 分析内容

MPS 的过程是人工在 ERP 或者类似系统里面操作得到的，为了 MPS 结果的可读性和验证有效性，供应链相关人员可以在系统里面看到如表 4-5 所示的报表。

表4-5 MPS报表

时段	当前周	第一周	第二周	第三周	第四周	第五周	第六周	第七周	第八周	第九周	第十周
预测量		15	30	10	30	18	30	32	25	30	20
订单量		20	25	20	25	20	16	35	20	28	25
毛需求量		20	25	20	30	20	30	35	25	30	20
计划接收量		10									
预计可用库存量	16	6	11	11	11	11	11	6	11	11	11
净需求量			24	14	24	14	24	29	24	24	14
计划产出量			30	20	30	20	30	30	30	30	20
计划投入量		30	20	30	20	30	30	30	30	20	
可供销售量		6	5	0		5	0	0	5	10	2

表4-5中的指标的定义如下:

（1）毛需求量（Gross Requirement）。

毛需求量指初步的需求数量，其确定的依据为在不同的时区内判断销售订单和销售预测的数量。当第一、第二、第三周需要交付商品时（当期属于交付期），毛需求量按照订单数量作为标准；当第四、第五、第六、第七周需要交付商品（当期属于生产期），当前已经进入生产阶段的时候，毛需求量按照订单量和预测数量的最大值来确定；第八、第九、第十周需要交付的商品尚未进入生产阶段（当期属于计划期），毛需求量以预测数量为主。MPS的最终交付期、生产期、计划期的划分根据公司经营的具体情况调整。

（2）计划接收量（Scheduled Receipts）。

计划接收量指前期已经下达的正在执行中的订单，将在某个时段（时间）的产出数量。

（3）预计可用库存量（Projected Available Balance，PAB）。

预计可用库存量指某个时段的期末库存量，要扣除用于需求的数量，平衡库存与计划。计算公式：预计可用库存量=前一时段末的可用库存量+本时段计划接收量-本时段毛需求量+计划产出量。

（4）净需求量（Net Requirements）。

计算净需求量要综合毛需求量和安全库存量，并考虑期初的结余与本期可以计划产出的数量。计算公式：净需求量=本时段毛需求-前一时段末的可用库存量-本时段计划接收量+安全库存量。

（5）计划产出量（Planned Order Receipts）。

当需求不能满足时，系统根据设置的批量规则计算得到的供应数量称为计划产出量。此时计算的是建议数量，不是计划的投入数量。

（6）计划投入量（Planned Order Releases）。

根据计划产出量、物品的提前期及物品的合格率等计算出的投入数量称为计划投入量。

（7）可供销售量（Available to Promise，ATP）。

在某一个时段内，物品的产出数量可能会大于订单与合同数量，这个差值就是可供销售量。这里所说的"某一个时段"指连续两次产出该物品的时间间隔，也就是从一次产出的时间到下批再产出的时间间隔。这个可供销售量就是可以用于销售的物品数量，它不影响其他（下批）

订单的交货，这个数量为销售部门的销售提供了重要的参考依据。计算公式：可供销售量＝某时段的计划产出量（包括计划接收量）-该时段的订单（合同）量总和。

3. 分析方法

MPS 的计划和生产过程如图 4-4 所示。

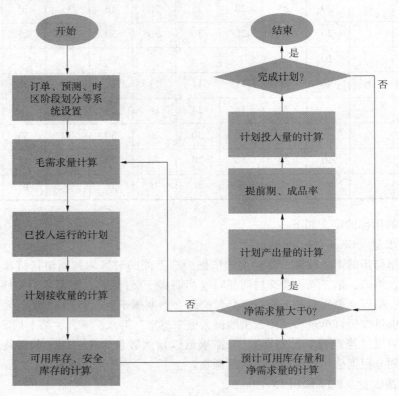

图 4-4 MPS 的计划和生成过程

总体上来讲，在获取了订单数量和预测输入之后，系统后台的 MPS 生成过程就是一个自动的数据收集和计算流程，我们来看一下几个重要的步骤：

（1）计算毛需求量。

毛需求量的计算公式在上一小节简单涉及过。第 1、2、3 时段要求交付的商品处于时区 1（交付时区），毛需求量等于订单数量；第 4、5、6、7 时段处于时区 2（生产时区），毛需求量等于订单量与预测量的最大值；第 8、9、10 时段处于时区 3（计划时区），毛需求量等于预测量。这个过程的主要输入为订单数量和销售预测，输入的结果如表 4-6 所示。

表 4-6 毛需求量

时段	当前周	第一周	第二周	第三周	第四周	第五周	第六周	第七周	第八周	第九周	第十周
预测量		15	30	10	30	18	30	32	25	30	20
订单量		20	25	20	25	20	16	35	20	28	25
毛需求量		20	25	20	30	20	30	35	25	30	20

（2）计算（读入）计划接收量与过去的库存量（预计可用库存量），结果如表4-7所示。

表4-7 计划接收量和预计可用库存量

时段	当前周	第一周	第二周	第三周	第四周	第五周	第六周	第七周	第八周	第九周	第十周
预测量		15	30	10	30	18	30	32	25	30	20
订单量		20	25	20	25	20	16	35	20	28	25
毛需求量		20	25	20	30	20	30	35	25	30	20
计划接收量		10									
预计可用库存量	16										

这里的计划接收量10代表当前在生产阶段，预计在第一周会产出的成品数量为10。同时预计的可用库存只有当前周的库存可以获取。

（3）计算预计可用库存量，如表4-8所示。

表4-8 预计可用库存量

时段	当前周	第一周	第二周	第三周	第四周	第五周	第六周	第七周	第八周	第九周	第十周
预测量		15	30	10	30	18	30	32	25	30	20
订单量		20	25	20	25	20	16	35	20	28	25
毛需求量		20	25	20	30	20	30	35	25	30	20
计划接收量		10									
预计可用库存量	16	6	−19	−39	−69	−89	−119	−154	−179	−209	−229

每一周的预计可用库存量是在不采购的假设前提下，上一周的库存减去本周的毛需求量获得的计算结果。这也是在后面的采购计划中需要参考的输入信息。

（4）计算计划产出量。

对第一个零或负计划可用库存量的时段计算出净需求量，同时也考虑安全库存量，然后决定计划产出量的大小，之后计算本时段的预计可用库存量。

再重新计算下一时段计划可用库存量，同时考虑安全库存量，计算出净需求量的大小，根据净需求量计算本时段的计划产出量，之后计算本时段的预计可用库存量。

重复计算下一时段的可用库存量，用类似的方法处理各个时段的净需求量的计算，可利用库存量与计划产出量如表4-9所示。

表4-9 毛需求量、净需求量、计划产出量和更新后库存量

时段	当前周	第一周	第二周	第三周	第四周	第五周	第六周	第七周	第八周	第九周	第十周
预测量		15	30	10	30	18	30	32	25	30	20
订单量		20	25	20	25	20	16	35	20	28	25
毛需求量		20	25	20	30	20	30	35	25	30	20
计划接收量		10									
预计可用库存量	16	6	−19	−39	−69	−89	−119	−154	−179	−209	−229
净需求量			24	14	24	14	24	29	24	24	14
预计可用库存量（更新后）			11	11	11	11	11	6	11	11	11
计划产出量			30	20	30	20	30	30	30	30	20

我们从第一个预计可用库存为<0 的时段开始，按照净需求量、计划产出量和预计可用库存量的顺序开始计算，然后循环计算每一周的数值。这里假设每次作业批量产出量为10，安全库存量为5。

①第二周净需求量

净需求量＝本时段毛需求量－前一时段末的可用库存量－本时段计划接收量＋安全库存量，则第二周净需求量＝25－6－0＋5＝24。

②第二周计划产出量。

由于净需求量是24，批量产出量为10，则计划需要实现三个批量，故第二周的计划产出量为30。

③第二周预计可用库存量。

预计可用库存量＝前一时段末的可用库存量＋本时段计划接收量－本时段毛需求量＋计划产出量，则第二周预计可用库存量＝6＋0－25＋30＝11。

④第三周净需求量。

第三周净需求量＝20－11－0＋5＝14。

⑤第三周计划产出量。

第三周计划产出量预计两个批量，共计20。

⑥第三周预计可用库存量。

第三周预计可用库存量＝11＋0－20＋20＝11。

通过这种方式，我们可以得到所有周的净需求量、计划产出量、预计可用库存量，如表4-9所示。

（5）根据提前期及成品率计算计划投入量和可供销售量，如表4-5所示。

这里配置的提前期为1周，成品率为100%，可供销售量＝计划产出量－毛需求量。所以可以看到本周的计划投入量始终和下一周的计划产出量保持一致，并且可供销售量是计划产出量减去毛需求量的结果。

4. MPS 的确认

在制订了初步的 MPS 后，需要参考 MPS 计划中的计划投入量进行粗能力平衡，最后提交MPS 方案，通过审核批准，以保证 MPS 符合企业的经营规划。MPS 确认的额外步骤如下：

（1）对 MPS 的初步分析。

分析的目的在于确认 MPS 中产品大类的总数应约等于相应时期内销售计划的数量，若不一样，一般需要改变 MPS，使 MPS 和销售计划尽量保持一致。

（2）对 MPS 的审核。

审核工作应由企业高层领导负责，并组织市场销售部门、工程技术部门、生产制造部门、财务部门和物料采购部门参加审核。

（3）批准 MPS，并正式下达 MPS。

一般通过召开会议来批准 MPS，在会上阐明解决 MPS 问题的方法及选用该方法的原因。批准后，将正式的 MPS 发放给有关部门，如生产制造、物料、采购、工程技术、市场销售、财务等部门以及相关人员。

知识拓展

MPS 和 MRP 的区别

（一）MPS

MPS 主要是针对成品的计划表，描述一个特定的完成品的生产时间和生产数量。依据

MPS 的确认结果，MRP 得以计算在该完成品需求之下，所有组件、零件以至原材料的需求计算。MPS 不是销售预测，不代表需求。MPS 须考虑生产规划、预测、待交订单、关键材料、关键产能及管理目标和政策。

（二）MRP

MRP 利用 BOM 将 MPS 中的成品需求转换为半成品及原材料需求。它利用库存状态以及材料属性文件中的基本资料，计算出何时需要多少何种材料。

以某电子厂 ERP 系统为例：在前期流程都走完之后，随后计算要生产该单所需要的主物料的毛需求量，具体算法根据研发部建立的物料清单进行展开（BOM 展开），由 BOM 中各物料的用量及计划百分比计算生产该单需要准备什么原料及准备多少。在导入 MPS 后，计算若生产该订单需要生产的成品及生产顺序。之后再导入 MRP，根据 BOM、库存的原料、半成品、成品情况、车间正在加工在制品情况、工厂的全面生产能力等计算生产这张订单的净需求，即需求采购什么、采购多少、何时采购，生成计划请购单转采购部审批采购，生成工单，通知物控、车间、仓库进行备料、发料、开机生产。

任务实施

根据 RCCP 分析结果调整 MPS

平台-根据 RCCP 分析结果
调整 MPS

Excel-根据 RCCP 分析结果
调整 MPS

1. 获取 MPS 的商品产出时间和数量

在 Excel 上，准备如表 4-10 所示表格，数据和表 4-1 一致。

表 4-10 成品 MPS 时间和产量需求

商品	第一周	第二周	第三周	第四周	第五周	第六周	第七周
A	25	25	20	20	20	20	30

2. 计算关键工作中心的单位时间

基于表 4-2 得到的零件-关键工作中心加工时间如表 4-11 所示。

表 4-11 零件-关键工作中心加工时间

零件号	关键工作中心	单件加工时间/小时	单件准备时间/小时	单位总时间/小时
A	W30	0.09	0.02	0.11
B	W15	0.26	0.009 6	0.269 6
C	W15	0.14	0.02	0.16
C	W20	0.07	0.013 75	0.083 75
F	W25	0.06	0.007	0.067

基于图 4-5 得到了计算关键工作中心的总体时间计算逻辑，如图 4-6 所示。

3. 获取关键工作中心的单位总时间和最大设计工作时间

W15、W20、W25、W30 的最大加工能力按照小时计是 15、5、1.8、3。根据上面的计算逻辑和每个时间段需要的成品产出数量，得到如表 4-12 所示数据，和表 4-4 数据一致。

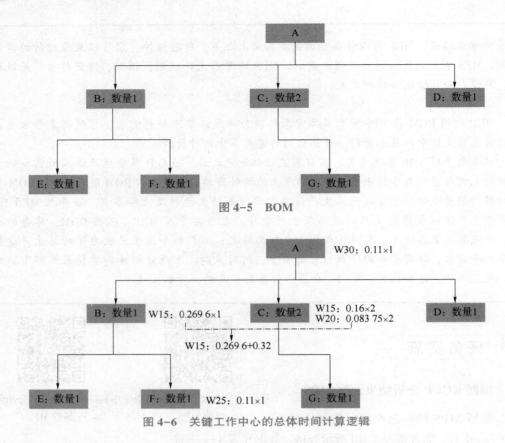

图 4-5 BOM

图 4-6 关键工作中心的总体时间计算逻辑

表 4-12 关键工作中心产能需求和设计最大产能

关键工作中心	第一周	第二周	第三周	第四周	第五周	第六周	第七周
W15	14.74	14.74	11.792	11.792	11.792	11.792	17.688
W20	4.19	4.19	3.352	3.352	3.352	3.352	5.028
W25	1.675	1.675	1.34	1.34	1.34	1.34	2.01
W30	2.75	2.75	2.2	2.2	2.2	2.2	3.3
W15（最大加工能力）	15	15	15	15	15	15	15
W20（最大加工能力）	5	5	5	5	5	5	5
W25（最大加工能力）	1.8	1.8	1.8	1.8	1.8	1.8	1.8
W30（最大加工能力）	3	3	3	3	3	3	3

4. 数据可视化

（1）粘贴表 4-12 数据到 Excel 电子表格。

（2）选择粘贴的数据，然后选择菜单"插入"，在菜单项选择偏右的组合图类型中的簇状组合图（中间一个图形，包含第二纵坐标）。如图 4-7 所示。

（3）默认得到的组合图如图 4-8 所示（根据操作系统和电子表格的版本，默认展现可能有差异，笔者用的版本是 macOS High Sierra 和 Microsoft Excel for Mac 16.26）。

（4）如果 X 轴不是"第 X 周"这样的维度，则选择组合图，右键菜单选择"选择数据…"，在弹出的窗口选择"交换行/列"。结果如图 4-9 所示。

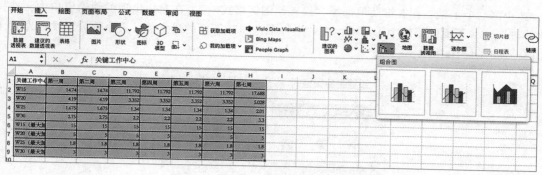

图 4-7 可视化菜单

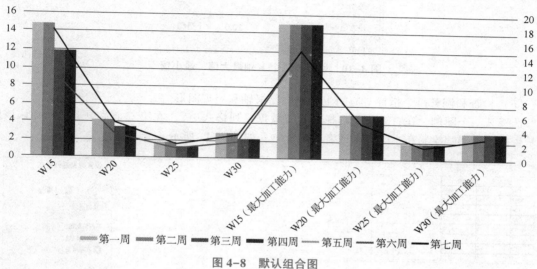

图 4-8 默认组合图

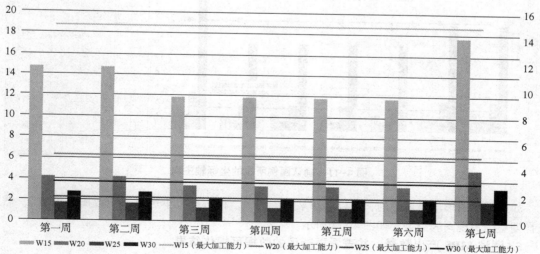

图 4-9 横轴调整为第 X 周后

（5）修改第二个 Y 轴，确保最大值和间隔和第一个 Y 轴一致。

选中第二个 Y 轴，在右键菜单选择"设置绘图区格式…"，在右边出现的编辑窗口中，选择"坐标轴"卡片下面的第四个子菜单，把"坐标轴选项"下面的最大值、最小值分别设置为20.0和0.0，如图4-10所示。

图 4-10　设置第二个 Y 轴最大值、最小值

（6）检查和调整每个指标对应的主要或次要 Y 轴和展现图形。

选择某一个图例，在右键菜单选择"设置数据系列格式…"，在第三个菜单下面，确认该图例是否按照期望，绘制在主坐标轴或者次坐标轴，如图4-11所示。

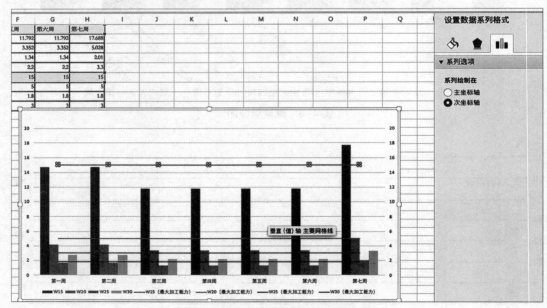

图 4-11　确认图例所属的坐标轴主次

如果展现图形不是期望的，可以选择某一个图例，在右键菜单选择"更改图表类型"，然后选择期望的展现图表类型，如图4-12所示。

5. 调整 MPS 产出数量，并查看更新后的数据可视化结果

最终我们会得到类似图4-13所示的结果，并知道第七周的产能是不满足成品需要的产能。假设系统配置的批量为5，则我们可以在第六周生产25个，把第七周原有的30个需求调整为25个。按照同样方式计算的关键工作中心的总产能需求和设计最大需求如表4-13所示。

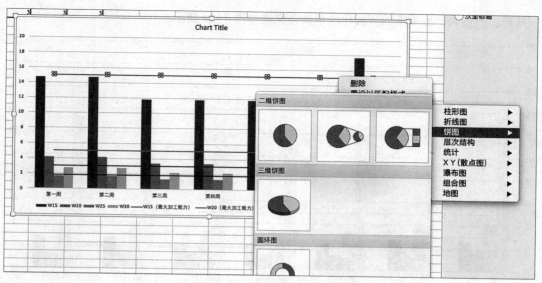

图 4-12 调整展示图表类型

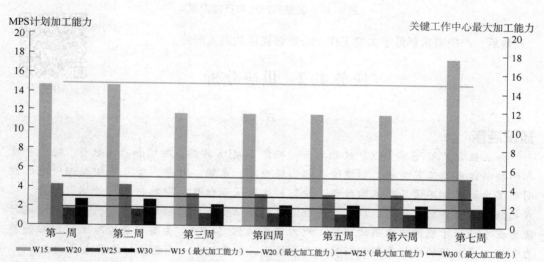

图 4-13 加工能力和最大加工能力

表 4-13 调整第六周和第七周产能需求

关键工作中心	第一周	第二周	第三周	第四周	第五周	第六周	第七周
W15	14.74	14.74	11.792	11.792	11.792	14.74	14.74
W20	4.19	4.19	3.352	3.352	3.352	4.19	4.19
W25	1.675	1.675	1.34	1.34	1.34	1.675	1.675
W30	2.75	2.75	2.2	2.2	2.2	2.75	2.75
W15（最大加工能力）	15	15	15	15	15	15	15
W20（最大加工能力）	5	5	5	5	5	5	5
W25（最大加工能力）	1.8	1.8	1.8	1.8	1.8	1.8	1.8
W30（最大加工能力）	3	3	3	3	3	3	3

这样，产能和产能需求的可视化结果就会变成如图4-14所示。

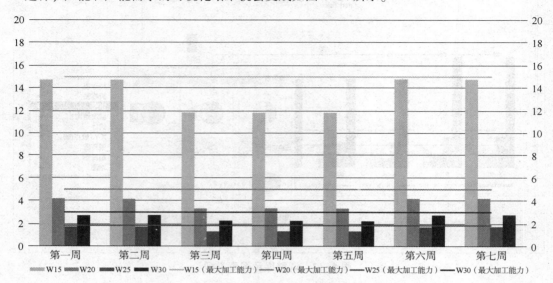

图4-14 调整后产能和产能需求

调整后，产能需求都低于关键工作中心能够提供的最大产能。

任务4-2 供应分析

微课-供应分析

企业做完了MPS和RCCP校验之后，确定了MPS的产出时间和产出数量。每一个商品的物料组成、工艺手法、制造过程都已经确定，采购、财务、生产等相关部门也已经明确了原材料、半成品的采购数量、预期到达时间等信息，即物料需求计划。但是，生成的物料需求计划是否可以执行，是否能最终保证生产计划的切实可行，必须通过运行能力需求计划才能得出准确的回答。能力需求计划（CRP）主要用来检验工作中心的能力和各工序之间的安排是否能够实现具体的产品生产，也是产能分析的最主要构成。

（一）产能分析

产能分析是根据物料需求计划和各物料的工艺路线，对在各个工作中心加工的所有物料计算出加工这些物料在各时间段上要占用该工作中心的负荷小时数，并与工作中心的有效工作时间进行比较。这里的产能是指在一定条件下（如人力、设备、面积、资金等）企业能持续保持的最大产出，主要面向工作中心。

1. 分析目标

对各生产阶段和各工作中心（工序）所需的各种资源进行精确计算，得出人力负荷、设备负荷等资源负荷情况，并做好生产能力与生产负荷的平衡工作。

2. 分析内容

产能分析主要是为了解决以下几个问题：

（1）各个物料经过哪些工作中心加工？

（2）各工作中心的可用能力和负荷是多少？

（3）工作中心的各个时段的可用能力和负荷是多少？

（4）按照现有工作中心的配置能力，能够产出的最大数量是多少？

3. 分析方法

做产能分析，其实就是完成能力需求计划的过程。要把物料需求计划的物料需求量转换为对工作中心能力的需求。还要结合工作中心和生产日历，同时考虑工作中心的停工及维修情况，最后确定各工作中心在各时间段的可用能力。工作中心工艺及能力如表4-14所示。

表4-14 工作中心工艺及能力

工作中心	商品	能力类别	能力需求/小时
WC01	商品A	按工时计	10
WC01	商品B	按工时计	5

工作中心WC01可以同时加工商品A和商品B，单位商品分别需要的加工时间是10小时和5小时。物料待确认的计划和已确认的计划如表4-15和表4-16所示。

表4-15 物料待确认的计划

周	1	2	3	4	5
商品A	5		10		
商品B		5		10	

表4-16 物料已确认的计划

周	1	2	3	4	5
商品A	10		5	10	
商品B		10	6		

根据工作中心工艺、已确定的物料计划、待确定的物料计划，可以得到工作中心的总体负荷，如表4-17所示。

表4-17 需求负荷

周	1	2	3	4	5
确认需求负荷	100	50	80	100	25
计划需求负荷	50	25	100	50	
总负荷	150	75	180	150	25

在这里负荷的计算方式考虑了工艺设计和物料计划数量。计算公式是能力需求×负荷数量。比如第3周的确认需求负荷＝商品A的数量×商品A需要的能力时间＋商品B的数量×商品B需要的能力时间＝5×10＋6×5＝80，其他的确认需求负荷和计划需求负荷的计算同理。那么工作中心WC01能够提供多少能力呢？这里考虑到工艺、设备设计能力、操作人员等因素，通过ERP系统的设置，得到的工作中心的可用能力如表4-18所示。

表 4-18 工作中心的可用能力

序号	指标	数值
a	单一班时间/小时	12
b	班次/班	2
c	作业率	80%
d	周出勤时间/天	5
e	净可用时间（小时每周）	96

其中，单一班时间表示操作设备的排班时间为每 12 小时一班；班次表示每一天排班为两班；作业率表示在上班期间的有效工作时间占比为 80%；周出勤时间表示每周工作天数为 5 天；净可用时间为上面四个指标相乘后的结果。

公司的工作中心和需求负荷合在一起，得到的结果如表 4-19 所示。

表 4-19 需求负荷和能力差距   单位：小时

周	1	2	3	4	5
过去需求负荷	100	50	80	100	25
计划需求负荷	50	25	100	50	
总负荷	150	75	180	150	25
工作中心能力	96	96	96	96	96
能力缺失/结余	−54	21	−84	−54	71
累计能力缺失/结余	−54	−33	−117	−171	−100

我们当前的工作中心的生产能力是无法满足物流需求的，需要对需求和能力进行平衡。解决负荷过小或超负荷能力问题的方法主要有 3 种：调整能力、调整负荷以及同时调整两者。

调整能力的方法主要有：

（1）加班。

（2）购买设备，同时增加操作人员。

（3）提高工作效率，降低工作中心生产单位商品的时间。

（4）更改工艺线路等。

调整负荷的方法主要有：

（1）修改计划。

（2）调整产量需求。

（3）推迟交货和延长交货周期。

（4）交叉作业，提高并行效率等。

根据表 4-19 的数据，得到如图 4-15 所示的能力缺失/结余情况。

由图 4-15 可知，第一、第三和第四周的能力小于负荷，而第二和第五周的能力大于负荷。基于这种情况，以下几种平衡调整方案可以同时使用：

（1）如果第一周需求计划日期不能改变，则调整能力，如加班 54 小时。

（2）如果第三周需求的物料 21 个小时的处理时间提前到第二周，第三周仍需加班 84−21 = 63（小时）。

（3）第四周的物料推后加工。

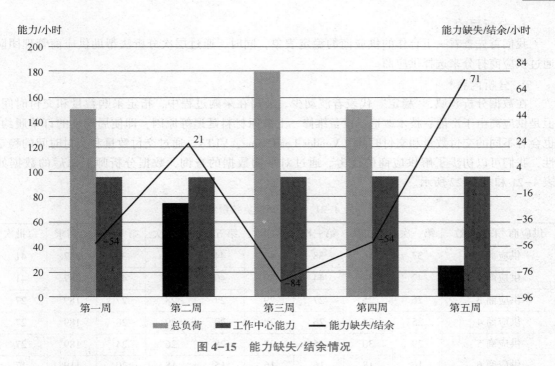

图 4-15　能力缺失/结余情况

上一节的粗能力需求计划和这一节的能力需求计划有什么区别呢？主要的区别如表 4-20 所示。

表 4-20　粗能力需求计划和能力需求计划差异

对比项目	区别点	
	粗能力需求计划	能力需求计划
计划阶段	MPS 制定阶段	MPS 与 SFC（Shop Flow Control，车间控制系统）定制阶段
能力计划对象	关键工作中心	各个工作中心
负荷计划对象	独立需求件	相关需求件
计划的订单类型	计划及确认的订单（不含已下达的计划订单）	全部订单（含已下达的订单）
使用的工作日历	工厂生产日历或工作中心日历	工作中心日历
计划的提前期考虑	偏重于时区及时段	开始于完工时间，有时精确到小时

（二）供应稳定性分析

在公司内部所做的任何计划，都会把一个外部因素当成导致不确定性的干扰。这个外部因素就是供应的稳定性。供应稳定性属于供应链稳定性的范畴，从公司自身的角度来衡量，供应商的供应稳定主要表现在两个方面：价格的稳定和供应数量的稳定。需要指出的是，供应的稳定与否，不仅仅由供应商决定。公司作为采购方，是否能够很好地给出稳定的采购需求和良好的采购价格，很大程度上决定着供应商选择下游的优先级。如果公司的相同原材料的采购渠道有多个，那么公司对供应商提出的采购需求会从很多方面来权衡：供应商的交货率、供应商原材料的合格率、供应商的规模和营收表现、供应商和公司的合作时间等。我们在本节，也会帮助公司通过指标，综合专家意见，选择合适的供应商。

1. 分析目的

我们首先查看一下合作的供应商的稳定表象，同时，通过层次分析法帮助供应商管理团队通过供应商打分来选择供应商。

2. 分析内容

在数据分析领域，"稳定"代表着波动少。公司在采购过程中，指定采购数量和交付时间。但是供应商由于产能、技术改造、设备维修、上游原材料延迟等原因，即使周期性的订单履约，也会有不同的交付数量和交付时间（Vendor Lead Time，VLT）。通过交付数量和交付时间的稳定性，我们可以初步了解供应商的优劣。通过对采购数据的查询，数据分析师汇总后的数据如表4-21和表4-22所示。

表4-21　供应商供货数量细节

供应商/采购次数	第一次	第二次	第三次	第四次	第五次	第六次	第七次	总需求	每批次
供应商1	37	46	38	43	44	40	39	287	41
供应商2	42	34	44	39	40	45	43	287	41
供应商3	26	25	27	29	27	28	27	189	27
供应商4	25	24	26	28	29	29	28	189	27
供应商5	29	30	25	27	28	26	24	189	27
供应商6	16	18	16	16	15	18	20	119	17
供应商7	19	17	15	16	18	20	14	119	17
供应商8	16	20	17	17	16	17	16	119	17

其中总需求是每个供应商的总采购量。

表4-22　供应商交货周期细节

供应商/采购次数	第一次	第二次	第三次	第四次	第五次	第六次	第七次
供应商1	7	9	8	9	9	8	8
供应商2	8	7	9	8	8	7	9
供应商3	5	5	5	6	5	6	5
供应商4	5	5	5	6	6	6	6
供应商5	6	6	5	6	6	5	5
供应商6	3	4	3	3	3	4	4
供应商7	4	3	3	3	4	4	3
供应商8	3	4	3	3	3	3	3

3. 分析方法

通过表4-21和表4-22的数据，我们知道了交货时间、交货数量、采购总量。所以针对每个供应商，我们可以计算出交货时间的稳定性、交货数量的稳定性和采购总量三个指标。其中的稳定性，采用了数据集的一个指标——变异指数。变异指数的定义：数据集每个数值的标准差σ除以每个数值的平均值$\overline{X}$。比如供应商1的交付数量的平均值是41，标准差通过Excel电子表stdev函数计算为3.367，则变异指数$= 3.367/41 = 0.082$。同理，计算每个供应商的交货时间和交货数量的变异指数，得到的结果如表4-23所示。

表 4-23 变异指数

供应商	数量变异指数	时间变异指数	采购总量
供应商 1	0.082 1	0.091 2	287
供应商 2	0.091 3	0.102 1	287
供应商 3	0.047 8	0.092 3	189
供应商 4	0.074 1	0.095 9	189
供应商 5	0.080 0	0.098 5	189
供应商 6	0.101 9	0.155 9	119
供应商 7	0.127 1	0.155 9	119
供应商 8	0.083 2	0.120 3	119

根据表 4-23 的数据，我们可以画出一个气泡图，如图 4-16 所示。

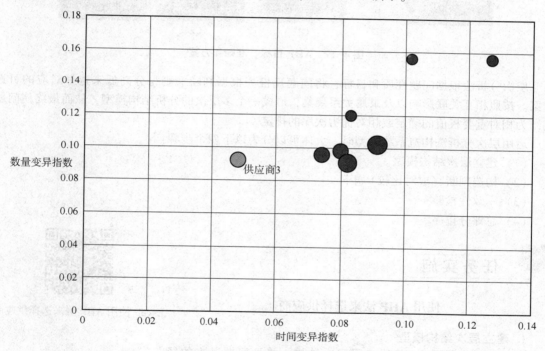

图 4-16 供应商稳定性矩阵

根据图 4-16 的数据，越往左下角，变异数值越小，代表这家供应商越稳定。供应商 3 是最稳定的一家供应商，也是可以考虑扩大对它的采购体量的。

作为一个完善的供应商管理体系，我们需要单一的指标衡量供应商的优先级，行业通常的做法是供应商评分。比如选择几个相关的指标：$K1$、$K2$、$K3$。同时给出这几个指标对应的权重：$W1$、$W2$、$W3$。然后供应商的评分为 $K1×W1+K2×W2+K3×W3$。并且这里的 $W1+W2+W3=1$。这种做法，相对简单直观，但是权重的选择过于主观，没有一个确定的标准。AHP（Analytic Hierarchy Process）层次分析法综合了专家意见和客观的数学方法，得到了相对客观的选择依据。整个计算过程分为三层：目标层–准则层–方案层。在供应商选择场景中，我们假设供应商的选择维度为产品丰富程度、流水线集成性、战略持续性、行业经验、产品研发能力、价格因素。基于这六个维度，从后续的三个供应商里面选择一个最合适的供应商，如图 4-17 所示。

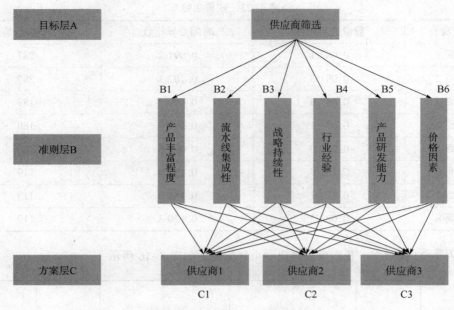

图 4-17 AHP 目标、准则和方案

层次分析法根据问题性质和目标，将问题反推为根据判断准则得分高低来选择对应的可选方案。按照相互关联影响以及隶属关系聚集，形成一个多层次的分析结构模型，从而最终使问题归结为相对重要权值的确定或相对优劣次序的排定。

运用层次分析法构造系统模型时，大体可以分为以下四个步骤：

（1）建立层次结构模型。

（2）构造判断（成对比较）矩阵。

（3）一致性检验。

（4）总评分排序。

 任务实施

使用 AHP 法来选择供应商

Excel-使用 AHP 法来选择供应商

1. 建立层次结构模型

我们已经按照图 4-17 构建了层次结构，并且根据过去的经验，分别给三个供应商的六个维度打分，满分为 10 分，得到的结果如表 4-24 所示。

表 4-24 供应商各项评分

供应商	产品丰富程度	流水线集成性	战略持续性	行业经验	产品研发能力	价格因素
供应商 1	9	8	6	9	8	7
供应商 2	8	7	7	7	10	7
供应商 3	7	9	8	8	6	10

2. 构造判断（成对对比）矩阵

综合了专家的意见，我们得到了各个因素之间重要性对比矩阵，如表 4-25 所示。

表4-25 成对对比矩阵

专家意见	产品丰富程度	流水线集成性	战略持续性	行业经验	产品研发能力	价格因素
产品丰富程度	1	2	1	3	1	0.5
流水线集成性	0.5	1	2	4	1	1
战略持续性	1	0.5	1	5	3	0.5
行业经验	0.33	0.25	0.2	1	0.33	0.33
产品研发能力	1	1	0.33	3	1	1
价格因素	2	1	2	3	1	1

这里的重要性数值（称之为标度）是按照表4-26所示填写的。

表4-26 标度表

标度	说 明
1	两个因素同样重要
3	一个因素比另一个因素稍微重要
5	一个因素比另一个因素明显重要
7	一个因素比另一个因素强烈重要
8	一个因素比另一个因素极端重要
2、4、6、8	两个因素的重要比对关系介于相邻奇数值之间
1/2、1/3、1/5、1/7、1/9	因素A比因素B重要的标度取自然数，则因素B和因素A的重要性取倒数

产品丰富程度-行业经验对应的标度是3，说明专家认为行业经验比产品丰富程度明显重要。行业经验-产品丰富程度的标度是0.33，正是3的倒数。

基于表4-26的数据，我们对每一列的数据实行归一化，如表4-27所示。

表4-27 对比归一化矩阵

0.172	0.348	0.153	0.158	0.136	0.115
0.086	0.174	0.306	0.211	0.136	0.231
0.172	0.087	0.153	0.263	0.409	0.115
0.057	0.043	0.031	0.053	0.045	0.076
0.172	0.174	0.051	0.158	0.136	0.231
0.343	0.174	0.306	0.158	0.136	0.231

如果把i当成矩阵的每一行索引，j当成矩阵的每一列索引，a_{ij}为归一化前第i行第j列的数值，$\bar{a}_{ij}$为归一化后的第i行第j列数值，则$\bar{a}_{ij} = \dfrac{a_{ij}}{\sum\limits_{i=0}^{5} a_{ij}}$。

然后我们把$\bar{a}_{ij}$横向相加，得到权重向量$w = [1.082, 1.144, 1.200, 0.305, 0.921, 1.349]$，对其进行归一化得到的结果$\bar{w} = [0.180, 0.191, 0.200, 0.051, 0.154, 0.225]$。

3. 一致性检验

理想状态下，$\bar{w}$就是每一个供应商选择维度的对应权重。但是必须经过一致性的校验。什么是一致性？在成对对比矩阵的标度选择上，极有可能出现产品丰富程度比战略持续性重要，战略持续性比行业经验重要，而行业经验又比战略持续性重要的情况。这种情况就是违背了一致性原则，是在 AHP 过程中需要避免的。一致性检验涉及矩阵的运算，我们用 A 代表如表 4-25 所示的矩阵。首先用获取 A 和归一化后权重向量的结果，如图 4-18 所示。

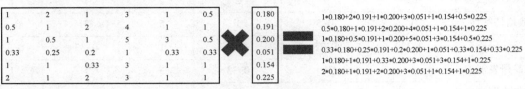

图 4-18　矩阵乘法

矩阵的乘法要求两个矩阵/向量需要满足这样的条件：左矩阵的列数等于右矩阵的行数。计算的过程是左矩阵每一行的每个值和右矩阵每一列的每个值相乘的累加。比如结果的第一个值 $= 1 \times 0.180 + 2 \times 0.191 + 1 \times 0.200 + 3 \times 0.051 + 1 \times 0.154 + 0.5 \times 0.225$。得到的结果为 $A\bar{w} = [1.180, 1.262, 1.302, 0.323, 0.968, 1.482]$。

在结果的基础上，我们需要获取特征值 $\lambda_{max} = \dfrac{1}{n} \sum\limits_{i=0}^{n-1} \dfrac{(A\bar{w})_i}{\bar{w}_i}$。把各个符号展开，得到的结果

$$\lambda_{max} = \frac{1}{6}\left(\frac{1.180}{0.180} + \frac{1.262}{0.191} + \frac{1.302}{0.200} + \frac{0.323}{0.051} + \frac{0.968}{0.154} + \frac{1.482}{0.225}\right) = 6.488。$$

AHP 成对对比的一致性 CR 的计算公式是 $CR = \dfrac{\lambda_{max} - n}{(n-1)\,RI}$，这里的 RI 来自随机一致性列表，如表 4-28 所示。

表 4-28　随机一致性列表

n 阶	1	2	3	4	5	6	7	8	9
RI 值	0	0	0.52	0.89	1.12	1.26	1.36	1.41	1.46

最后得到的 $CR = \dfrac{6.488 - 6}{(6-1) \times 1.26} = 0.077$。这个值是小于 0.1 的，说明我们供应商筛选成对对比矩阵的重要性取值是正确的。这个结论成立说明了 $\bar{w} = [0.180, 0.191, 0.200, 0.051, 0.154, 0.225]$ 可以用作供应商评分的权重。

4. 总评分排序

如表 4-24 所示，我们对每个供应商的各项评分已知，那么每项评分和权重的加权结果就是对供应商的总体评分。

供应商 1 的总体评分 $= 9 \times 0.180 + 8 \times 0.191 + 6 \times 0.200 + 9 \times 0.051 + 6 \times 0.154 + 7 \times 0.225 = 7.3$

供应商 2 的总体评分 $= 8 \times 0.180 + 7 \times 0.191 + 7 \times 0.200 + 7 \times 0.051 + 10 \times 0.154 + 7 \times 0.225 = 7.64$

供应商 3 的总体评分 $= 7 \times 0.180 + 9 \times 0.191 + 8 \times 0.200 + 8 \times 0.051 + 6 \times 0.154 + 10 \times 0.225 = 8.15$

那么评分最高的供应商 3 应该是综合而言，最优质的供应商。

思政园地

中国粮食储备的要点可以概括为 4 个字：购、存、调、销，通过这 4 个字背后代表的各种操作来保证粮食的流动。购，指的就是中国粮仓购买农民生产的粮食，收购大量农民产出的粮食，并且在收购过程当中严格把控粮食的质量，同时使用一卡通技术，这一技术

有两个优势，第一是保证粮食采购全过程透明可追溯，第二是保证在购买过程中不会拖欠农民的粮食销售款。在采购到足够数量的粮食之后，接下来的就是存。以中储粮的粮仓为例，目前中储粮的粮仓主要是高大平房仓、浅圆仓和立筒仓，当粮食收购之后，会以机械化和智能化作业存入仓库当中，在存入之前需要进行抽样化验保证质量，以往这一步骤需要人工进行一个小时工作才能完成，增加了粮食在外受到损害的风险，而如今这一步骤在自动化系统的操作下10分钟即可完成，大大简化并加快了粮食入库步骤。

粮食入库之后需要保持低温并减慢粮食本身的呼吸作用，保证质量不发生大的变化，同时也要对粮食进行杀虫处理，避免储存的大量粮食遭到各种害虫的啃噬，而这一步也是各种黑科技应用最多的地方，例如利用冬季粮食温度下降的自然规律来在巨大粮食堆的中心积攒足够的冷空气，在夏季时使用功率较小的风扇抽出冷空气重新送回到仓中降低粮食外部的空气，使得粮食的最高温度不超过25度，实现常年的绿色低温储存。为了降低粮食的呼吸作用，中国还在粮仓当中使用了氮气气调技术，以空气为原材料制取大量氮气之后充入粮仓之中。氮气是一种典型的惰性气体，不会和粮食发生化学反应，并且氮气会让昆虫等动物无法呼吸，在氮气浓度达到98%以上之后粮食当中的害虫就无法正常活动和繁殖，要么因为无法取食被饿死，要么因为氮气浓度过高而被憋死，而粮食也会因为较高的氮气浓度而减慢呼吸作用，从而保持粮食的新鲜。

调实际上指的是对粮食的调运，而这也是中粮储建设的根本目的，当某地发生自然灾害需要大量的粮食时，中粮储就会快速行动，从各地粮仓当中取出大量粮食供给有需要的地区，其中最典型的例子就是汶川地震后中国向灾区紧急投放各类粮食64万吨，而这一切都在24小时之内完成。除此之外，当粮食价格出现波动之后，中粮储也需要出手。当粮食价格过低时以更高的价格收购粮食，避免农民因为过低的粮价而受到经济上的打击；而当粮食价格过高时，中粮储又要放出其储存的大量粮食来降低市场粮食价格，保持社会和粮食价格的稳定。

最后还需要提一句，那就是销，由于粮食是一种必然存在保质期的物品，因此当粮食储存时间达到年限之后，中粮储就会对外放出这些粮食进行出售，同时储存大量的新粮，而这些陈粮因为储存环境比正常情况下普通人家里的粮仓更好，有时候质量甚至不输给新粮，通过大量储备粮食并在宏观上进行调控，中国能够保证意外情况下的粮食供应，也能够保证市场上的粮食价格稳定。

任务4-3　缺货分析

微课-缺货分析

知识准备

供应链病症的表现之一就是缺货。缺货具体体现在数量的缺失和交付时间的延迟。产生的原因有很多，对生产企业来讲，由于采购、生产计划、车间安排的不合理，会导致供应商无法在正确的时间提供正确数量的原材料；对零售企业来说，用户需求的波动、供应商出货渠道的变动使缺货率居高不下，而且越是热卖的商品越是容易导致缺货。当消费者面临缺货时，无论选择其他商品，或者去它处购买，对生产者和零售商都不是好消息。找到缺货原因，提出应对措施也是数据分析师承担的责任。

（一）缺货原因分析

1. 分析目标

作为零售企业，通过分析线下店铺缺货商品在系统、仓库、货架上的不同情况，帮助企业理解缺货的具体原因。

Excel-缺货分析

2. 分析内容

从线下零售的角度来看，店铺缺货不仅仅是货架无货可售，也有系统处理、库存管理的问题。综合货架、系统和仓库三种因素，缺货的状态一共有八种，如表4-29所示。

表4-29　缺货状态

缺货状态	系统	货架	仓库
A	无货	无货	无货
B	无货	无货	有货
C	无货	有货	无货
D	无货	有货	有货
E	有货	无货	无货
F	有货	无货	有货
G	有货	有货	无货
H	有货	有货	有货

每种缺货状态反映了同一个缺货的表象，但是都有着不同的根本原因。

3. 分析方法

如表4-29所示，每一种缺货状态是系统、货架、仓库的不同组合。系统无货的意思是商品管理模块中，库存数据显示为0。仓库无货的意思是在后台仓库找不到可以销售的商品。我们针对每种缺货状态给出原因或者潜在影响：

（1）库存状态A：系统无货、货架无货、仓库无货。

严重缺货，所以商品已经出售完。

（2）库存状态B：系统无货、货架无货、仓库有货。

库存为残次品，或者紧急入库后，没有来得及账面信息处理和上架。

（3）库存状态C：系统无货、货架有货、仓库无货。

人为盘点错误。

（4）库存状态D：系统无货、货架有货、仓库有货。

商品条码混淆，或者收货工作和系统录入不一致。另一个可能原因是残次品、紧急入库商品没有在系统同步。

（5）库存状态E：系统有货、货架无货、仓库无货。

可能的原因有：

①商品丢失。

②盘点错误。

③商品报损，但是系统没有核销。

④已售商品退货状态和系统处理不同步，系统早于退货商品入库就显示有货。

⑤在调拨、批发、团购等非正常销售流程发生后，系统没有更新。

（6）库存状态 F：系统有货、货架无货、仓库有货。

理货员没有及时把商品上架，或者仓库商品为残次品，没有及时换货。

（7）库存状态 G：系统有货、货架有货、仓库无货。

这种情况销售正常，但是很快面临无货可售的风险，因为仓库无货。

（8）库存状态 H：系统有货、货架有货、仓库有货。

系统、货架和仓库可能都面临着商品残损的问题，无货可售。另外一个原因可能是仓库的商品已经被预订，同时系统和货架有残损商品无出售。

综合以上的八种缺货状态，缺货产生的主要原因有两个：

①供应商或者配送中心交货不及时。

②没有及时上架，并同步系统。

（二）缺货应对分析

缺货应对的方案选择，也包含了对缺货原因的根源分析。在店铺缺货分析中，涉及的三个参与方为店铺、供应商、配送中心。从店铺出发，追溯源头的供应商，然后到配送中心是供应侧的分析思路。通过关键节点的判断，可以得到不同的缺货根本原因。整个思考流程如图 4-19 所示。

动画-缺货应对分析

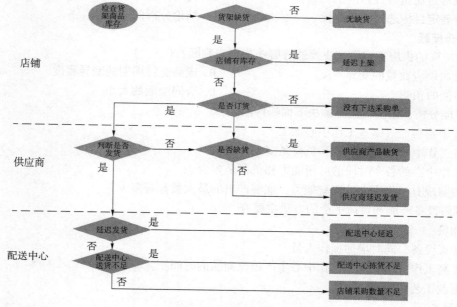

图 4-19　缺货根源

在厘清了造成缺货的根本原因后，我们可以从店铺内部和店铺外部两个角度来提出应对方法。

对于内部而言，需要采取的应对措施：

（1）商品库存/销售管理系统的全面应用和推广。

（2）制定的规章制度需要严格遵守，通过技术保障来监控和管理。

（3）店铺需要完善的业务报表和分析核查。

对于外部而言，需要总部采取的应对措施：

（1）联合上下游开展供应链合作，共同管理库存。

（2）一定条件下，渗透到上游，在上游的分销、生产过程中给予干预，解决商品供应的稳定问题。

（3）加强配送中心建设，提高配送效率。

（4）对物流外包业务，加强和承包商的合作，实现供应链的协同。

 学习检测

单项选择题

1. 关于供应计划流程，下面说法中错误的是（　　）。

A. RCCP 主要是规划关键工作中心的产能

B. MPS 是这个流程的中心部分，对主要生产流程进行规划排班

C. RCCP 和 MPS 各自分工，不相互影响

D. 供应计划出发点是输入的需求

2. 当一个商品库存，系统有货、货架无货、仓库有货，可能的原因是（　　）。

A. 盘点错误　　　　　　　　　　　　B. 商品没有及时上架

C. 销售正常，只是库存没有锁定　　　D. 严重缺货

3. AHP 模型的一致性，指的是（　　）。

A. 成对对比重要性程度的一致性　　　B. 使用方法的一致性

C. 待确定目标选择的一致性　　　　　D. 结论分析的一致性

多项选择题

1. 供应商的供应稳定性，主要通过哪些指标来判断？（　　）

A. 批次供应数量的变异程度　　　　　B. 成品交付周期的变异程度

C. 产能的预测　　　　　　　　　　　D. 合同金额的大小

2. 产能分析，主要是为了解决下面哪些问题？（　　）

A. 各个物料经过哪些工作中心加工

B. 各工作中心的可用能力和负荷是多少

C. 工作中心的各个时段的可用能力和负荷是多少

D. 按照现有工作中心的配置能力，能够产出的最大数量是多少

3. 调整设备产能和负荷平衡的方法主要有（　　）。

A. 加班

B. 购买设备、同时增加操作人员

C. 提高工作效率，降低工作中心生产单位商品的时间

D. 更改工艺线路

判断题

1. RCCP 主要是为了验证 MPS 的可行性和合理性，并帮助 MPS 进行调整。　　　　（　　）

2. 最小库存就是安全库存。　　　　　　　　　　　　　　　　　　　　　　（　　）

3. 变异系数越大，说明对应的指标波动行为越大，通常指的是稳定性不够。　　　（　　）

学习单元 5　需求计划

知识目标

1. 掌握对需求做定性预测的德尔菲方法。
2. 掌握对需求预测的时间序列法和相应的评估方法。
3. 掌握通过提取季节因子来预测季节性商品需求的方法。

技能目标

1. 能够通过历史数据的收集，实现未来需求数据的预测。
2. 能够根据预测的结果和实际结果的差异，评估预测方法的准确程度。

素质目标

1. 深刻理解供应链优化在国家供给制改革大潮中对提高资源利用率和去库存的作用。
2. 深刻理解国家供给、需求内循环双飞轮模式带给国民经济的活力和机遇。

思政元素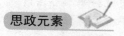

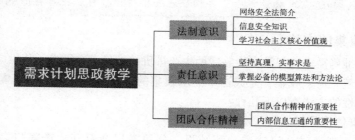

思维导图

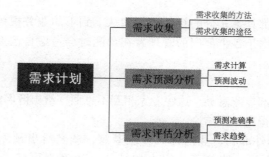

案例导入

　　21 世纪以来，零库存生产模式成了很多国内企业追求的库存生产目标，比如海尔集团，它的生产方式，很像是中国国情+零库存理念。企业贴近市场和用户，把外部市场效益内部化，构筑了企业内部供应链系统，形成了以订单信息流为核心的各子系统之间的连接集成。海尔认为，企业之间的竞争已从过去直接的市场竞争转向争夺顾客的竞争，它的 CRM（客户关系管理）联网系统就是实现端对端的零距离销售。海尔实施的 ERP 系统和 CRM 系统消除了影响信息同步沟通和准确传递的障碍——ERP 系统拆除了企业内部各部门之间的"墙"，CRM 系统拆除了企业与顾客之间的"墙"，从而达到快速敏捷地获取订单信息和需求输入，从而达到按需生产，既能迅速满足顾客需求，也能最终实现"零库存"。

案例思考

1. 如何最大化地获取需求信息，实现库存的高速周转，乃至"零库存"？

2. 企业在引入"零库存"生产模式的过程中，从信息系统到业务流程需要哪些改变？

案例启示

1. 基于需求的生产方式能够在一定程度上减轻库存压力和资金周转压力。

2. 通过信息化改造和标准软件的采用，以订单或者需求为中心的流程整合能够避免过度生产。

3. 基于需求的生产一定程度上会影响交付周期。

任务 5-1　需求收集

微课-需求收集

知识准备

传统意义上的供应链，采购原材料，投入到生产线中，待生产出成品之后，寻找销售渠道，尽可能地把商品销售出去。如果滞销或生产的商品有保质期，公司就会想尽办法清理商品库存或者折价促销。随着供应链的发展，公司经营管理理解的一个重要目标就是降低库存。原则上，知道需求数量之后，再相应地安排生产，可以把库存降低到最低。

（一）需求收集的方法

我们有历史的准确需求，却没有能够帮助生产排班的准确潜在需求。从供应链角度来说，了解潜在需求的过程就是需求收集，完成这个需求收集的方法就是需求预测。需求预测有定量方法和定性方法，定性的方法有以下几种：

1. 管理人员群体意见法

多个部门的管理者通过会议达成预测结果。公司高层会召开生产部门、销售部门、营销部门和采购部门管理者一起参加会议，四位管理者会通过讨论达成一个大家都同意的预测结果。

一般而言，管理人员都具备充分的行业理解和从上到下的业务视角，能够给出最为符合实际情况的预测结果。但是由于各个部门的管理者在预测时会考虑自己部门的目标，故预测结果往往过于主观。

2. 德尔菲法

询问并收集公司内外部专家意见，这些专家相互不见面，给出匿名的预测，并对差异进行分析和修正，直到所有专家得出相同结论。

比如公司会邀请公司外部和行业内部的多位专家，匿名给出预测，然后经过往复的差异评估去达成一个一致的意见。德尔菲法得出的结果比较客观可信，但过程较为复杂，周期较长。

3. 销售人员意见法

由于销售人员站在第一线，最为了解市场和客户，因此预测可靠性大。但销售人员因为需要达成销售指标，所以可能会故意压低预测值。

定性分析主要应用在三个场景：

（1）新品上市，没有可以归纳成数学模型的历史参考数据。

（2）一些大事件改变了原来正常的需求模式，比如疫情让出国旅游减少、教育双减政策让线下少儿培训课程停止等。

（3）历史需求数据与未来需求关系不大，比如随着消费者的喜好多样性，小众品牌的商品有着不可预测的快速增长。

定量的需求预测法依靠历史数据归纳成数学模型，并对未来做预测，主要的方法有时间序列法和回归法。

时间序列法有以下几种：

1. 简单平均法

通过前几期的平均值，去预测未来的一期。比如过去三个月的销量分别是 20、30、31，那么下个月的销量就是三者的平均值（20+30+31）/3＝27。这种计算方式简单易行，但是对于季节性的销售预测误差极大。

2. 移动平均法

移动平均法和简单平均法不一样的地方在于移动平均始终采用最近几个月的实际销售的平均值，比如第 4 个月的预测值采用第 1、2、3 这三个月的实际销量的平均值，第 5 个月的预测值采用第 2、3、4 这三个月的实际销量平均值。它一定程度上参考了最近的实际销量，但是依旧无法解决季节性变化带来的误差。

3. 指数平滑法

指数平滑法常用的有一次指数平滑、二次指数平滑和三次指数平滑，是一种实际上的加权平均法。以一次指数平滑法为例，它的计算公式如下：

$$S_{t+1}=\alpha Y_t+(1-\alpha)S_t$$

式中：S_{t+1}——$t+1$ 期的预测值；

　　　Y_t——t 期的实际值；

　　　S_t——t 期的预测值；

　　　α——0~1 之间的权重，如果近期需求变化较大，则相应调大 α。

一次指数平滑适用于需求较平缓变化的场景，若历史数据呈斜坡型趋势，则适合二次指数平滑预测法；若历史数据呈现抛物线趋势，则应该选用三次指数平滑法或者更多次指数平滑法。

定量预测的回归法主要有以下几种：

1. 一元线性回归法

一个参数变量的线性回归。比如某地区的童装销售只和当地的儿童人口有关系，那么当地的儿童人口就是预测童装销售的唯一变量。从数学表达式 $Y=b+wX$ 上来看，这里的 Y 就是童装销售，X 就是儿童人口，b、w 是需要得出的权重。

2. 多元线性回归法

多个参数变量的线性回归。比如房子的价格和房子面积、房间数量有关，那么房子面积和房间数量就是预测房价的变量。从数学表达式 $Y=b+a_1X_1+a_2X_2$ 来看，这里的 Y 就是房价，X_1 和 X_2 就是房子面积和房间数量，b、a_1、a_2 是需要得出的权重。

（二）需求收集的途径

有了需求收集的方法，那么对于每个方法需要收集的途径，就变得显而易见。如表 5-1 所示，列出了主要的需求收集方法和需求收集途径。

表 5-1　需求收集方法和需求收集途径

需求收集类型	需求收集方法	主要途径	示范数据
定性	管理人员群体意见法	会议讨论，得出统一意见	商品 A：10 商品 B：20
	德尔菲法	每位行业专家通过邮件或者独立沟通媒介提供预测	第一轮：商品 A：[10，12，8，9] 最后一轮：商品 A：[9，9，9，9] 最终结果：商品 A：9
	销售人员意见法	销售人员讨论会提交统一意见	商品 A：8
定量	简单平均法	系统收集 N 个月的历史销售，比如 6 个月	历史数据：[10，12，10，9，10，11] 第 7 个月预测（前 6 个月平均值）：10.3
	移动平均法	系统动态收集最近 N 个月的，比如 3 个月	最近三个月历史数据：[9，10，11] 第 4 个月预测：10
	指数平滑法	一次指数平滑为例：系统最近月历史数据和最近月预测数据	前一个月历史数据为 10，前一个月预测数据为 9.5，取 $\alpha=0.7$，则下一个月数据为 $10\times0.7+9.5\times(1-0.7)=9.85$
	一元线性回归法	收集历史销量数据和当地人口	样本销量 Y：[10，12，10，9，10，11] 当地人口（百万）X：[13，17，15，11，15，13]
	多元线性回归法	如收集历史房价数据和对应的面积、房间数量	房价（万）Y：[7，10，5，9，8，11] 对应面积 X_1：[83，120，35，110，103，98] 对应房间数量 X_2：[3，4，1，4，3，2]

行业趋势

　　京东将未来的供应链概括为三个本质：需求驱动、开放协同、敏捷响应。可以说，未来的电商平台已不仅仅是商家的渠道，更是全供应链条的共同决策者。

　　2020 年 11 月 1 日当天，美的冰箱在京东的销售额达到了 1.2 亿元，比上年同期增长了 96%。据美的冰箱电商部工作人员介绍，过去美的冰箱从入仓到送达消费者手中，时间大约在 30 天到 45 天。这需要对各仓库的 100 多个 SKU 货品做复杂预测。备货多了滞销，增加仓储费用；备货少了又会损失销售。但在与京东深度合作后，美的冰箱的周转周期降到了 28 天，滞销情况和仓位错配问题也大大改善。

　　这得益于京东与美的之间对销售预测、供需、采购、订单执行等流程节点的持续优化。从双方联合制订销售计划、入库需求、产销存预测，再到采购计划、排产计划的联动，双方需要打通端到端的全链条可视、可支持决策。

　　据京东介绍，双方的协同人员每人每月可节省 22 小时，每年的仓储物流费用可节省上千万元，相应销售量也得到了大幅提升。

　　类似的案例京东已积累了许多，这代表了一种全新的商业模式和生产关系。"双 11"期间，京东智能供应链已经支撑了全国各地近 200 个城市的预售前置决策计算，在消费者支付定金的瞬间就开始仓储生产，预售商品在支付尾款前就已抵达离消费者最近的快递站点。

微课-需求预测分析

任务 5-2　需求预测分析

　　合格的供应链管理者必须对完整供应链条上的生产、运输、产能和库存等过程进行计划，不是为了满足已经发生的销售，而是为了满足将要发生的销售。因此供应链管理者首要工作都是对未来顾客的需求进行预测。需求预测是指在销售需求实际发生之前根据历史需求信息或者行业专家意见做出的推测结果。

（一）需求计算

关于预测，我们需要牢记以下几点：

（1）预测是有误差的。

除非我们有时间机器，否则我们永远不可能得到完美的预测。花了很多时间和精力得到的预测，也许会因为竞争品牌的一次降价，导致消费者选择了竞争品牌。这些原因让我们的预测只能得到"近似"的正确。

（2）预测是有时间性的。

我们可以预测下个月的销量，也可以预测明年的销量。下个月的销量预测如果参考当月，得出的结果大概率会受到同样不确定因素的影响，相对会得出一个较准确预测。如果利用当月销量预测明年的销量，不确定因素变动剧烈，得出的预测一定会误差大很多。

（3）综合得出的预测好于单独的预测。

对于预测，我们有多个方法。可以用专家意见法（德尔菲法），可以用回归法，可以用指数平滑法。如果多个方法能够得到接近的结果，这个结果大概率是可以被相信的。仅仅使用一个方法来预测，缺乏和其他结果的比较和判断，这样的结果需要谨慎被使用。

（4）离终端消费者越远，预测可能越差。

当有消费者的直接输入，比如他们平均每个月购买商品的数量，购买的可能性等，我们可以得到较为直接和可信的预测结果。但是如果离消费者比较远，只能从外部参考数据或历史的生产数据来倒推预测销量，我们得到的结果会受到太多隐藏未知的因素影响，这样的预测结果可能比较差。

1. 分析内容

我们通过几种主要的需求预测方法，来给定下个月的商品 A 的销售预测。由于定性的预测方法以业务理解和流程为主，因此在这一节我们主要用定量预测法，采用的方法主要是移动平均法、指数平滑法、一元线性回归法。

2. 分析方法

数据分析师通过对订单系统的数据查询，得到了如表 5-2 所示的前 12 个月销量。

表 5-2　过去 12 月销量

月份	202001	202002	202003	202004	202005	202006	202007	202008	202009	202010	202011	202012
销量/件	1 688	1 958	2 031	2 234	2 566	2 820	3 006	3 093	3 277	3 514	3 770	4 107

（1）通过三个月的移动平均法，我们来预测一下未来一季度的每月需求：

①202101 月的预测销量为 202010、202011、202012 三个月的平均销量，即（3 514+3 770+

4 107)/3 = 3 797。

②202102 月的预测销量为 202011、202012、202101 三个月的平均销量，即（3 770+4 107+3 797)/3 = 3 891，其中 202101 月的销量为预测值。

③202103 月的预测销量为 202012、202101、202102 三个月的平均销量，即（4 107+3 797+3 891)/3 = 3 931，其中 202101、202102 两个月的销量为预测值。

（2）我们再来看一下一元指数平滑法的预测方法。一元指数平滑法的公式为 $S_{t+1} = \alpha Y_t + (1-a)S_t$。其中，$S_{t+1}$ 表示 $t+1$ 期的预测值；Y_t 表示 t 期的实际值；S_t 表示 t 期的预测值；α 表示 0~1 之间的权重。

需要面临的主要问题是 α 的设定。这里并没有更好的办法，我们从第一个月起计算一元指数平滑法的预测结果，通过修改不同的 α 的设定，会得到不同的结果，和实际较为接近的 α，可以作为我们预测下一个季度的销量的输入参数。第一个月的指数平滑结果不做预测，第二个月的指数平滑结果，通常设置为和第一个月的实际销量相等。第三个月的指数平滑结果就可以按照公式计算了。我们给定不同的 α，得到的预测结果如表 5-3 所示。

表 5-3 不同 α 的预测结果

月份	商品销量/件	$\alpha = 0.3$	$\alpha = 0.5$	$\alpha = 0.7$	$\alpha = 0.9$
202001	1 688				
202002	1 958	1 688	1 688	1 688	1 688
202003	2 031	1 769	1 823	1 877	1 931
202004	2 234	1 848	1 927	1 985	2 021
202005	2 566	1 964	2 081	2 159	2 213
202006	2 820	2 144	2 323	2 444	2 531
202007	3 006	2 347	2 572	2 707	2 791
202008	3 093	2 545	2 789	2 916	2 985
202009	3 277	2 709	2 941	3 040	3 082
202010	3 514	2 880	3 109	3 206	3 258
202011	3 770	3 070	3 311	3 422	3 488
202012	4 107	3 280	3 541	3 665	3 742

以 $\alpha = 0.3$，202003 的预测举例：$S_3 = \alpha Y_2 + (1-a)S_2 = 0.3 \times 1\ 958 + 0.7 \times 1\ 688 = 1\ 769$。我们把表 5-3 的数据显示为折线图，如图 5-1 所示。

通过折线图可知，$\alpha = 0.9$ 得到的预测结果和实际值曲线最为接近，我们使用 0.9 去给下一季度做预测：

202101 月的预测销量来自 202012 月的实际销量和预测销量，即 $0.9 \times 4\ 107 + 0.1 \times 3\ 280 = 3\ 528$。

202102 月的预测销量来自 202101 月的实际销量和预测销量，但是由于 202101 月的实际销量无法得到，我们通过移动平均获取 202101 月的预测结果作为实际销量，即 $0.9 \times 3\ 797 + 0.1 \times 3\ 528 = 3\ 770$。其中，3 797 是 202101 前三个月的平均值，3 528 是一次指数平滑法得到的 202101 月的预

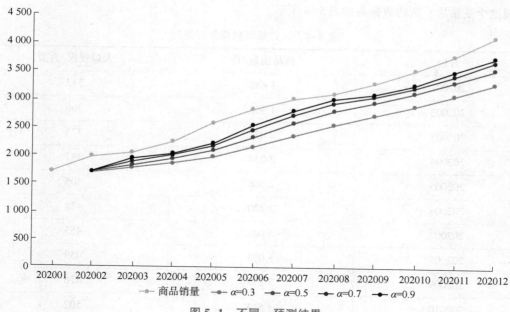

图 5-1 不同 α 预测结果

测值。

同样道理，202103 月的预测结果为 $0.9 \times 3\,891 + 0.1 \times 3\,770 = 4\,301$。

另外基于 $\alpha = 0.9$ 得到的折线图，我们可以获取如图 5-2 所示的表达式。

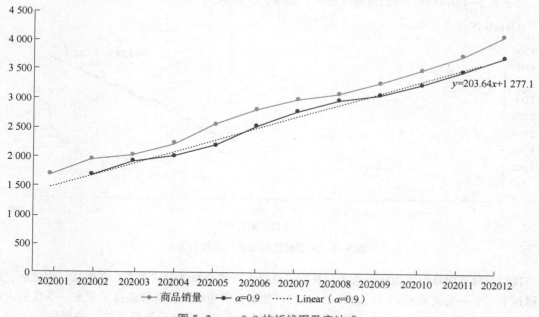

图 5-2 $\alpha = 0.9$ 的折线图及表达式

这条折线其实就是回归线，表达式为 $y = 203.64x + 1\,277.1$。那么 202101 月的预测结果可以用表达式表示为 $203.64 \times 13 + 1\,277.1 = 3\,924$。需注意的是，这里的 $x = 13$ 代表了横坐标上的第 13 个点，千万不要把 202101 这个值直接代入。同样道理，我们得到 202102 月和 202103 月的预测结果分别为：4 128 和 4 332。

我们再来看一下一元线性回归，已经知道上面的销量和当地的人口规模有关，我们加上人口规模这个变量后，新的数据集如表 5-4 所示。

表 5-4　人口规模和商品销量

月份	商品销量/件	人口规模/百万
202001	1 688	332
202002	1 958	366
202003	2 031	373
202004	2 234	387
202005	2 566	405
202006	2 820	428
202007	3 006	455
202008	3 093	459
202009	3 277	476
202010	3 514	502
202011	3 770	523
202012	4 107	556

基于表 5-4 的数据，我们得到气泡图，如图 5-3 所示。

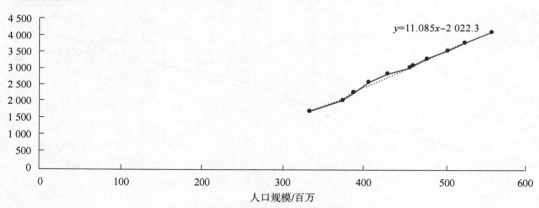

图 5-3　人口规模和销量气泡连线图

我们不再考虑月份作为预测输入，我们只寻找人口规模和销量的关系。在连接气泡之后，我们得到了一个一元关系式 $y=11.085x-2\ 022.3$。如果我们通过人口统计获得了未来一季度的人口规模（百万）：580、610 和 632，则我们可以计算得到未来一季度的销量（件）分别是：

$$11.085×580-2\ 022.3=4\ 407$$
$$11.085×610-2\ 022.3=4\ 740$$
$$11.085×632-2\ 022.3=4\ 983$$

我们可以看到，每一种需求预测的方法都会有不一样的结果，我们会在下一节去评估哪种方法对未来三季度的预测最为准确。

思政园地

2021年年初，中央政治局提出在加强供给侧结构性改革的同时，要兼顾需求侧改革。如何理解需求侧改革？需求侧改革与供给侧改革是什么关系？

国家发展改革委官员表示，当前中国经济已进入新的发展阶段，构建以国内为主体、国际国内双循环相互促进的发展格局，很重要的一个方面就是要坚持以国内大循环为主体。要建立国内大循环为主体，要积极建立完备的内需体系，这些实际上离不开扩大国内需求，发挥消费基础性作用。

在他看来，进入新发展阶段后，消费的发展对于经济的带动在逐步增强，消费规模扩大、消费结构升级的趋势非常明显，但是消费的水平和品质仍有较大提升空间。

"近年来，我们看到新型消费发展态势良好，但在扩大新型消费中间仍有不少的堵点和难点，需要通过改革来加以解决。"付凌晖提醒，扩大提升居民的消费能力，完善消费环境这些方面还有不少制约因素，也需要通过改革的方式来加以解决。

知识拓展

什么是时间序列模型中自回归移动平均模型（ARIMA）？

ARIMA 代表 Autoregressive Integrated Moving Average。

ARIMA 也被称为 Box-Jenkins 方法。ARIMA 模型结合了三种基本方法：

（1）自回归（AR）。在自回归的一个给定的时间序列数据在它们自己的滞后值，这是由在模型中的 "p" 值表示回归的值。

（2）差分（I-for Integrated）。这涉及对时间序列数据进行差分以消除趋势并将非平稳时间序列转换为平稳时间序列。这由模型中的 "d" 值表示。如果 $d=1$，则查看两个时间序列条目之间的差分；如果 $d=2$，则查看在 $d=1$ 处获得的差分，等等。

（3）移动平均线（MA）。模型的移动平均性质由 "q" 值表示，"q" 值是误差项的滞后值的数量。该模型称为自回归整合移动平均值或 Y_t 的 ARIMA（p，d，q）。

ARIMA 按照下面列举的步骤来构建模型。

第1步：测试和确保平稳性要使用 Box-Jenkins 方法对时间序列进行建模，该系列必须是平稳的。

平稳时间序列表示没有趋势的时间序列，其中一个具有恒定的均值和随时间的方差，这使得预测值变得容易。

测试平稳性：使用 Augmented Dickey-Fuller 单位根测试平稳性。对于平稳的时间序列，由 ADF 测试得到的 p 值必须小于 0.05 或 5%。如果 p 值大于 0.05 或 5%，则可以得出结论：时间序列具有单位根，这意味着它是一个非平稳过程。

差分：为了将非平稳过程转换为平稳过程，我们应用差分方法。区分时间序列意味着找出时间序列数据的连续值之间的差分。差分值形成新的时间序列数据集，可以对其进行测试以发现新的相关性或其他有趣的统计特性。我们可以连续多次应用差分方法，产生 "一阶差分" "二阶差分" 等。在我们进行下一步之前，我们应用适当的差分顺序（d）使时间序列平稳。

第2步：识别 p 和 q。

在此步骤中，通过使用自相关函数（ACF）和偏相关函数（PACF）来确定自回归（AR）和移动平均（MA）过程的适当顺序。

识别 AR 模型的 p 阶，对于 AR 模型，ACF 将以指数方式衰减，PACF 将用于识别 AR 模型的顺序 (p)。如果我们在 PACF 上的滞后 1 处有一个显著峰值，那么我们有一个 1 阶 AR 模型，即 AR（1）。如果我们在 PACF 上有滞后 1，2 和 3 的显著峰值，那么我们有一个 3 阶 AR 模型，即 AR（3）。识别 MA 模型的 q 阶对于 MA 模型，PACF 将以指数方式衰减，ACF 图将用于识别 MA 过程的顺序。如果我们在 ACF 上的滞后 1 处有一个显著的峰值，那么我们有一个 1 阶的 MA 模型，即 MA（1）。如果我们在 ACF 上的滞后 1，2 和 3 处有显著的峰值，那么我们有一个 3 阶的 MA 模型，即 MA（3）。

第 3 步：估算和预测。

一旦确定了参数 (p, d, q)，我们就可以估算 ARIMA 模型在训练数据集上的准确性，然后使用拟合模型以及预测函数预测测试数据集的值。

（二）预测波动

需求的预测应努力做得准确和及时，但是市场风向、用户心智、竞争态势、行业壁垒等的剧烈变化会给供应链的需求预测带来较大的波动性。另外，有些商品天生带来季节性波动，比如服装等。因为生产能力的限制和计划的约束，旺季缺货和淡季高库存给企业带来了严重的供应链压力和资金周转压力。应对这种情况的方法是平衡供给和需求以实现利润最大化。主要措施有以下几种：

（1）进行产能管理。

劳动力的柔性时间，可以按生产需要调整。

劳动力的季节性，可以通过产能外包去满足忙时的产能需求。

寻找合作商，进行商品生产的转包。

设施设备的变买为租，把投入转化为运营成本等。

（2）加强库存管理。

降低库存管理复杂性，尽量使用通用零部件。

商品分为高需求的标准商品和低需求的定制商品，并配置不同的库存管理策略。

（3）主动影响需求。

通过价格、优惠力度等去影响销量，让实际发生的销量可以匹配公司产能和其他相关计划。比如经过价格和销量的回归关系，公司可以把价格提高或降低到一个合适的位置，可以把销售控制到预期的数量。

从另一个角度来说，对于周期性的销售，我们必须有一个量化的预期来决定如何管理这种波动。在上一节，我们介绍了几种预测方法，其中一种是指数平滑，对于平缓的销售，我们推荐一次指数平滑；对于陡峭的增长或者下降趋势，我们推荐二次指数平滑；对于有强烈季节性的销售趋势，我们有三次或者更多次的指数平滑。在这一节，我们采用时间序列法，通过 Excel 电子表格去解决季节性商品的销量预测，即预测的波动问题。

1. 分析内容

我们查询到过去 2 年共 24 个月的每月销量，通过时间序列法去预测未来 3 个月的需求。处理好并用于分析的数据如表 5-5 所示。

表 5-5 过去 24 个月销量

月份	t 时间代码	销售量/万件
201901	1	25
201902	2	32
201903	3	37
201904	4	26
201905	5	30
201906	6	38
201907	7	42
201908	8	30
201909	9	29
201910	10	39
201911	11	50
201912	12	35
202001	13	30
202002	14	39
202003	15	51
202004	16	37
202005	17	29
202006	18	42
202007	19	55
202008	20	38
202009	21	31
202010	22	43
202011	23	54
202012	24	41

2. 分析方法

基于 24 个月的销售数据，我们首先来看一下整体的销售趋势，如图 5-4 所示。

可以明显看出，销售量具有明显季节成分，而且后面年份销量总体高于前面年份，可以认定该商品销售量是一个含有季节性成分和趋势成分的时间序列。我们首先需要确定和分离季节指数，确定模型，然后进行预测。

（1）使用三个月的移动平均，去计算对于月份的移动平均值。

移动平均的计算很简单，比如 201901、201902、201903 三个月销量平均值，对应到中间月份，即 201902 月份。完整的计算结果如表 5-6 所示。

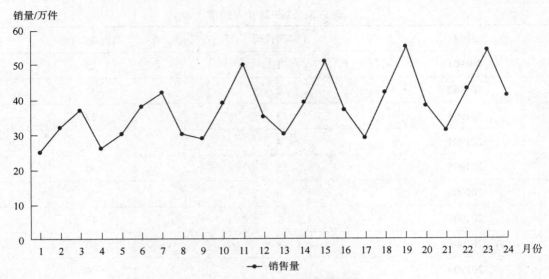

图 5-4　过去 24 个月销售量趋势图

表 5-6　移动平均结果

月份	t 时间代码	销售量/万件	移动平均（三个月）
201901	1	25	
201902	2	32	31
201903	3	37	32
201904	4	26	31
201905	5	30	31
201906	6	38	37
201907	7	42	37
201908	8	30	34
201909	9	29	33
201910	10	39	39
201911	11	50	41
201912	12	35	38
202001	13	30	35
202002	14	39	40
202003	15	51	42
202004	16	37	39
202005	17	29	36
202006	18	42	42
202007	19	55	45
202008	20	38	41
202009	21	31	37
202010	22	43	43
202011	23	54	46
202012	24	41	

（2）获取季节比例。

基于移动平均的结果，获取季节比例。季节比例的大小体现了和平均值相比，当月实际销量的波动幅度。计算方法为移动平均销量/实际销量，计算的结果如表 5-7 所示。

表 5-7 季节指数

月份	t 时间代码	销售量/万件	移动平均（三个月）	季节比例
201901	1	25		
201902	2	32	31	1.02
201903	3	37	32	1.17
201904	4	26	31	0.84
201905	5	30	31	0.96
201906	6	38	37	1.04
201907	7	42	37	1.15
201908	8	30	34	0.89
201909	9	29	33	0.89
201910	10	39	39	0.99
201911	11	50	41	1.21
201912	12	35	38	0.91
202001	13	30	35	0.87
202002	14	39	40	0.98
202003	15	51	42	1.20
202004	16	37	39	0.95
202005	17	29	36	0.81
202006	18	42	42	1.00
202007	19	55	45	1.22
202008	20	38	41	0.92
202009	21	31	37	0.83
202010	22	43	43	1.01
202011	23	54	46	1.17
202012	24	41		

（3）查看季节指数。

有了两年的数据，我们需要来看一下，从这两年开始，1—12月平均的季节指数是什么，查看表 5-8 可以得到具体的季节指数。

表 5-8 季节指数

年份	1 月	2 月	3 月	4 月	5 月	6 月	7 月	8 月	9 月	10 月	11 月	12 月
2019		1.02	1.17	0.84	0.96	1.04	1.15	0.89	0.89	0.99	1.21	0.91
2020	0.87	0.98	1.20	0.95	0.81	1.00	1.22	0.92	0.83	1.01	1.17	
平均值	0.87	1.00	1.19	0.89	0.88	1.02	1.18	0.91	0.86	1.00	1.19	0.91

这里的平均值，就是我们需要获取的每一个月份的季节指数。通过折线图可以直观地看到每个月的平均季节性，如图5-5所示。

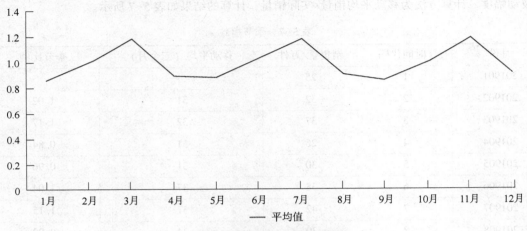

图 5-5　月度季节指数折线图

可以看到每年的3、7月份为销售旺季，每年的1、4、5、8、9月份为销售淡季。在这里，我们假设商品每个月的波动都比较大，需要按月来看。一般而言，季节指数做到按季度来看就能够满足需求了。

（4）分离季节指数。

我们回到每月销量，通过对"实际销量/季节指数"的计算，去获取一个"不受季节影响"的"正常"销量。计算结果如表5-9所示。

表 5-9　排除季节因素后销量

月份	t 时间代码	销售量/万件	移动平均（三个月）	季节比例	季节指数	季节因素排除后销量
201901	1	25			0.87	28.89
201902	2	32	31	1.02	1.00	32.06
201903	3	37	32	1.17	1.19	31.18
201904	4	26	31	0.84	0.89	29.09
201905	5	30	31	0.96	0.88	34.03
201906	6	38	37	1.04	1.02	37.32
201907	7	42	37	1.15	1.18	35.48
201908	8	30	34	0.89	0.91	33.14
201909	9	29	33	0.89	0.86	33.76
201910	10	39	39	0.99	1.00	39.01
201911	11	50	41	1.21	1.19	41.95
201912	12	35	38	0.91	0.91	38.33
202001	13	30	35	0.87	0.87	34.67
202002	14	39	40	0.98	1.00	39.07
202003	15	51	42	1.20	1.19	42.98

续表

月份	t 时间代码	销售量/万件	移动平均（三个月）	季节比例	季节指数	季节因素排除后销量
202004	16	37	39	0.95	0.89	41.40
202005	17	29	36	0.81	0.88	32.90
202006	18	42	42	1.00	1.02	41.25
202007	19	55	45	1.22	1.18	46.46
202008	20	38	41	0.92	0.91	41.98
202009	21	31	37	0.83	0.86	36.09
202010	22	43	43	1.01	1.00	43.01
202011	23	54	46	1.17	1.19	45.31
202012	24	41			0.91	44.90

为了更好地比较包含季节因素的销量和排除季节因素的销量，我们继续使用折线图，如图 5-6 所示。

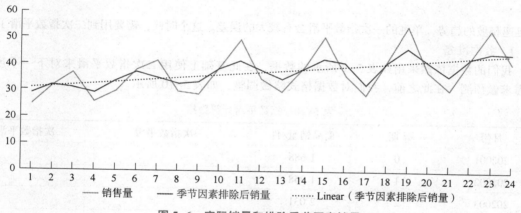

图 5-6 实际销量和排除季节因素销量

（5）预测需求。

在图 5-6 中，有一条回归线，里面包含了一个公式：$y = 0.587\,2x + 30.338$。

用来预测未来销量的方法是通过上面的回归公式，获取回归的 y，然后通过对 y 叠加季节指数，就能够获取预测的销量了。我们来看一下如何预测 2021 年 1 月的销量：$y \times I_1 = (0.587\,2 \times 25 + 30.338) \times 0.87 = 39$，其中 I_1 为对应月份的季节指数。

2021 年 2 月的销量：$y \times I_2 = (0.587\,2 \times 26 + 30.338) \times 1 = 46$。

2021 年 3 月的销量：$y \times I_3 = (0.587\,2 \times 27 + 30.338) \times 1.19 = 55$。

最后 24 个月的实际销售和未来三个月的预测销售结果，如图 5-7 所示。

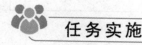

任务实施

二次指数平滑法

Excel-指数平滑法

当数据趋势较为平缓的时候，一次指数平滑法已经足够应对，但是如果

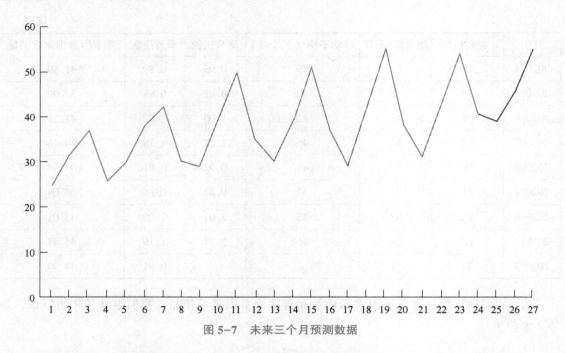

图 5-7　未来三个月预测数据

是迅速爬坡的趋势，单纯的一次指数平滑会有较大的误差。这个时候，需要用到二次指数平滑了。

1. 数据准备

我们的数据依然采用如表 5-2 所示的数据，在此基础上使用二次指数平滑来对下一季度的月需求做预测。在此之前，我们对数据格式略做调整，如表 5-10 所示。

表 5-10　指数平滑计算数据

月份	t 期	商品销量/件	一次指数平滑	二次指数平滑
202001	0	1 688		
202002	1	1 958		
202003	2	2 031		
202004	3	2 234		
202005	4	2 566		
202006	5	2 820		
202007	6	3 006		
202008	7	3 093		
202009	8	3 277		
202010	9	3 514		
202011	10	3 770		
202012	11	4 107		

2. 公式理解

二次指数平滑法需要和一次指数平滑法共同使用。二次指数平滑法的拟合公式为 $S_t^{(2)} = \alpha S_t^{(1)} + (1-a)S_{t-1}^{(2)}$，其中 $S_t^{(2)}$，$S_{t-1}^{(2)}$ 为 t 和 $t-1$ 期的二次指数平滑值，$S_t^{(1)}$ 为 t 期的一次指数平滑值，α 为平滑系数，我们需要根据预测的拟合情况挑选。

预测用公式为 $Y_{t+T}=a_t+b_tT$，其中 $a_t=2S_t^{(1)}-S_t^{(2)}$，$b_t=\dfrac{a}{1-a}[S_t^{(1)}-S_t^{(2)}]$，$T$ 为预测超前期。

3. 参数选择和预测

我们利用上面的公式，选 $\alpha=0.9$，对表 5-10 逐一计算，把结果填入后，如表 5-11 所示。

表 5-11　一次指数平滑和二次指数平滑

月份	t 期	商品销量/件	一次指数平滑	二次指数平滑
202001	0	1 688		
202002	1	1 958	1 688	
202003	2	2 031	1 931	1 688
202004	3	2 234	2 021	1 988
202005	4	2 566	2 213	2 190
202006	5	2 820	2 531	2 497
202007	6	3 006	2 791	2 762
202008	7	3 093	2 985	2 962
202009	8	3 277	3 082	3 070
202010	9	3 514	3 258	3 239
202011	10	3 770	3 488	3 463
202012	11	4 107	3 742	3 714

在 Excel 中，选中数据，然后单击"插入"→"图表"，如图 5-8 所示。

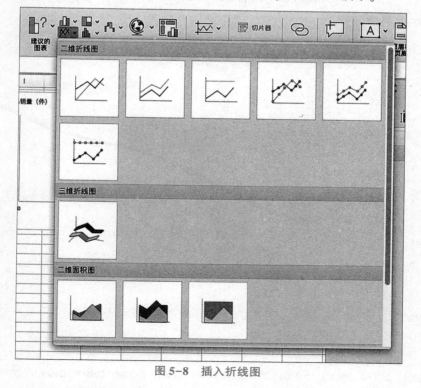

图 5-8　插入折线图

在默认显示的折线图里，右键并选择"选择数据…"，如图 5-9 所示。

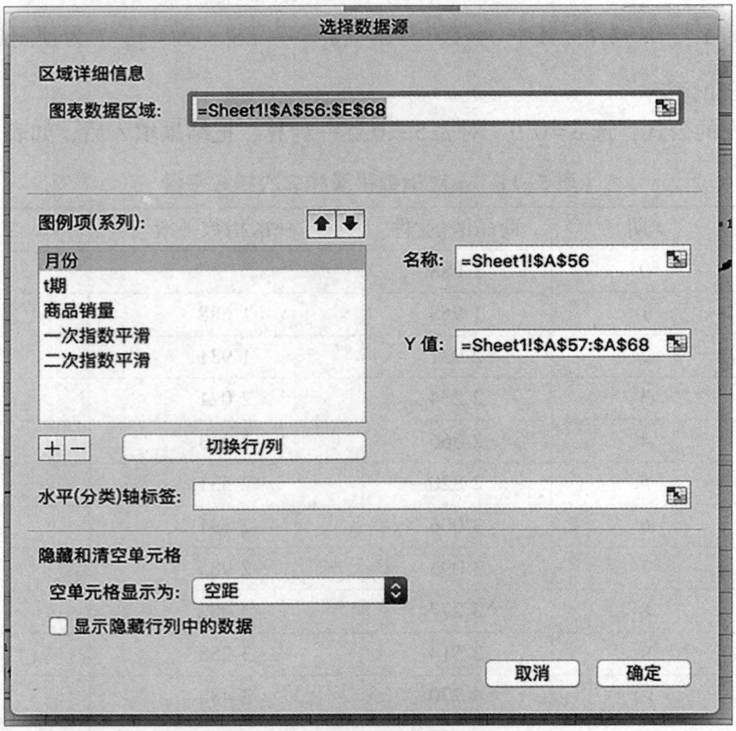

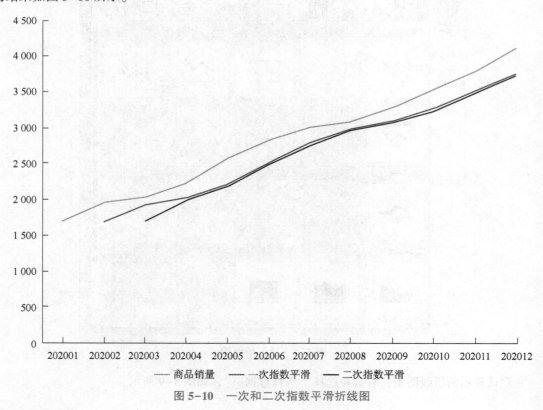

图 5-9　选择数据

删除"月份"图例，并且把"水平（分类）轴标签:"区域选为月份所在区域，最后得到的结果如图 5-10 所示。

图 5-10　一次和二次指数平滑折线图

由于数据本身是较大的增长态势，一次指数平滑又会有计算的结果延迟，从而导致一次指数平滑和二次指数平滑数值偏小。我们使用 $\alpha=0.9$ 去计算 $t+1$、$t+2$、$t+3$ 的预测结果，t 代表的月份为202012，则计算公式如下：

$$Y_{t+1}=a_t+b_t\times1=2S_t^{(1)}-S_t^{(2)}+\frac{a}{1-a}\left[S_t^{(1)}-S_t^{(2)}\right]=2\times3\,742-3\,714+0.9/0.1\times(3\,742-3\,714)=4\,022。$$

$$Y_{t+2}=a_t+b_t\times2=2S_t^{(1)}-S_t^{(2)}+\frac{a}{1-a}\left[S_t^{(1)}-S_t^{(2)}\right]\times2=2\times3\,742-3\,714+0.9/0.1\times(3\,742-3\,714)\times2=$$
$4\,274$。

$$Y_{t+3}=a_t+b_t\times3=2S_t^{(1)}-S_t^{(2)}+\frac{a}{1-a}\left[S_t^{(1)}-S_t^{(2)}\right]\times3=2\times3\,742-3\,714+0.9/0.1\times(3\,742-3\,714)\times3=$$
$4\,526$。

上面的三个数从 202012 月开始算起，分别对应 202101、202102、202103 的预测结果。

微课-需求评估分析

任务 5-3　需求评估分析

知识准备

预测当然有误差，任何预测追求的都是模糊的正确。这句话什么意思？从供应链的角度出发，在所有的计划环节都需要参数输入。其中最主要的是需求预测结果。我们拿到有误差的预测，作为安排生产、采购和物流等的参考。

（一）预测准确率

一般情况下，投入过多的资金、人力、时间去完整全面地给出一个预测可能有什么误差、在什么情况下不可用等这种限制调节和使用注意事项并不经济。所以任何预测都是一个近似输入，能够满足大部分的使用场景。这就是模糊的正确。供应链数据分析师，仍然需要了解我们的预测准确率。我们通过之前的案例，来看一下预测准确率的评估方法。

1. 分析内容

我们基于季节性商品的销售，通过实际销量和预测销量的差异来看一下最终预测的可信程度。使用的基础数据来自表 5-7。

2. 分析方法

我们采用三个月平均值，计算出了每个月对应的分离季节因素，得到的计算结果如表 5-12 所示。

表 5-12　季节性商品销量和排除季节因素销量

月份	t 时间代码	销售量/万件	季节比例	季节指数	季节因素排除后销量/万件
201901	1	25		0.87	28.89
201902	2	32	1.02	1.00	32.06
201903	3	37	1.17	1.19	31.18
201904	4	26	0.84	0.89	29.09
201905	5	30	0.96	0.88	34.03
201906	6	38	1.04	1.02	37.32
201907	7	42	1.15	1.18	35.48
201908	8	30	0.89	0.91	33.14

月份	t 时间代码	销售量/万件	季节比例	季节指数	季节因素排除后销量/万件
201909	9	29	0.89	0.86	33.76
201910	10	39	0.99	1.00	39.01
201911	11	50	1.21	1.19	41.95
201912	12	35	0.91	0.91	38.33
202001	13	30	0.87	0.87	34.67
202002	14	39	0.98	1.00	39.07
202003	15	51	1.20	1.19	42.98
202004	16	37	0.95	0.89	41.40
202005	17	29	0.81	0.88	32.90
202006	18	42	1.00	1.02	41.25
202007	19	55	1.22	1.18	46.46
202008	20	38	0.92	0.91	41.98
202009	21	31	0.83	0.86	36.09
202010	22	43	1.01	1.00	43.01
202011	23	54	1.17	1.19	45.31
202012	24	41		0.91	44.90

根据"季节因素排除后销量"里面的数值获取的回归方程同样来自图 5-6,回归方程的公式为 $y=0.587\,2x+30.338$。现在从第一个月开始,我们就使用回归方程叠加季节因子的方式来给出预测,预测公式为 $S_t=(0.587\,2t+30.338)\times I_m$。其中,$t$ 代表第 t 期预测,I_m 代表第 m 个月对应的季节指数。通过这种方式,计算后的结果如表 5-13 所示。

表 5-13 预测差异

月份	t 时间代码	销售量/万件	季节指数	季节因素排除后销量/万件	预测销量: $S_t=(0.587\,2t+30.338)\times I_m$	差异: (预测值-实际值)/实际值
201901	1	25	0.87	28.89	27	7.05%
201902	2	32	1.00	32.06	31	-1.71%
201903	3	37	1.19	31.18	38	2.94%
201904	4	26	0.89	29.09	29	12.36%
201905	5	30	0.88	34.03	29	-2.23%
201906	6	38	1.02	37.32	34	-9.27%
201907	7	42	1.18	35.48	41	-2.90%
201908	8	30	0.91	33.14	32	5.72%
201909	9	29	0.86	33.76	31	5.52%
201910	10	39	1.00	39.01	36	-7.18%
201911	11	50	1.19	41.95	44	-12.29%
201912	12	35	0.91	38.33	34	-2.48%
202001	13	30	0.87	34.67	33	9.53%

月份	t 时间代码	销售量/万件	季节指数	季节因素排除后销量/万件	预测销量：$S_t=(0.5872t+30.338)\times I_m$	差异：（预测值-实际值）/实际值
202002	14	39	1.00	39.07	38	−1.32%
202003	15	51	1.19	42.98	46	−8.92%
202004	16	37	0.89	41.40	36	−4.03%
202005	17	29	0.88	32.90	36	22.56%
202006	18	42	1.02	41.25	42	−0.83%
202007	19	55	1.18	46.46	49	−10.69%
202008	20	38	0.91	41.98	38	0.25%
202009	21	31	0.86	36.09	37	18.24%
202010	22	43	1.00	43.01	43	0.56%
202011	23	54	1.19	45.31	52	−3.24%
202012	24	41	0.91	44.90	41	−1.06%

当前，我们获取的评估准确性指标是差异，每一个月都有不同的差异数值。我们利用经验对数值范围进行切分，可以得到如表 5-14 所示的差异和差异范围。

表 5-14　差异范围

差异：（预测值-实际值）/实际值	差异（绝对值）	差异范围
7.05%	0.070 5	3%~10%
−1.71%	0.017 1	<3%
2.94%	0.029 4	<3%
12.36%	0.123 6	10%~20%
−2.23%	0.022 3	<3%
−9.27%	0.092 7	3%~10%
−2.90%	0.029 0	<3%
5.72%	0.057 2	3%~10%
5.52%	0.055 2	3%~10%
−7.18%	0.071 8	3%~10%
−12.29%	0.122 9	10%~20%
−2.48%	0.024 8	<3%
9.53%	0.095 3	3%~10%
−1.32%	0.013 2	<3%
−8.92%	0.089 2	3%~10%
−4.03%	0.040 3	3%~10%
22.56%	0.225 6	>20%
−0.83%	0.008 3	<3%

续表

差异：（预测值-实际值）/实际值	差异（绝对值）	差异范围
−10.69%	0.106 9	10%～20%
0.25%	0.002 5	<3%
18.24%	0.182 4	10%～20%
0.56%	0.005 6	<3%
−3.24%	0.032 4	3%～10%
−1.06%	0.010 6	<3%

汇总的结果如表5-15所示。

表 5-15　差异范围汇总

差异范围	计数项：差异：（预测值-实际值）/实际值
3%～10%	9
10%～20%	4
>20%	1
<3%	10

通过柱形图，对汇总表格进行展现，如图5-11所示。

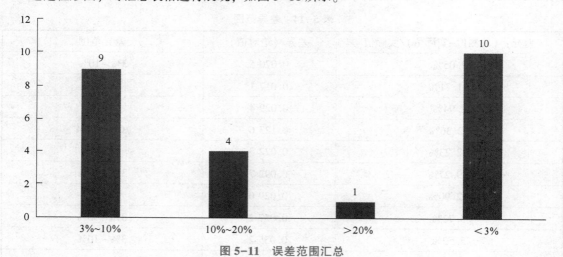

图 5-11　误差范围汇总

总体来讲，大部分的预测误差范围在正负10%之内，使用通用的计算方法，给未来提供预测是相对可信的。

（二）需求趋势

需求的趋势脱离了具体的商品需求预测，而是从市场行业的背景对于商品未来的销售空间，给出一个大致的判断。对市场需求的变化进行的调查和研究就是市场需求调研，包含众多复杂的因素，比如市场的最大容量、现有客户和潜在客户的购买力以及各种驱动力等。为了最终量化需求，行业往往采用杜邦分析法，即指标分析法计算不同的销售驱动因素带来的销售，最后叠加为总需求。现在假设一个公司，主要生产彩电，为了判断未来的需求趋势，希望数据分析师能够预测未来1年、3年和5年的总体需求。

从业务上来讲，电视机销量的来源主要有三块：消费升级需求、淘汰商品带来的换新需求和出口需求。每种需求都有不同的触发原因，完整的杜邦图类似如图 5-12 所示。

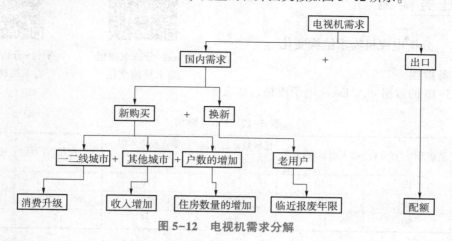

图 5-12 电视机需求分解

按照国内国外→新购还是换新→城市地域的基本路径，我们可以分别给出消费升级、收入增加、住房数量的增加、临近报废年限、出口配额这些驱动力带来的消费影响。根据调研和行业分析，数据分析师分别给出未来 1 年、3 年、5 年的各驱动力带来的销售，如表 5-16 所示。

表 5-16 驱动力带来的销售

时期	消费升级/百万台	收入增加/百万台	住房数量的增加/百万台	临近报废年限/百万台	出口配额/百万台	总计/百万台
未来 1 年	10	30	8	10	1	59
未来 3 年	30	70	15	20	5	140
未来 5 年	50	110	18	35	15	228

我们以 3 年期为例，看一下杜邦分析法的应用，如图 5-13 所示。

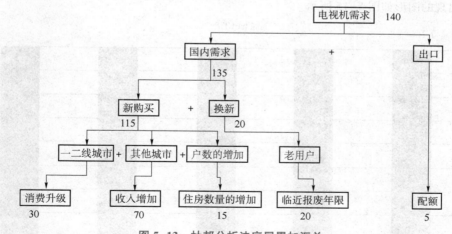

图 5-13 杜邦分析法底层累加汇总

经过层层累加，电视机的总需求达到了 140 百万台。市场行业的需求趋势，主要是为了帮助公司战略上资源的投入，比如行业增长很快，就需要大量采购生产设备和搭建生产车间。并不是为了帮助供应链的特定计划过程，也并不关注某一个特点产品和对应消费者的具体需求预测。但是有了战略方向的制度，才会有供应链的优化决策和持续改良。

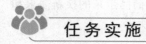

任务实施

Excel-分析电视机
需求结构变化

平台-分析电视机
需求结构变化

分析电视机需求结构变化

1. 准备数据

把表 5-16 的数据导入 Excel 电子表格，如表 5-17 所示。

表 5-17　Excel 数据

时期	消费升级/百万台	收入增加/百万台	住房数量的增加/百万台	临近报废年限/百万台	出口配额/百万台	总计/百万
未来 1 年	10	30	8	10	1	59
未来 3 年	30	70	15	20	5	140
未来 5 年	50	110	18	35	15	228

2. 可视化数据

选中导入的数据（不选择"总计（百万台）"）列，然后选择"插入"→"二维柱形图"→"百分比堆积柱图"，如图 5-14 所示。

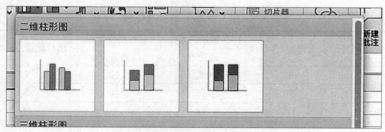

图 5-14　插入选择

默认出现的图形如图 5-15 所示。

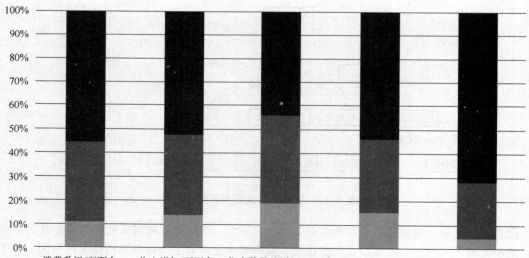

图 5-15　百分比堆积柱图

选中图形，在右键菜单中选择"选择数据"，在弹出的对话框中选中"切换行/列"，结果如图 5-16 所示。

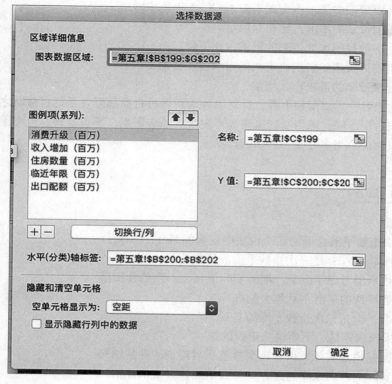

图 5-16 切换行列

确定之后，可以删除标题，最后的结果如图 5-17 所示。

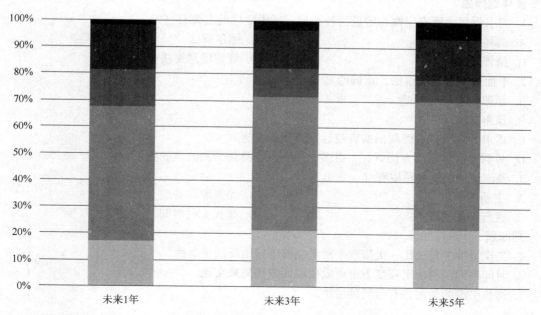

图 5-17 编辑后需求堆积图

3. 理解数据

我们分别来看各个消费类别的占比变化：

（1）消费升级带来的需求占比在未来 1、3、5 年逐步增加。

（2）收入增加带来的需求占比相对稳定。

（3）因为住房数量的增加带来的需求占比下降。

（4）电视机临近报废年限换机带来的需求占比变动不大。

（5）出口配额带来的需求占比增加。

从占比变化来看，出口配额上升，针对国外消费者进行商品开发是可行战略之一。住房数量变化带来的需求占比下降，因为受国家房地产发展大趋势影响，不可逆转，但考虑到消费升级带来的需求，可以考虑适当多开发一些高端产品。

 学习检测

单项选择题

1. 关于一次指数平滑，下面四个说法中正确的是（　　）。

A. $S_{t+1} = (1-\alpha)Y_t + aS_t$ 是一次指数平滑的计算公式

B. 一次指数平滑考虑了上上一期的实际值和上一期的预测值

C. 一次指数平滑的平滑系数越大越好

D. 一次指数平滑是二次指数平滑的基础

2. 关于需求预测评估，下面说法错误的是（　　）。

A. 需求预测是通过实际数值和预测数值比对得到的评估结果

B. 预测和实际的差别主要通过方差等数学统计方法来评估

C. 定性方法比定量方法简单、快速

D. 预测结果的好坏还需要专业判断，根据实际的标准来进行评判

多项选择题

1. 需求收集主要有定性和定量两种类型，属于定性的主要有（　　）。

A. 群体人员意见法　　　　　　　　　　B. 德尔菲法

C. 销售人员意见法　　　　　　　　　　D. 管理层意见法

2. 下面关于预测的说法，正确的是（　　）。

A. 预测一定会有误差

B. 预测有时间性

C. 需求的预测，离终端消费者越远，预测误差越大

D. 只需要一种预测方法就好，更多的预测不能提高预测的准确程度

3. 预测波动的处理预案有（　　）。

A. 主动影响需求　　　　　　　　　　　B. 加强库存管理

C. 进行产能管理　　　　　　　　　　　D. 延长交付时间

判断题

1. 二次指数平滑法比一次指数平滑法能够更好地反映季节性。　　　　　　　　（　　）

2. 时间序列预测一定程度下也可以使用回归预测来实现。　　　　　　　　　　（　　）

3. 指数平滑的预测是有时间延后性的。　　　　　　　　　　　　　　　　　　（　　）

学习单元6 分销计划

知识目标

1. 掌握安全库存的意义和计算方法。
2. 掌握库存健康度的 ABC 匹配指标的含义和库存/销售匹配方法。

技能目标

1. 能够通过历史的销售数据，计算安全库存、最低库存。
2. 能够对库存分类，对不同类型的库存采用不同的库存管理办法。

素质目标

1. 理解政策鼓励物流与制造业深度融合，向智慧化、一体化供应链方向发展的原因和主要措施。
2. 理解制造业升级和降本增效在我国从制造业大国迈向制造业强国途径上的作用。

思政元素

思维导图

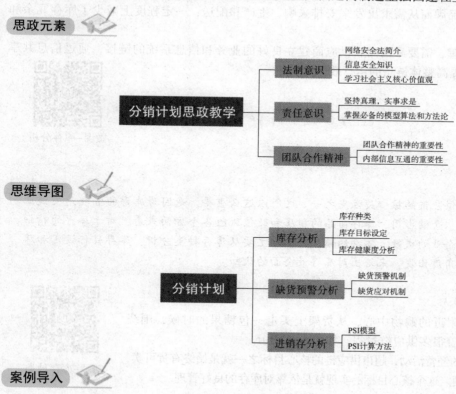

案例导入

海晨股份仓储服务

海晨股份的仓储服务于联想集团、新华三等知名电子制造业客户，据测算 2020 年年收入占总营收的 11%。

它在库存管理业务方面有新方向的突破，逻辑如下：

（1）品牌制造商作为采购方向供应商提供一定周期内的需求预测，供应商根据该预测安排生产。

（2）供应商生产完成，通过海陆空的方式把成品送到品牌制造商指定仓库。

（3）品牌商收获、核验、签收，并与系统同步。

在此服务模式下，采购方和供应商都变革了传统的独立预测模式，尽最大可能地减少由于独立预测的不确定性导致的资金、商品和物料的浪费，降低了供应链的总成本。

联想集团为公司第一大客户，收入贡献逐年提升。联想集团为全球领先的电子制造企业，产品线包括 Think 品牌、Idea 品牌个人电脑、服务器、工作站和一系列移动互联网终端，业务覆盖全球 180 多个国家和地区。2020 年联想集团全球 PC 出货量达到 7 267 万台，同比增长 12%，市场份额达到 24%。

目前海晨股份已经深度嵌入联想集团原材料物流、生产物流、成品物流以及逆向物流等供应链全流程。

2017—2020 年，海晨股份来自联想集团的收入从 1.85 亿元增长至 4.61 亿元，占总收入的比重从 27.6% 提升至 42.9%。

案例思考

1. 海晨股份在供应链流程和管理方面有哪些创新和突破？

2. 它如何为客户提效和促进增长？

3. 它在库存管理方面的突破需要满足哪些条件？

案例启示

1. 它能够帮助品牌商从需求出发来安排采购、生产和配送，一定程度上减少了库存冗余和库存缺货的问题。

2. 它的库存管理，需要采购商和供应商建立良好的业务和信息系统的链接，通过信息共享和行动协调一致来提高整体链条的运营效率。

任务 6-1　库存分析

微课-库存分析

知识准备

库存始终是供应链的核心关注点之一。之所以这么重要，是因为库存的管理是关键业务，从现金占用、仓储占用、库存商品的积压和贬值风险各个方面来看，对于库存的精细化管理能够决定企业的成败。库存的精细化管理主要从库存种类分析、库存目标设定和库存健康度这几个角度出发，来给出对库存最全面的认知。

（一）库存种类

当消费者走进附近的购物中心，从货架上买走一包糖果的时候，围绕着这个商品，发生着很多供应链过程，如图 6-1 所示。

动画-库存种类

为了满足正常的经营活动，超市供应链的核心目标之一就是始终有货可卖，同时也不会过多滞销。这个核心目标的实现就是依靠对库存的良好管理。

按照产生的原因，库存可以分为以下 5 种：

1. 周期性库存

当企业未来某段时间有需求之后，需要提前采购。这个提前量考虑到了供应商的交付周期。支持这个周期内的正常售卖的库存，称为周期性或正常库存。

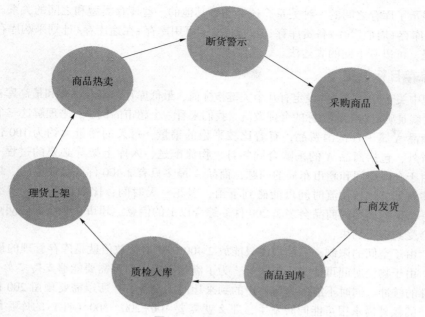

图 6-1 超市商品流转

2. 在途库存

供应商发货后，物流开始配送。在物流配送途中，这些没有入库的商品就是在途库存。商品的库存盘点过程中，在途库存也被记作商品可用于售卖的库存。

3. 安全库存

用户的购买需求常会有波动，为了应付这些计划之外的购买需求，企业往往会预留一些库存备不时之需。这些库存被称为安全库存，它需要满足大部分预料之外的库存，且不能够过多影响现金流。

4. 保值和投资库存

有些商品因为有短缺的迹象而价格上涨，有些商品因为是战略物资需要应急储备。这些商品即使是当前不需要，企业也会考虑大量采购。这些商品被称为保值和投资库存，因为它们的变现价值会远大过购买它们的成本价格。

5. 闲置库存

企业的采购计划也会有不完善的时候，导致购买了过多的商品闲置在仓库。这些商品称为闲置库存。近期无法处理，只能等待能够售出或者合适的加工生产时机了。

目标库存是指公司期望能够达到的库存，它和上面提到的库存之间的关系可以用公式表达为 $S_t = S_s + S_{vlt} + S_l + S_o$。其中，$S_t$ 为目标库存；S_s 为安全库存；S_{vlt} 为周期库存；S_l 为已经入库，但未标为可售的库存；S_o 为已经开始物流配送，但还在途中的库存，即在途库存。

库存关系的示意图如图 6-2 所示。

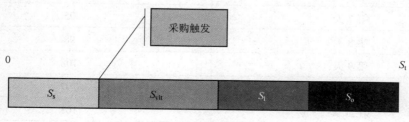

图 6-2 库存构成

这里只展示了库存之间的一种关系，还存在着其他的一些库存类型和之间的关系。比如，目标库存＝安全库存＋周期库存＋备货库存；目标库存＝可用库存＋在途库存＋计划采购库存等。不同的语境和前提，可以有不同的表达法。

（二）库存目标设定

库存管理中关于库存目标的设定有几个关键指标值，最低库存、安全库存和最高库存。库存目标的设定过程就是确定这三个指标的合理数值。我们来看一个超市的例子，来理解这三个概念：

超市的商品 A 属于日常消费品，有着比较平稳的销量，每天的销量大约为 100 件。商品 A 的供应商在省外，包括商品 A 的采购合同签订、物流配送、入库上架等必要的过程一共需要 5 天。同时，由于仓库空间和超市布局的问题，商品 A 最多只有 2 400 件的存放空间。超市管理层又给出了一些意见，比如物流时间可能碰到下雨，多花一天时间；比如最近社区多了很多新住户，可能在一个采购周期内商品会多卖 200 件。综合以上的信息，超市在采购的时间点、采购数量的选择上会受到多个约束：

约束一：由于空间的限制，商品最多只能放 2 400 件。这个数值就是库存管理的最高库存。

约束二：由于物流时间可能晚一天到货，为了满足需求，库存需要能够支持多卖一天，就是需要有 100 件的缓冲。同时不能因为新住户的到来让商品卖断货，所以需要预留 200 件。物流的晚到和新住户的额外需求很可能同时发生，那么就需要 100+200＝300（件）的库存缓冲。这里的 300 件就是安全库存。

约束三：从采购到上架需要 5 天时间，那么需要 100×5＝500（件）商品来支持这 5 天内的售卖，考虑到安全库存的 300 件，意味着当库存降低到 300+500＝800（件）的时候，就需要触发采购请求了。这里的 800 件就是最低库存。

最高库存、最低库存和安全库存都需要按照上面的方法进行计算。对于安全库存，合理的计算过程会比较复杂，我们用一个例子来给出安全库存合理的但是简化的计算过程。

1. 分析内容

安全库存的一种方法就是根据物流的延迟和需求的额外爆发来给定一个缓冲。但是这种方法过于简单粗糙，无法反映需求变化的模式，也无法体现企业对消费者的服务承诺。我们基于如表 6-1 所示的数据，来计算一下安全库存。

表 6-1　过去两周日均销量

日期	销量/件
第 1 天	98
第 2 天	94
第 3 天	88
第 4 天	102
第 5 天	96
第 6 天	105
第 7 天	95
第 8 天	98
第 9 天	108
第 10 天	107
第 11 天	101

日期	销量/件
第 12 天	98
第 13 天	99
第 14 天	110

2. 分析方法

行业里面关于安全库存的计算，常常会参考以下公式：$S_s = Z\sqrt{\sigma_{d}^2 T + \sigma_{T}^2 \overline{d}^{-2}}$，其中，$\sigma_d$ 为日均销量的标准差；σ_T 为采购或者补货需要的提前期的标准差；$\overline{d}$ 为需求的平均值；T 为提前期的平均值；Z 为预期达到的客户服务水平对应的安全系数，即标准差的个数。

这个完整的公式同时考虑了需求的不确定性和供应商的不确定性。但在企业实践中，由于数据收集的难度太大。比如提前期，由于分批送货问题、来料退回问题、多目的地推送问题等，很难得到完整准确的数据。因此 $S_s = Z\sigma_d\sqrt{T}$ 作为简化版本的安全库存计算公式，被更多的公司采用。这个公式需要假设提前期 T 不变。

（1）σ_d 的计算。

基于表 6-1 所示的数据，我们在 Excel 电子表格中，可以使用函数 STDEV（）得到结果 6.07。所以 $\sigma_d = 6.07$。

（2）Z 的计算。

我们已知正态分布曲线的面积累加为 1。安全系数其实就是正态分布的标准差个数，对应的客户服务水平就是在正数 Z 个标准差的左边，正态曲线能够覆盖的百分比。通过 Excel 电子表格的函数 NORMSIV（）可以获取。如表 6-2 所示，下面给出了服务水平（正态分布曲线能覆盖的面积）和 Z（安全系数）的对应关系。

表 6-2　服务水平和安全系数对照表

顾客服务水平/%	安全系数
100.00	3.09
99.99	3.08
99.87	3.00
99.20	2.40
99.00	2.33
98.00	2.05
97.70	2.00
97.00	1.28
96.00	1.75
95.00	1.65
90.00	1.80
85.00	1.04
84.00	1.00
80.00	0.84
75.00	0.68

为了达到 99% 顾客需求能够被满足的要求，对应的安全系数为 2.33。

（3）安全库存的计算。

我们假设提前期 $T = 10$ 不变，根据安全库存计算公式 $S_s = Z\sigma_d\sqrt{T}$，计算结果为 $S_s = Z\sigma_d\sqrt{T} = 2.33 \times 6.07 \times \sqrt{10} = 44.72$，约等于 45。

（4）最低库存和最高库存的计算。

最低库存的计算公式是 $S_L = S_t + T \times \overline{d} = 45 + 10 \times 100 = 1\,045$。

最高库存与仓库的空间和公司财务对库存价值的策略有关。如果公司财务要求库存价值最多不超过 20 000 元，而商品的采购架构为 10 元/个，最高库存应该是 20 000/10 = 2 000（个）。

（三）库存健康度分析

库存的另一个分析角度是库存是否健康。所谓库存健康，指的是在维护正常出货周转的前提下，库存结构应该如何合理分配。从专业角度看，库存越是合理，多余库存越少，库存也就越健康。

1. 分析内容

库存健康度的衡量，主要从三个库存指标入手：

（1）呆滞库存率。

呆滞库存指的是长时间没有使用的库存或未来一段时间无法使用的库存。在电商行业，形成呆滞库存的原因主要有两个：库存在使用，但使用量极小，在短时间内无法消耗的，判定为呆滞库存；或者是产品设计变更，库存彻底废掉，直接归为呆滞库存。呆滞库存率的计算公式为呆滞库存率 = 呆滞库存金额/总库存金额 × 100%。

（2）库存周转率。

库存周转率指某时间段的出库总金额（总数量）与该时间段库存平均金额（或数量）的比率，反映一定期间内库存周转的速度。在电商行业，通常使用销售金额和库存平均金额来计算。计算公式为库存周转率 = 销售金额/周期内库存平均金额。

（3）库存动销率。

动销率指店铺有销售的商品数与本店经营商品总数的比率，经常与呆滞库存率、库存周转率一起用于衡量库存健康程度。在库存管理中，其称为"库存动销率"。

库存动销率是从库存流动的范围衡量库存健康水平。一般情况下，库存动销率越高，说明库存中，较多的商品种类数产生了销售，反映了库存越健康。但是库存动销率也不是越高越好，仓库里 100 种商品中，有 99 种产生了销售，很有可能的一种原因就是采购团队过于关注采购商品的本身质量和可售性，而没有投入足够精力去挖掘潜在商品和新商品。库存动销率计算公式为库存动销率 = 产生销售的商品个数/库存所有商品个数 × 100%。

另外，库存的 ABC 分类法和销售的 ABC 分类法需要能够匹配。ABC 分类法也叫帕累托分析法或者主次因素分析法，通常把最主要的占 70% 数量（或者金额）的商品设定为 A 类商品，20% 的商品设定为 B 类商品，剩下的 10% 设定为 C 类商品。

我们首先对库存和销售数据进行盘点，然后基于盘点的结果来评估一下库存健康度。最终导入 Excel 电子表格的库存统计和销售统计，如表 6-3 所示。

表 6-3　商品销售和库存数据

商品	月销售额/百万件	日均库存/百万件
商品 1	200	30
商品 2	140	28

续表

商品	月销售额/百万件	日均库存/百万件
商品 3	80	26
商品 4	76	26
商品 5	60	25
商品 6	52	24
商品 7	40	23
商品 8	24	21
商品 9	20	20
商品 10	20	20
商品 11	18	20
商品 12	10	17
商品 13	20	13
商品 14	20	13
商品 15	5	10
商品 16	0	35
商品 17	0	10
商品 18	0	44
商品 19	0	13
商品 20	0	22
商品 21	0	29
商品 22	0	30
商品 23	0	24
商品 24	0	49
商品 25	0	33

2. 分析方法

通过三个指标的计算公式，我们来分析库存健康度。

首先是呆滞库存率的计算：在表 6-3 中，商品 16 到商品 25 的月销售额都是 0，它们对应的库存没有产生销量，属于呆滞库存。统计所有的呆滞库存，总金额为 289，总共 25 个商品的库存总金额为 605。则呆滞库存率=呆滞库存金额/总库存金额=289/605=47.8%。由此可见，公司的将近一半的采购金额用在了不能产生销售的库存商品上。

库存周转率的计算用销售额/周期内库存平均金额即可。这里周期内库存平均金额不等于我们常说的平均库存。以一周七天为例，每天的库存分别为 30，20，15，60，30，10，30。平均库存为 (30+30)/2=30；日均库存为 (30+20+15+60+30+10+30)/7=27.86。在销量波动的行业，由于库存波动大，导致的平均库存不能反映波动，通常使用日均库存作为库存指标。计算出来的每个库存周转率结果如表 6-4 所示。

表6-4　库存周转率

商品	库存周转率
商品 1	6.67
商品 2	4.67
商品 3	2.67
商品 4	2.53
商品 5	2.00
商品 6	1.73
商品 7	1.33
商品 8	0.80
商品 9	0.67
商品 10	0.67
商品 11	0.60
商品 12	0.33
商品 13	0.67
商品 14	0.67
商品 15	0.17
商品 16	0.00
商品 17	0.00
商品 18	0.00
商品 19	0.00
商品 20	0.00
商品 21	0.00
商品 22	0.00
商品 23	0.00
商品 24	0.00
商品 25	0.00

总体的库存周转率使用同样的方法计算，25 个商品的月销售总额和日均库存总和分别为 785 和 605。计算出来的库存周转率就是 785/605＝1.3。这个数据总体上并不高，因为在这个周期内，每单位库存只产生了 1.3 次的单位销售。

第三个健康度指标是库存动销率，计算公式是产生销售的商品个数/库存所有商品个数。所以最后的结果是 15/25＝60%。

我们最后用 ABC 匹配度来看另一个库存的健康度指标。基于表6-3 的数据，我们计算了累加销售额和累加占比，最后得到的计算结果如表6-5 所示。

表6-5　商品销量累加指标

商品	月销售额	月销售额（累加）	月销售额占比（累加）
商品 1	200	200	25.48%
商品 2	140	340	43.31%

商品	月销售额	月销售额（累加）	月销售额占比（累加）
商品3	80	420	53.50%
商品4	76	496	63.18%
商品5	60	556	70.83%
商品6	52	608	77.45%
商品7	40	648	82.55%
商品8	24	672	85.61%
商品9	20	692	88.15%
商品10	20	712	90.70%
商品13	20	732	93.25%
商品14	20	752	95.80%
商品11	18	770	98.09%
商品12	10	780	99.36%
商品15	5	785	100.00%
商品16	0	785	100.00%
商品17	0	785	100.00%
商品18	0	785	100.00%
商品19	0	785	100.00%
商品20	0	785	100.00%
商品21	0	785	100.00%
商品22	0	785	100.00%
商品23	0	785	100.00%
商品24	0	785	100.00%
商品25	0	785	100.00%

商品的顺序被打乱是因为在计算累加值的时候，首先需要根据销量来排序，我们对结果用散点图表示，如图6-3所示。

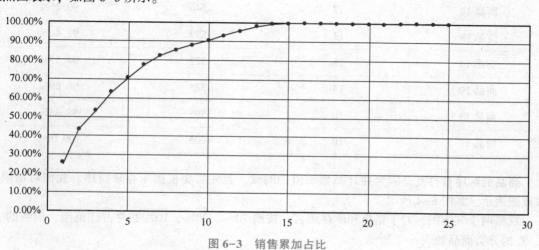

图6-3 销售累加占比

我们再来看一下库存累加指标计算后的结果，如表 6-6 所示。

表 6-6　商品库存累加指标

商品	日均库存	库存（累加）	库存占比（累加）
商品 24	49	49	8.10%
商品 18	44	93	15.37%
商品 16	35	128	21.16%
商品 25	33	161	26.61%
商品 1	30	191	31.57%
商品 22	30	221	36.53%
商品 21	29	250	41.32%
商品 2	28	278	45.95%
商品 3	26	304	50.25%
商品 4	26	330	54.55%
商品 5	25	355	58.68%
商品 6	24	379	62.64%
商品 23	24	403	66.61%
商品 7	23	426	70.41%
商品 20	22	448	74.05%
商品 8	21	469	77.52%
商品 9	20	489	80.83%
商品 10	20	509	84.13%
商品 11	20	529	87.44%
商品 12	17	546	90.25%
商品 13	13	559	92.40%
商品 14	13	572	94.55%
商品 19	13	585	96.69%
商品 15	10	595	98.35%
商品 17	10	605	100.00%

　　商品的顺序被打乱是因为在计算累加值的时候，首先需要根据库存来排序，我们对结果用散点图表示，如图 6-4 所示。

　　观察两个气泡图，对于销售和库存而言，按照 70%，20%，10% 的总占比范围，归纳的 A、B、C 的分类商品如表 6-7 所示。

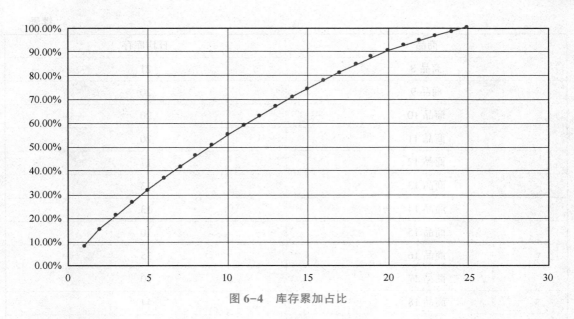

图6-4 库存累加占比

表6-7 销售和库存的 ABC 分类法

商品类目	销售	库存
A	商品1、2、3、4、5	商品24、18、16、25、1、22、21、2、3、4、5、6、23、7
B	商品6、7、8、9、10	商品20、8、9、10、11、12
C	其他15个商品	商品13、14、19、15、17

销售的头部商品和库存的头部商品差异极大，销售的尾部商品和库存的尾部商品差异也极大。一个总体的发现就是库存多的商品只有一部分卖得好，采购过于分散了。

 任务实施

库存 ABC 分类法

Excel-库存 ABC 分类   平台-库存 ABC 分类

1. 整理数据

我们基于表6-3的数据，获得了如表6-8所示的库存数据。

表6-8 商品库存数据

商品	日均库存
商品1	30
商品2	28
商品3	26
商品4	26
商品5	25
商品6	24
商品7	23

商品	日均库存
商品 8	21
商品 9	20
商品 10	20
商品 11	20
商品 12	17
商品 13	13
商品 14	13
商品 15	10
商品 16	35
商品 17	10
商品 18	44
商品 19	13
商品 20	22
商品 21	29
商品 22	30
商品 23	24
商品 24	49
商品 25	33

2. 生成累加数据

库存 ABC 中 A 类商品，是指累加库存占到总库存 70% 左右的商品，这就要求我们能够首先对库存进行排序，然后累加数值之后，进行累加数值的占比计算。在 Excel 电子表格中，我们使用"过滤器"功能，可以对数据进行排序。如表 6-9 所示。

表 6-9　使用过滤器排序

商品	日均库存
商品 24	49
商品 18	44
商品 16	35
商品 25	33
商品 1	30
商品 22	30
商品 21	29
商品 2	28
商品 3	26

续表

商品	日均库存
商品 4	26
商品 5	25
商品 6	24
商品 23	24
商品 7	23
商品 20	22
商品 8	21
商品 9	20
商品 10	20
商品 11	20
商品 12	17
商品 13	13
商品 14	13
商品 19	13
商品 15	10
商品 17	10

排序完之后，通过当期销量+同列上一个数值的表达式，进行批量计算，比如=N40+O39 这个 Excel 表达式，O39 是上一列的值，N40 是同行的库存值，得到的结果就是到本行为止的库存累加。然后通过结果去计算总库存，得到了累加值的占比。最后结果如表 6-10 所示。

表 6-10　库存累加计算结果

商品	日均库存	库存（累加）	库存占比（累加）
商品 24	49	49	8.10%
商品 18	44	93	15.37%
商品 16	35	128	21.16%
商品 25	33	161	26.61%
商品 1	30	191	31.57%
商品 22	30	221	36.53%
商品 21	29	250	41.32%
商品 2	28	278	45.95%
商品 3	26	304	50.25%
商品 4	26	330	54.55%

续表

商品	日均库存	库存（累加）	库存占比（累加）
商品 5	25	355	58.68%
商品 6	24	379	62.64%
商品 23	24	403	66.61%
商品 7	23	426	70.41%
商品 20	22	448	74.05%
商品 8	21	469	77.52%
商品 9	20	489	80.83%
商品 10	20	509	84.13%
商品 11	20	529	87.44%
商品 12	17	546	90.25%
商品 13	13	559	92.40%
商品 14	13	572	94.55%
商品 19	13	585	96.69%
商品 15	10	595	98.35%
商品 17	10	605	100.00%

3. 数据可视化

通过累加的占比，我们其实可以区分出 A、B、C 类商品，为了更加直观，我们通过连线气泡图的方式来可视化数据。

（1）生成图表。

选中数据后，单击菜单"插入"→"散点图"→"带连接线和数据标记的散点图"，如图 6-5 所示。

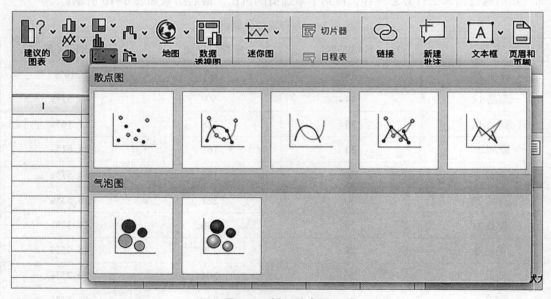

图 6-5 插入散点图

（2）调整图表。

选中散点图后，如果需要给横轴和纵轴增加标题，在"图表设计"菜单下面，选中"添加图表元素"，然后分别给横轴和纵轴添加"坐标轴标题"，如图6-6所示。

在"设置坐标轴标题格式"中，可以修改标题的内容和格式，如图6-7所示。

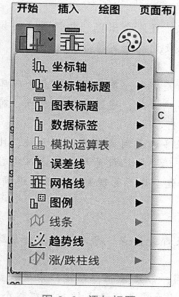

图6-6　添加标题

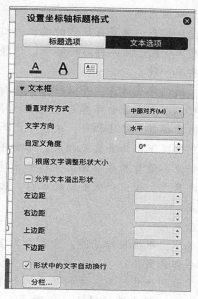

图6-7　坐标轴格式修改

最后显示的图表如图6-8所示。

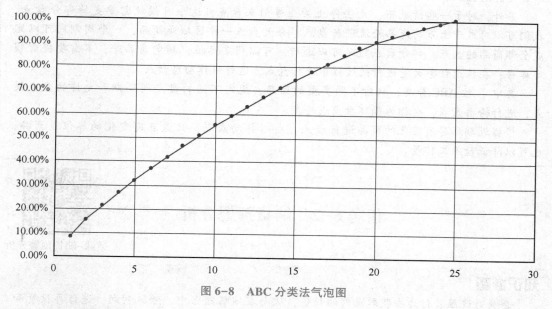

图6-8　ABC分类法气泡图

（3）把商品归类。

Excel的气泡图无法很好地显示每个点对应哪个商品，我们只能通过手工去判断：接近70%横线的那个点，对应的横轴大约是14，说明前14个商品的库存累加占到了70%。从表6-10的数据来看，前14个商品分布是商品24、18、16、25、1、22、21、2、3、4、5、6、23、7。这14个商品就是按照库存来分类的A类商品。

知识拓展

库存盘点

为什么要做盘点呢？

商品数量、状态、位置在日常的进出存过程中，可能会出现一些偏差，例如，仓库货物被盗、多发、少发、商品掉落摔坏等，这样系统数量就和实物数量会不一致，通过盘点可以发现这些不一致。

一方面，通过库存盘点，可以对比系统与实物差异率，差异率反映出仓库库存的准确率，同时也可以用来衡量仓库库存管理的水平；另一方面，通过定期的盘点，对差异商品及时核对并做出调整，账物相符，确保生产正常进行。

除了个别情况下实物丢失或损坏，账物不符很多都是因为未及时入系统，比如，临时收货系统未登记、退货入库未登记、样品出库未登记、登记数量与实际出入库数量不一致等。通过定期盘点，找出产生差错的原因，改善和健全库存管理制度，严格遵循工作规程，避免出现误差。

怎么做盘点？

一般情况下，根据目标范围，盘点分为全盘及部分盘点。顾名思义，全盘就是盘点全部的货位、全部的商品。

我们经常看到一些超市、便利店会选一个时间，停止营业，锁起门来进行盘点。由于盘点工作量大，一般会选择晚上，发动多人参与，通宵进行清点核对。在整个盘点期间，库存锁定，不允许入库或出库，这种情况下，库存是静止的——这种库存静止状态下的盘点称为静态盘点。

另外，对于一些情况下，无法停止营业专门来盘点，这个时候就需要支持部分盘点，我们可以对成千上万的商品轮流进行盘点。每天盘点一些区域或商品，一个周期内可以完成全部商品的盘点，部分盘点随时可以进行，可以指定库位、指定商品等，不需要提前锁定库存；在拣选任务大量进行的过程中进行盘点，这种叫作动态盘点。

其中，按 ABC 分类，针对不同类型的商品，规定不同的盘点间隔期和允许的盘点误差，进行轮番盘点，也称为循环盘点或轮盘。

根据近期库存有变化的商品进行盘点，也叫异动盘点，只盘点有变化的库位或商品，也可以降低盘点工作量。

任务6-2 缺货预警分析

微课-缺货预警分析

知识准备

企业通过经营行为去获取足够的销售，从而在销售额当中，赚取利润，进行再投资和保证业务的续存。所以，企业始终强调抓住每一次商机和销售机会。落实到库存上，就是当消费者购买的时候，我们能够让他们买到他们想要的商品，进而得到利润。但是在库存管理中，常常面临着商品不足，不能产生销售和利润的情况。这种就是缺货，我们需要保证缺货能够被提醒，进而找到解决方法。

（一）缺货预警机制

缺货是指"货架上"或"后台仓库"无货可卖的情况。造成缺货的原因主要来自销售端或者采购端，比如，销售超过预期，未及时补货；仓库管理原因，无法及时找到可售的货；供应商产能不足，无法满足采购需求或者按时交付；供应商送货延迟等。

商品种类繁多，缺货的原因也不少，人工无法实现及时和全面地发现缺货预兆。所以针对缺货，必须有自动化的预警程序，便于后继应对。缺货预警流程如图 6-9 所示。

图 6-9　缺货预警流程

超市补货正是一种典型的缺货预警和应对过程。理货员或者前台管理人员根据现有库存商品的数量和这几天销售数量，判断是不是可以在下次采购之前满足消费者需求。如果预料无法满足售卖，则判断当前该商品即将缺货，发出缺货预警，包含缺货数量、缺货商品信息等。随后，根据缺货预警提供的信息，供应链和其他管理团队会考虑如何应对缺货。

我们首先来看一下怎么判断缺货状态。某件商品当前库存低于安全库存，或者根据实际销售情况，在下一次补货之前就会消耗到安全库存之下，该商品处于即将缺货状态。缺货的预警不是针对缺货商品，而是针对有缺货可能的商品。给定商品 A，它最近 5 天的销量是每天 10 件，当前安全库存之外的正常库存是 50，按照周期性采购计划，下一次正常补货的时间是 8 天后。商品 A 当前不属于缺货状态，但是由于在下一次正常补货之前就会消耗掉 10×8＝80（件）商品，消耗量超过了正常库存，故属于有缺货风险的商品。

供应链的管理需要用到很多的信息化软件，其中一个是 WMS（Warehouse Management System,仓库管理系统）。大多数情况下，供应链团队会在 WMS 的库存管理模块中配置自动化的缺货预警。火警探测器会感知周边的温度，一旦到达一个设定值，比如 70 摄氏度，就会发出警报。缺货预警使用同样的原理，管理员在配置缺货预警的时候，会设定代表缺货风险的条件，比如可以设定：当"当前库存<日均销量×下一次采购间隔"时，触发缺货预警。智能的 WMS 模块可以自动计算"当前库存""日均销量""下一次采购间隔"等，帮助运营人员高效地完成库存预警任务。

从交互上来讲，预警的设定配置一定是在系统里面实现，但是预警消息的发出，大部分通过邮件进行，表 6-11 所示为一个预警内容通过邮件发送的例子。

表 6-11　预警内容

仓库	商品编号	商品名称	商品单位	产品规格	当前库存	断货消息	最大库存	最小库存	安全库存
GZ001	133453	麒麟海思 002	PCS	略	100	低于安全库存	2 300	160	105
SZ001	13500453	OEM 触摸屏	PCS	略	112	10 天后在途库存入库	3 000	140	90
SC002	9884303	双镜头摄像头	PCS	略	86	低于安全库存	400	120	90

（二）缺货应对机制

缺货应对是在收到缺货预警后的应对措施。这种措施是为了解决缺货问题的，常常有两个出发点：临时解决问题和长期解决问题。我们常说的在计划之外的补货，就是为了临时解决问题。如果物流管线的设计很复杂，那么缺货的情况就可能很复杂。我们假设某个线下品牌，它从供应商采购商品配送到各区域的区域总店，然后通过区域总店配送到各地区分店。顾客既可以从总店购买，也可以从分店购买。对于总店和分店库存的需求，如图 6-10 所示。

动画-二维码应对
机制-节点库存

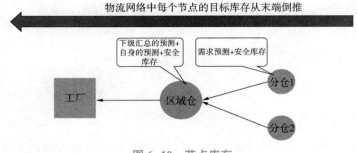

图 6-10　节点库存

1. 计划外补货

补货常用三种方法来实现：

（1）采购。

通过区域仓向工厂采购。

（2）内配。

区域仓有缺货预警，但是分仓没有。通过分仓往区域仓补货。

（3）调拨。

调拨是指分仓之间和区域仓之间的补货。

我们假定通过预警，供应链团队梳理出了每个仓库的商品 A 和 B 的补货需求，如表 6-12 所示。

表 6-12　补货需求

商品	仓库节点和路径	补货需求量
商品 A	华南仓 GZ0001	10
商品 A	华南仓 GZ0001/FWD101	5
商品 A	华南仓 GZ0001/FWD102	8
商品 B	华东仓 JX0001/FWD001	4
商品 B	华东仓 JX0001/FWD003	10

我们看一下关于商品 A 和商品 B 在所有仓库节点的补货需求、可调拨库存（多余库存）和补货计划，如图 6-11 所示。

其中：

JX0001/FWD002 的多余库存，调拨给了 FWD1，由于物流成本的问题，不考虑部分调拨给 FWD003。

JX0001/FWD003 的补货需求，汇总到 JX0001，商品 B 总采购量变为 10。

GZ0001/FWD101 和 GZ0001/FWD102 的补货需求汇总到上一级 GZ0001，加上 GZ0001 自己的补货需求，商品 A 的总采购量为 23。

对工厂的总采购量为 33。

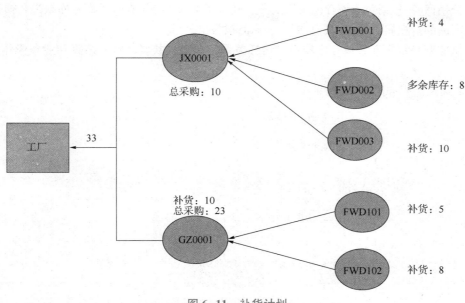

图 6-11 补货计划

2. 新业务模式下库存采购模式

在销售波动大的行业，需求的预测很困难，导致缺货的可能性增加。从成品销售的角度来看，行业里面推崇 JIT 模式。这个词，原来来自国外某著名汽车制造商，国内采用之后，吸收改造成了更好的减轻库存压力，同时保证售卖的一种采购模式。它是通过一些协议流程来实现的，如图 6-12 所示。

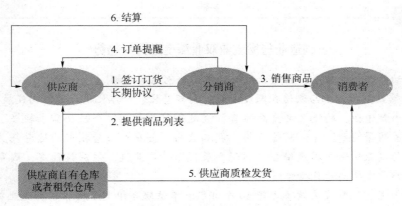

图 6-12 JIT 基本流程

这里的重点在于分销商没有在售卖之前就从供应商处采购，而是通过消费者下单之后再从供应商通过快递发货。这种模式在电商行业使用比较成熟，因为电商行业数字化和物流基础设施的建设较完善。但是传统分销商也获益匪浅，它们可以通过 JIT 减少库存压力，批量从供应商那里采购商品；从供应商角度来看，由于采购的需求少量和多批次，生产能力的计划能够有更多的弹性可以满足，物流的配送灵活性也大。

另外一种库存管理方式是供应商管理库存（Vendor Managed Inventory，VMI）。顾名思义，是供应商管理库存。它的特点如下：

（1）供应商负责保存分销商的库存点位，负责库存在最高库存和最低库存之间波动。

（2）供应商可以合理安排生产的忙时和闲时，但是需要分销商/零售商给出消费数据。

（3）分销商/零售商负责库存的看管义务，确保正常的库存不在分销商仓库缺失和损害。

（4）商品的货权属于供应商，直到这些商品被售出。

（5）供应商和销售方必须有比较好的信任关系，在消息共享、财务结算和业务操作层面要协调一致。

VMI 的通用流程如图 6-13 所示。

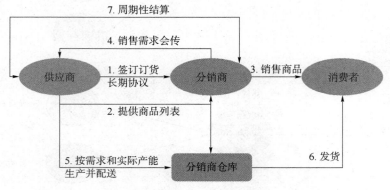

图 6-13　VMI 的通用流程

这里的重点在于由需求拉动供应商生产。在保证库存水平的前提下，由供应商决定送货入仓的数量和频次，并通过周期性的对账进行财务结算。

JIT 和 VMI 是面向供应链管理的新理论和新思路，反映到库存管理上，它们能够有效地控制库存水平，平衡供应商和分销商之间的诉求和利益点，很大程度上控制缺货发生的概率。

行业趋势

制造业与物流业双业深度融合呈趋势

政策推动结合行业需求，制造业供应链服务外包空间广阔。

（1）政策鼓励物流业与制造业深度融合，向智慧化、一体化供应链方向发展。

目前国内制造业、物流业主要面临着物流链条冗长复杂、个性化需求较多、物流信息不对称、不透明等问题，导致制造业物流成本过高，企业承担着较大的运营压力。为进一步深入推动物流业制造业深度融合、创新发展，保持产业链、供应链稳定，国家从政策层面不断推出指导发展的意见措施。

2020 年 9 月，国家发展改革委等 14 个部门和单位联合印发了《推动物流业制造业深度融合创新发展实施方案》，推动制造业企业与第三方物流、快递企业密切合作，在生产基地规划、厂内设施布局、销售渠道建设等方面引入专业化物流解决方案，引导物流企业为制造企业量身定做供应链管理库存、线边物流、供应链一体化服务等物流解决方案，增强柔性制造、敏捷制造能力。

（2）制造业升级和降本增效带来供应链外包需求的提升。

我国正在向制造业强国迈进，强大、智慧、安全的制造业供应链体系是由制造业大国向制造业强国迈进的核心竞争力。随着人力和资源要素的成本上升，业务扩张和复杂程度的提升，在社会分工越来越明的环境下，将供应链物流环节外包，有助于企业聚焦核心主业，降低运营成本。

任务实施

Excel—计算最晚补货时间点

计算最晚补货时间点

1. 数据整理

现在有三个商品 A、B、C，它们的当前库存、安全库存、在途库存和日均销量如表 6-13 所示。

表 6-13　补货数据表

商品编号	当前库存	安全库存	在途库存	日均销量
商品 A	100	55	90	20
商品 B	112	60	40	15
商品 C	86	40	30	12

当前是 D1，最晚需要从哪一天补货？

2. 计算

通过计算流转库存能够支持的售卖天数，得到的结果如表 6-14 所示。

表 6-14　流转库存计算

商品编号	当前库存	安全库存	在途库存	日均销量	流转库存（当前库存+在途库存－安全库存）	流转库存可售天数（流转库存/日均销量）
商品 A	100	55	90	20	135	6.75
商品 B	112	60	40	15	92	6.13
商品 C	86	40	30	12	76	6.33

流转库存的计算公式为当前库存+在途库存－安全库存。

流转库存可售天数为流转库存/日均销量。

从表 6-14 计算得到的商品 A、B、C 可售卖天数为 6.75 天、6.13 天、6.33 天，那么取整之后，A、B、C 都需要从 D7 开始补货。

任务 6-3　进销存分析

微课-进销存分析

知识准备

销售就是采购、出入仓库、销售三步流程的总称。理想情况是，采购了多少数量的商品，就能够卖出去多少数量的商品，仓库停留时间很短甚至没有。但是理想的情况在现实中并不存在，我们需要能够给予采购、出入仓库、销售一定力度的控制和管理，让采购到销售的链路尽可能快而通畅。我们首先要做的就是对它们的数量进行分析，即进（采购）销（销售）存（库存）分析。

（一）PSI 模型

供应链里面的 PSI 模型，其实就代表了供应链的三个核心功能：进–Purchase，销–Sales，存–Inventory。我们整本书的全部内容其实就是围绕着 PSI 展开的。一个分销公司的运营流程也是如此：采购需要的商品，在仓库里有效管理，期望能够产生良好的销售。三者的联动关系主要有两种：以产定销和以销定产。采购过多而销售不畅的结果就是滞销库存，采购过少而需求旺盛的结果就是错失销售机会，导致市场份额下降。PSI 模型如图 6-14 所示。

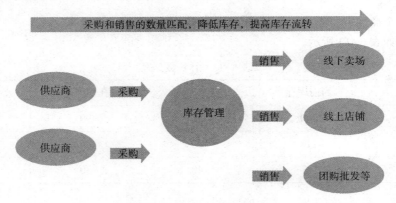

图 6-14　PSI 模型

PSI 的模型要求分别对采购、库存和销售进行分析，同时对采购、库存和销售的匹配程度进行观察。在每个周期采购一次的前提下，这三者的关系为 $P=I_e I_b+S$。其中 I_e 和 I_b 分别为期末和期初库存。我们选择 3 个商品，然后看一下它们 12 个月分别的 PSI，数据如表 6-15 所示。

表 6-15　PSI 数据

指标	1月	2月	3月	4月	5月	6月	7月	8月	9月	10月	11月	12月
期初库存	100	89	114	100	74	117	93	120	91	88	91	91
期末库存	89	114	100	74	117	93	120	91	88	91	91	93
销售量	120	134	145	151	139	131	118	105	100	90	95	100
采购量	109	159	131	125	182	107	145	76	97	93	95	102

对这四个数据进行可视化的结果如图 6-15 所示。

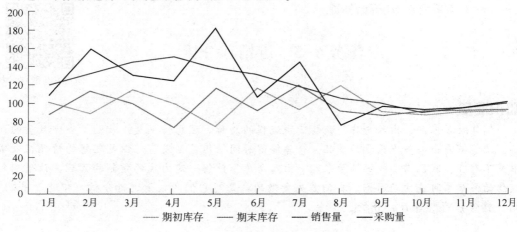

图 6-15　PSI 趋势

这个趋势并没有什么规律，问题就在于当销售没有规律，同时对采购量没有数量的规定要求时，会导致另一个指标期末库存也会变得没有趋势。但是我们可以从公式 $P=I_e-I_b+S$ 推导出另一个公式 $P+I_b=I_e+S$，那么表 6-15 的数据经过整理后，可以得到如表 6-16 所示的数据。

表 6-16　PSI 变换后趋势

指标	1 月	2 月	3 月	4 月	5 月	6 月	7 月	8 月	9 月	10 月	11 月	12 月
期初库存+采购量	209	248	245	225	256	224	238	196	188	181	186	193
期末库存+销售量	209	248	245	225	256	224	238	196	188	181	186	193

在不考虑盘亏或者盘盈的情况下，期初库存+采购量一定是等于期末库存+采购量的。

（二）PSI 计算方法

我们进入 PSI 的计算细节，对于 PSI，可以分析的指标非常多。其中一些常用的如图 6-16 所示。

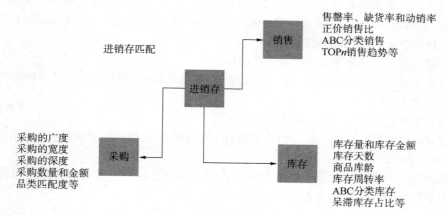

图 6-16　进销存常用分析指标

1. 分析内容

我们通过对进销存的常用指标来多角度审视采购、销售、库存，然后通过进销存匹配来总体判断供应链管理的效率。

2. 分析方法

在本章中，我们已经介绍过了几个库存的重要指标：周转率、库存天数等，所以在本节，我们主要看一下关于销售和采购的几个指标。

（1）销售分析。

1）售罄率、缺货率和动销率。

这三个指标主要衡量库存商品的覆盖度和库存商品可销售性，从库存和销售系统整理好的数据如表 6-17 所示。

表 6-17　商品库存和销售量

商品	期末可售库存	销售量
商品 1	336	1 261
商品 2	0	1 142
商品 3	442	1 217

商品	期末可售库存	销售量
商品 4	421	1 088
商品 5	219	398
商品 6	0	133
商品 7	65	181
商品 8	395	762
商品 9	217	246
商品 10	0	804

商品售罄率是有百分之多少的商品数量被出售。

它的计算公式是销售量/（销售量+期末可售库存）。比如商品 1 的售罄率＝1 261/（1 261+336）＝1 261/1 597＝78.96%。而总体的售罄率为所有商品的销售量/（所有商品的销售量+所有商品期末可售库存）＝7 232/9 327＝77.54%。

商品缺货率是指有百分之多少的商品品类被卖光。

它的计算公式是期末可售库存为 0 的商品数量/商品总数量。因此表 6-17 中商品中有 3 件被卖光，断货率为 3/10＝30%。

商品的动销率是指有多少商品品类发生过销售。

它的计算公式是产生销售的商品/总可售商品。因此表 6-17 中商品的动销率为 10/10＝100%。

2）正价销售比。

正价销售比表示了销售商品中的多少按照正常市场价格出售，反映了商品的利润空间、商品采买水平和促销空间。数据如表 6-18 所示。

表 6-18　商品显示价和成交价

商品	显示价	成交价	折扣率/%
商品 1	39.6	39	98.48%
商品 2	40.8	39	95.59%
商品 3	122	119	97.54%
商品 4	54	54	100.00%
商品 5	96	67.2	70.00%
商品 6	99	69.3	70.00%
商品 7	192	134.4	70.00%
商品 8	300	210	70.00%
商品 9	89	62.3	70.00%
商品 10	77	53.9	70.00%

由于价格始终有变动，哪怕是显示价或者吊牌价是一致的。在这种情况下，我们可以设定价格折扣在95折以上的依然算是正价销售。那么10件商品里面有4件的成交价格大于95%，所以正价销售占比是4/10＝40%。

3）Top*n* 销售趋势。

我们在分析销售趋势的时候，需要分清主次。对于商品销售分析，哪些商品是爆款是我们需要特别关注的。Top*n* 的销售趋势分析帮助我们了解当前的头部商品在未来会有什么样的变化，是好的更好还是势头减弱呢？

如表 6-17 所示，Top3 商品（商品 1、2、3）的总销量占比 = 3 620/7 232 = 50%。这意味着一半的商品销售量来自前三位的商品，对这三个商品的总销量连续观察 8 周后，得到的结果如表 6-19 所示。

表 6-19 Top3 占比

时间	Top3 占比
第一周	50.00%
第二周	27.30%
第三周	19.52%
第四周	17.93%
第五周	23.11%
第六周	33.22%
第七周	29.29%
第八周	43.06%

我们用折线图去展现 Top3 销量占比的趋势，得到的结果如图 6-17 所示。

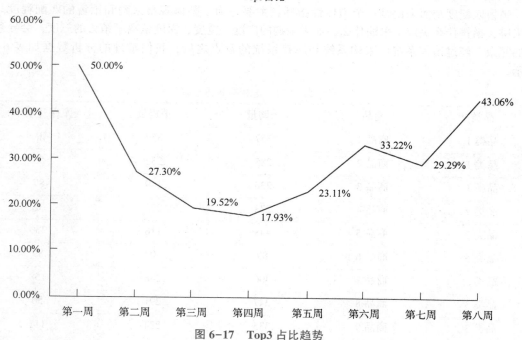

图 6-17 Top3 占比趋势

第一周的 Top3，在之后的几周占比下降，可能原因如下：它们是季节性商品、商品供应不足导致断货、竞争对手的降价策略等。需要进一步收集其他信息去解释这种数据现象。

（2）采购分析。

采购一般从广度、深度、宽度和销售匹配度来进行分析。

采购的广度指的是当期采购的品类类目个数，采购的宽度指的是当期采购的商品个数，采购的深度指的是当期采购的商品平均数量。从采购系统获取的数据，整理后如表6-20所示。

表6-20 采购品类、商品和数量

品类	商品	采购量/个	销售量/个
品类1	商品1	357	154
品类1	商品2	285	232
品类1	商品3	236	149
品类2	商品4	273	232
品类2	商品5	448	118
品类3	商品6	89	0
品类3	商品7	406	248
品类3	商品8	347	291
品类3	商品9	335	224
品类4	商品10	25	0

从表6-20得知，因为一共采购了4个品类，所以采购广度为4；因为一个采购了10个商品，所以采购宽度为10；因为一共采购了10个商品，共2 801件，所以平均的采购深度是2 801/10，约等于280件。

销售匹配度全面来说是一个整体性指标，主要是为了整体观察采购和销售的匹配程度。简单来讲，销售什么决定了采购什么，如果采购的广度、宽度、深度偏离了销售的三度，会导致库存的冗余。经过销售系统、采购系统和库存系统的盘点之后，我们整理的分析数据如表6-21所示。

表6-21 进销存数据

品类	商品	采购量	销售量	库存（期末）
品类1	商品1	357	357	0
品类1	商品2	285	232	53
品类1	商品3	236	149	87
品类2	商品4	273	273	0
品类2	商品5	448	118	330
品类3	商品6	89	0	89
品类3	商品7	406	248	158
品类3	商品8	347	291	56
品类3	商品9	335	224	111
品类4	商品10	25	0	25
品类5	商品11	17	17	0

我们依次来盘点一下进销存的三度，如表 6-22 所示。

表 6-22　进销存三度

项目	广度	宽度	深度
采购	5	11	256
销售	4	9	212
库存	4	8	113

如果不够直观，我们把进销存三度通过图形来表现，如图 6-18 所示。

图 6-18　进销存三度

从图 6-18 可以看到，在广度、宽度匹配程度较好的情况下，采购的平均深度一定程度上大过了销售的平均深度。总体来看，采购的数量过多，可以通过采购数量的减少来降低库存的冗余。

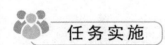 任务实施

价格弹性

平台-计算价格弹性

1. 价格弹性的含义

价格弹性常常是分析师们容易忽略的指标，但是从零售的角度来看，价格是最为关键也是最难了解的因素之一。最难了解的意思是针对不同的目标人群，价格的高低似乎对销量有着不同程度的影响。价格弹性指的是价格的变动对销量的变动的影响情况。比如价格提升了 3%，销量下降了 5%，那么价格弹性系数 = 5%/3% = 1.667。

Excel-计算价格弹性

价格弹性给出了销售管理的一种有效思路。任何一个分销型企业，为了保证供应链的高效运转，要对需求做有效预测。但是需求的预测误差是很容易产生的，比如，隔壁超市同样商品降价、天气变化、顾客心理变化、其他突发事件等。在这种情况下，另一个有效的办法就是控制需求，调整价格就是关键之一。

2. 准备数据

价格弹性一定是针对同样一个商品或者非常近似的商品的。有的时候，某件商品的销售记录缺少，那么通过找到相似商品的销售记录，可以弥补数据。针对同类或者同一个商品，在不同时间售卖的价格和对应的销量如表 6-23 所示。

表 6-23　价格和销量

价格	销售量/个
36.00	80
34.20	86
32.49	93
30.87	97
29.32	103
27.86	104
26.46	113
25.14	122
23.88	130
22.69	130
21.55	141
20.48	153

3. 数据可视化

我们来对表 6-23 的数据进行可视化。

（1）生产图表。

将数据导入 Excel 电子表格，选中数据后，单击菜单"插入"→"散点图"→"带连接线和数据标记的散点图"，如图 6-19 所示。

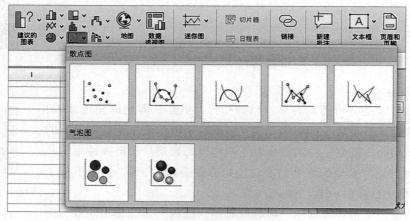

图 6-19　插入散点图

（2）调整图表。

选中散点图后，在"图表设计"菜单下面，选中"添加图表元素"，然后分别给横轴和纵轴添加"坐标轴标题"，如图 6-20 所示。

在"设置坐标轴标题格式"中，可以修改标题的内容和格式，如图 6-21 所示。

（3）添加回归线。

选中图形中的散点连线，在右键菜单中，选中"添加趋势线"，在出现的"设置趋势线格式"中，默认"趋势线选项"为线性，并且在下面勾选"显示公式"，如图 6-22 所示。

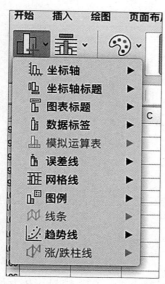

图 6-20　添加标题

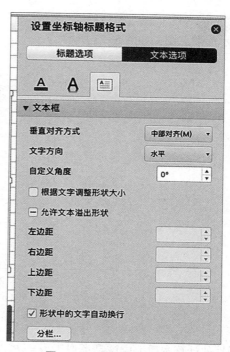

图 6-21　坐标轴格式修改

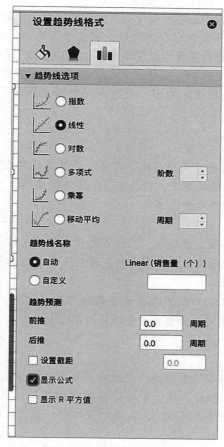

图 6-22　趋势线格式设置

4. 观察价格弹性

最终显示的散点图，如图 6-23 所示。

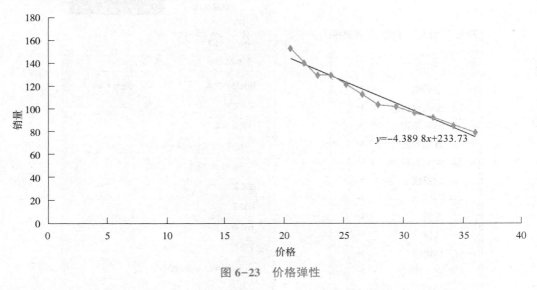

图 6-23　价格弹性

价格弹性的计算本质上应该是类似于 $Q=aP^k$ 这样的指数公式，Q 为销量，P 为价格。为了简便起见，可以用图 6-23 上的回归公式来代替。我们的价格弹性就是斜率：-4.389 8，意味着每提升 1% 的价格，会相应减少 4% 左右的销量。

对于价格弹性高的商品，企业会根据仓库现有的滞销情况和库龄，设置一个合适的价格，能够在刺激滞销商品销售的前提下实现库存的流转。另一个业务场景是提高利润率，如果有些商品的目标用户对于价格敏感，即价格弹性低的情况下，可以适当提高价格，得到更高的利润率。所谓的价格弹性低，从业务上来理解，就是这个商品即使提高了售价，也不会影响销量。但是随着国家对于用户购物体验的保障越来越多，通过商品提价来提高利润率需要纳入必要的规范之中。

思政园地

2020 年 9 月，商务部发布了《中国线下零售小店数字化转型报告》，全面剖析了线下零售小店数字化转型的必要性及意义，并为零售小店的数字化转型提供了方法论的借鉴。

线下零售小店数字化转型主要做法：

1. 接入数字化生态圈

数字经济时代，以网络平台为载体，凭借多元化、多维度的大数据积累和人工智能技术形成商业洞察，继而为经营决策提供全方位支撑的企业"生态圈"正在蓬勃发展。

2. 精细化管理改善运营

经营管理手段落后是零售小店落后于大型商超的表现之一，也是供应商"不愿理"、消费者"不爱去"的重要原因。由粗放式管理转向以信息技术为支撑的精细化管理，成为小店数字化转型的首要任务。

3. 数据驱动精准选品

商品选择影响小店对顾客的吸引力，考虑店主经营能力。由于缺乏专业"买手"，顾客推荐、同行经验、个人认知成为线下零售小店进货的主要依据，主观性和肆意性较强，容易出现产品滞销、周转缓慢等问题。大数据积累与分析能力为线下零售小店提升选品决策的科学性带来新机遇。

线下零售小店数字化转型的积极意义：

1. 改善小微零售经营境况

与成熟的大型商超或电商企业相比，零售小店在管理体系、人才配置和资本积累方面有较大差距，在信息化、数字化应用方面存在较多障碍。通过接入数字化信息平台，小店在运营管理、物流保障等方面获得全方位的支持。

2. 助力制造商销售渠道下沉

近年来，许多消费品制造商都将大型商超和零售电商作为销售产品的主渠道。遍布各处的小店虽然数量众多、流量可观、接近消费者，但经营分散、难以管理，一般只能通过地区经销商实现覆盖。小店进行数字化转型，为制造商渠道下沉、拓展市场提供了新的机遇。

3. 充分释放技术红利

由科技企业驱动的小微零售企业数字化转型，有助于突破新技术扩散与应用的"盲区"，帮助小微实体零售企业迅速改善管理水平、提高盈利能力，实现跨越式发展。

 学习检测

单项选择题

1. 下列四个说法中，正确的安全库存计算公式为（　　）。

A. $S_s = Z\sqrt{\sigma_T 2T + \sigma_d 2_d^{-2}}$
B. $S_s = Z\sqrt{\sigma_d 2T + \sigma_T 2_d^{-2}}$
C. $S_s = Z\sqrt{\sigma_d T + \sigma_T d^{-2}}$
D. $S_s = \sqrt{\sigma_d 2T + \sigma_T 2_d^{-2}}$

2. 流转库存的计算公式是（　　）。

A. 当前库存-安全库存
B. 当前库存+在途库存-安全库存
C. 最大库存-最小库存
D. 最大库存-安全库存

3. 关于 VMI，下列说法中不正确的是（　　）。

A. 供应商负责保存分销商的库存点位，负责库存在最高库存和最低库存之间波动

B. 分销商/零售商负责库存的看管义务，确保正常的库存不在分销商仓库缺失和受到损害

C. 供应商和销售方必须有比较好的信任关系，在消息共享、财务结算和业务操作层面要协调一致

D. 商品的货权属于平台，售出后统一结算

多项选择题

1. 补货实现的方法主要有（　　）。

A. 采购　　　　　B. 内配　　　　　C. 调拨　　　　　D. 移库

2. PSI 模型包含的含义有（　　）。

A. 采购　　　　　B. 销售　　　　　C. 商品　　　　　D. 库存

3. 进销存的三度匹配，指的是（　　）。

A. 深度　　　　　B. 广度　　　　　C. 宽度　　　　　D. 速度

判断题

1. 在途库存可以被视为常规库存的一种。　　　　　　　　　　　　（　　）

2. 最小库存就是安全库存。　　　　　　　　　　　　　　　　　　（　　）

3. 售罄率指的是有多少商品被卖光。　　　　　　　　　　　　　　（　　）

学习单元 7　物流管理

知识目标

1. 掌握头程物流、B2B 物流和 B2C 物流在过程和服务对象上的差异。

2. 掌握头程物流、B2B 物流和 B2C 物流在效率和成本方面的共同点和差异。

技能目标

1. 通过物流规划，能够找到最优化布局，优化公司在物流运输领域的效率和成本。

2. 能够使用线性规划，在一定约束条件下，找到物流线路的最优化规划方案。

3. 能够清晰地解释 B2C 和 B2B 在物流层面的主要差异。

素质目标

1. 理解中国政府对物流领域的关注和效率提升目标，从整体上了解物流提效和降本对国民经济的良性作用。

2. 在社会主义初级阶段，了解当前物流行业存在的不足和制约因素，能够深刻思考，理解物流行业从业人员的努力方向和目标。

思政元素

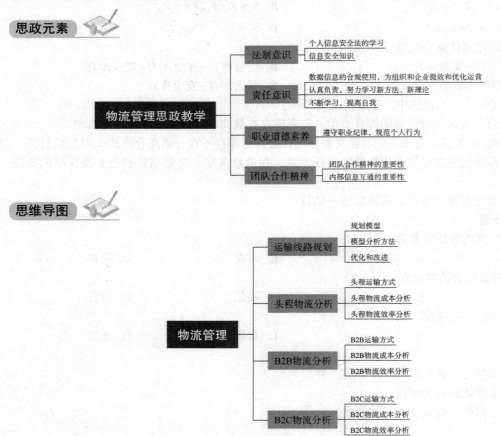

物流管理思政教学
- 法制意识
  - 个人信息安全法的学习
  - 信息安全知识
- 责任意识
  - 数据信息的合规使用，为组织和企业提效和优化运营
  - 认真负责，努力学习新方法、新理论
  - 不断学习，提高自我
- 职业道德素养
  - 遵守职业纪律，规范个人行为
- 团队合作精神
  - 团队合作精神的重要性
  - 内部信息互通的重要性

思维导图

物流管理
- 运输线路规划
  - 规划模型
  - 模型分析方法
  - 优化和改进
- 头程物流分析
  - 头程运输方式
  - 头程物流成本分析
  - 头程物流效率分析
- B2B物流分析
  - B2B运输方式
  - B2B物流成本分析
  - B2B物流效率分析
- B2C物流分析
  - B2C运输方式
  - B2C物流成本分析
  - B2C物流效率分析

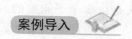
案例导入

海尔物流

1999 年开始，海尔开始进行以"市场链"为纽带的业务流程再造，创造了富有海尔特色的"一流三网"的同步物流模式。"一流"是以订单信息流为中心；"三网"分别是全球供应资源网络、全球配送资源网络和计算机网络。

其核心就是以订单信息流为中心对仓库进行革命，通过同步模式以高效物流运作实现"与用户零距离"的战略目标，使海尔通过现代物流一只手抓住用户的需求，另一只手抓住可以满足用户需求的全球供应链，获得企业核心竞争力。

海尔实施了采购 JIT。通过整合采购，海尔将供应商的数目减少到 900 家，世界 500 强企业中有 44 家为海尔的供应商，集团采购人员优化掉 1/3，成本每年环比降低 4.5% 以上。

海尔实施了原材料配送 JIT。海尔的平均库存时间为 30 天，整个集团仓库占地仅为 2.6 万平方米，对订单的响应速度从原来的 36 天，降低到目前的不到 10 天。

海尔实施了成品分拨物流 JIT。海尔与 300 多家运输公司建立了紧密的合作关系，全国可调配的车辆达 1.6 万辆。目前可做到中心城市 6 至 8 小时配送到位，区域配送 24 小时到位，全国主干线分配配送平均 4 天到位，形成全国最大的分拨物流体系。

案例思考

1. 海尔的采购 JIT、原材料配送 JIT 和成品分拨物流 JIT 为公司的现代物流模式提供了什么样的发展动力？

2. 以订单为中心的物流模式是怎么帮助海尔平衡用户需求和全球供应链的？

案例启示

1. 海尔的同步配送模式离不开全球供应资源、配送资源和网络资源的协同配合。

2. 在采购、配送和分拨物流阶段的 JIT 模式，帮助海尔在资源配置、成本截流和各流程时效方面提供了巨大的裨益。

任务 7-1　运输线路规划

微课-运输线路规划

知识准备

物流时效和成本是物流管理最为关注的目标。如何提升、如何优化始终是物流分析的关注点。那么影响因素是哪些呢？时间和空间。在整个物流过程中，如何合理安排物流运输的线路，如何在物流的站点之间取得距离的最优化和线路的最优化是一门科学，行业里称之为线路规划。

（一）规划模型

物流管理中的线路规划，指在规定的时间内将规定的货物运送到指定的地点。物流环节最重要的部分是如何合理调度和安排车辆，合理规划路径，从而减少运输成本，提高效率。把自己放在供应链物流团队的位置，我们经常会考虑的问题类似如下：

（1）汽车怎么走，成本最低？汽车应该先去哪个店？

（2）现在有 30 吨的商品需要送到 20 个店里，店有大有小，怎么安排规格不同的汽车走不同的线路？

（3）每一天各个分店之间有商品的来回调拨，怎么有效利用运输车，降低空驶率？

这些问题和一般的数据分析问题最大的不同点在于：一个完整的解法是由多个子问题的答案组成的，每一个子答案都面临着多个后继的子问题。更为困难的是，一个看起来最优的子答案可能会带来劣势的后继选择，从而使整体的效率最低。用一个简单的例子来表现：我们在下国际象棋的时候，一步看起来占优的步骤，也许会带来好几步丧失优势的后继步骤。线路规划需要时常返回到前面的步骤，做出不一样的选择，然后测试后继的选择是不是带来总体的最优解。

线路规划的主流方法有两种，针对两种不同性质的规划：

1. 动态规划

动态规划是通过把原问题分解为相对简单的子问题的方式求解复杂问题的方法。通常许多子问题非常相似，为此动态规划法试图仅仅解决每个子问题一次，从而减少计算量。一旦某个给定子问题的解已经算出，则将其记忆化存储，以便下次需要同一个子问题求解时直接查表。

这里举一个简单的例子来帮助大家理解：小王同学每次可以跳 1 米或 2 米，那么他跳 5 米的距离，有几种跳法？动态规划的想法是先从最后一步往前推理：小王可以从第 4 米跳到第 5 米，也可以从第 3 米跳到第 5 米，那么有多少次跳法变成了"小王跳到第 3 米有几种跳法"加上"小米跳到第 4 米有多少种跳法"。依次倒推，"小王跳到第 4 米有多少种跳法"又变成了"小王跳到第 2 米有多少种跳法"加上"小王跳到第 3 米有多少种跳法"。

行业里用一种叫"贪心算法"的思想去实现动态规划，其中用的最多的是 Dijkstra 算法。"贪心算法"指的是看到当前最好的选择就采纳，Dijkstra 就是首先选择当前最好的线路，然后在后继线路不停地修正。我们随后将介绍具体的计算过程。

2. 线性规划

线性规划是运筹学（Operational Research）的重要分支，它帮助寻找在一定条件限制下的最优解。

我们来看一个例子：A，B 两件商品的利润分别为 2 元与 3 元，要求商品 A 的数量加上商品 B 的数量不超过 8 个，同时商品 A 的数量不小于 4 个，商品 B 的数量不大于 5 个。那么 A 和 B 分别买多少个可以最大化总利润呢？为了用数学表达式来表达文字中描述的关系，我们可以设商品 A 的数量为 x，商品 B 的数量为 y。目标和约束的数学表达式如下：

目标函数：$\max(2x+3y)$

约束条件 1：$x+y \leqslant 8$

约束条件 2：$x \geqslant 4$

约束条件 3：$y \leqslant 5$

约束条件 4：$x \geqslant 0$，$y \geqslant 0$

这里只有两个变量，因此可以通过画出二维图形来找到最优解。这里的最优解的意思是算出的 x 和 y 满足所有约束，同时获取的利润最高。

（二）模型分析方法

在上一节我们介绍了 Dijkstra 和线性规划，在这一节，我们给出两个典型的例子，帮助大家理解基本的计算方法。

贪心算法之 Dijkstra。

1. 分析内容

一辆物流车负责这个片区的便利店的物流配送。每天早上，它从出发点装货，然后配送到其他 5 个小区的便利店中。但是这辆车吨位有限，每次卸完货之后，需要重新回到出发点装货后再次配送。这辆车最直接的诉求就是每个小区都可以配送到，同时每个小区的路程最短。参考了测绘局的数据和道路状况，这 5 个小区的距离和连接状况如图 7-1 所示。

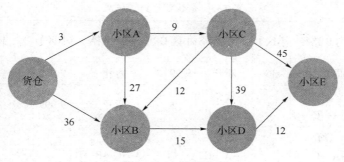

图 7-1　小区线路图

2. 分析方法

Dijkstra 本身算法的想法就是先给出当前的最优解，然后随着计算方法的深入，进一步调整之前计算的结果。我们假定没有道路连通的小区和小区之间距离是一个极大值：9 999。然后从货仓出发，我们用一个表格来体现第一步遍历的距离，如表 7-1 所示。

表 7-1　货仓到各点初始距离（公里）

距离	货仓	小区 A	小区 B	小区 C	小区 D	小区 E
货仓	0	3	36	9 999	9 999	9 999
小区 A	9 999	0	27	9	9 999	9 999
小区 B	9 999	9 999	0	9 999	15	9 999
小区 C	9 999	9 999	12	0	39	45
小区 D	9 999	9 999	9 999	9 999	0	12
小区 E	9 999	9 999	9 999	9 999	9 999	0

所有回头路的距离都设为 9 999，所有不连接的小区距离都设为 9 999。

我们还需要一张表格，这个表格实际上记录了货仓到每个小区的动态距离，我们先一步一步来看：

第一步：最开始的时候，货仓到小区 A、B、C、D、E 的最短距离为 [3,36,9 999,9 999, 9 999]。可以确认的是：到小区 A 的距离最短为 3。

第二步：车辆要考虑从哪一条线路到小区 B，它可以 A→C→B，也可以 A→B。根据图 7-1，可以直观地知道它到 B 路径 A→C→B 最短，距离为 24。则货仓到小区 A、B、C、D、E 的最短距离为 [3,24,12,9 999,9 999]。这里小区 B、C 的最短线路已经确定了。

第三步：在到小区 A 和小区 B 的最短路径已经确定的情况下，到小区 C 的最短路径可以很容易获取，为 12。到达小区 D 有两个路径，从 C 到 D 和从 B 到 D。从 C 到 D 的距离可以计算为货仓到 C 的最短距离+C 到 D 的距离 = 12+39 = 51；从 B 到 D 的距离可以计算为货仓到 B 的最短距离+B 到 D 的距离 = 24+15 = 39。那么从货仓到小区 A、B、C、D、E 的最短距离目前为 [3,24, 12,39,9 999]。

第四步：到小区 E 的距离有两个路径，从 C 到 E 和从 D 到 E。从 C 到 E 的距离可以计算为货仓到 C 的最短距离+C 到 E 的距离 = 12+45 = 57；从 D 到 E 的距离可以计算为货仓到 D 的最短距离+D 到 E 的距离 = 39+12 = 51。我们来看一下完整的计算过程，如表 7-2 所示。

表 7-2　最优路径计算结果

计算步骤	距离	小区 A	到 B 路径	小区 B	到 C 路径	小区 C	到 D 路径	小区 D	到 E 路径	小区 E
1	货仓	3	货仓→B	36	断开	9 999	断开	9 999	断开	9 999
2	货仓	3	货仓→A→C→B	24	货仓→A→C	12	断开	9 999	断开	9 999
3	货仓	3	货仓→A→C→B	24	货仓→A→C	12	货仓→A→C→B→D	39	断开	9 999
4	货仓	3	货仓→A→C→B	24	货仓→A→C	12	货仓→A→C→B→D	39	货仓→A→C→B→D→E	51

线性规划：

线性规划的解法在变量较少的时候可以采用图解法，我们前面举过一个例子：A，B 两件商品的利润分别为 2 元与 3 元。同时要求商品 A 的数量加上商品 B 的数量不超过 8 个，同时商品 A 的数量不小于 4 个，商品 B 的数量不大于 5 个。那么 A 和 B 分别买多少个可以最大化总利润呢？设商品 A 的数量为 x，商品 B 的数量为 y，通过图形来表示，如图 7-2 所示。

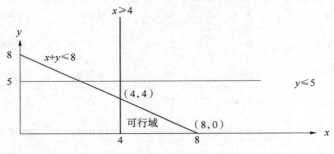

图 7-2　图解线性规划

图解法把约束通过线条的形式表现出来，在图 7-2 中，竖线体现了商品 A 数量不小于 4 的约束，横线体现了商品 B 数量不大于 5 的约束，斜线体现了商品 A+B 的数量之和不大于 8 的约束。三个约束围成了一个三角形"可行域"。线性规划的解法一般是在可行域的节点上，比如节点（4，4）就是最优解，这个时候的利润就是 4×2+3×4=20。线性规划的人工计算费时费力，一般通过工具来实现。行业里用得比较多的是 Lingo，需要简单的编程知识。好消息是，我们常用的 Excel 电子表格，也有免费的求解线性规划的插件。

（三）优化和改进

贪心算法的 Dijkstra 方法，在物流配送线路领域使用不多。其中的原因，也在于贪心算法的本质是求当前最优，而不一定是整体最优的做法。比如我们有这三个数字牌：1、5、11。现在要求我们用最小的数字牌数量凑成 15。使用贪心算法的过程是：先选 11，然后会发现接下来选 5 就不满足要求了，会改成选 4 张 1。用了 5 张牌，总体上不是最优解。因此我们在这一节主要关注线性规划，并用一个实际的线性规划案例来优化现有的线路规划方法。

1. 分析内容

某企业在青岛和上海分别有两个保税仓库，青岛仓和上海仓，它每个季度会分别进口 200 万件和 250 万件商品，并且配送到北京、南京和重庆。根据需求计划，北京、南京和重庆每季度的需求分别是 150 万件、100 万件和 200 万件。经过各个因素的综合估算，青岛到北京、南京和重庆的每万件商品成本是 2 000 元、4 000 元和 4 000 元；上海到北京、南京和重庆的每万件商品成本是 1 000 元、3 000 元、2 000 元。保税仓物流线路和成本示意图如图 7-3 所示。

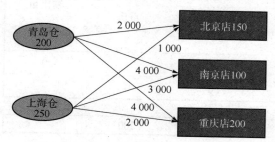

图 7-3　保税仓物流线路和成本示意图

原有的物流线路是这样考虑的：由于青岛仓可以完全对等满足重庆店的需求，因此青岛仓全部配送到重庆，上海仓分别配送北京和南京。按照这样的规划，总体的运输成本是 150 × 1 000 + 100 × 3 000 + 200 × 4 000 = 125（万元）。现在公司的管理者需要问一个问题：我们能够优化运输成本吗？

Excel - 根据线性规划
求最低运输成本

2. 分析方法

我们通过 Excel 电子表格来实现线性规划。我们的第一步就是在电子表格输入原始数据，如表 7-3 所示。

表 7-3　需求库存和单位运输成本

项目	单位运输成本			库存
	北京	南京	重庆	
青岛	2	4	4	200
上海	1	3	2	250
需求	150	100	200	

在此基础上，我们需要在电子表格建立物流成本的计算公式作为目标，如表 7-4 所示。

表 7-4　配送数量

项目	配送数量			输出量
	北京	南京	重庆	
青岛				0
上海				0
接收量	0	0	0	

其中青岛和上海送至北京、南京、重庆的配送数量默认为空，同时接收量和输出量使用电子表格的求和公式，比如北京的接收量公式为 "= sum（I11：I13）"，青岛的输出量公式为 "= sum（I11：K11）"。这里的字母由表格在电子表格的实际位置确定。

我们继续设定约束条件需要对应的单元格，如表 7-5 所示。

表7-5 约束单元格确定

项目	配送数量			输出量
	北京	南京	重庆	
青岛				0
上海				0
接收量	0	0	0	

库存
200
250

需求	150	100	200	

总运输成本	0

总运输成本对应的表达式类似为=SUMPRODUCT（B22：D23，I22：K23）。通过这个表达式去计算总的运输成本。

在 Excel 菜单"工具"的加载项中，加载插件"Solver Add-in"，之后，在菜单"工具"下面，找到"规划求解…"，然后在跳出的窗口中，配置目标单元格、约束条件等，如图7-4所示。

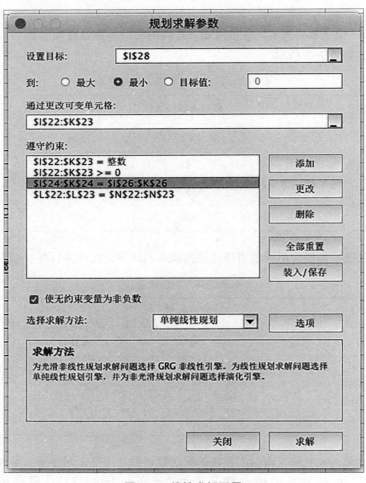

图7-4 线性求解配置

单击"求解"，最后得到的结果如表7-6所示。

表 7-6　线性规划结果

项目	配送数量			输出量
	北京	南京	重庆	
青岛	150	50	0	200
上海	0	50	200	250
接收量	150	100	200	
需求	150	100	200	

总运输成本/千元	1 050

　　最后得到的最优结果是上海分别配送给南京、重庆两地 50 万件、200 万件商品；青岛分别配送给北京、南京两地 150 万件、50 万件商品，此时总体的物流成本为 105 万元，比原来的 125 万元降低了约 16%。在这个例子中，我们使用的是 mac 版本的 Excel，如果是视窗操作系统的，菜单会有所不同。

思政园地

　　2022 年 "奥密克戎" 疫情在我国多地呈密集爆发趋势，物流业对各地的抗疫物资、民生物资供应和稳固国家宏观经济发展等方面起到了至关重要的作用。2022 年以来，有关部门通过电视电话会议、书面文件等形式，以帮扶政策、金融及财政支持、降费及补贴政策、税收优惠政策等方面出台了多项物流业援企纾困政策，确保物流行业的稳定运行发展。

　　2022 年 1 月 13 日，国家发展改革委发布了《"十四五"现代流通体系建设规划》，提出到 2025 年，现代流通体系加快建设，商品和资源要素流动更加顺畅，商贸、物流设施更加完善，国内外流通网络和服务体系更加健全，流通业态模式更加丰富多元，流通成本持续下降，效率明显提高，对畅通国民经济循环的基础性、先导性、战略性作用显著提升等发展目标；展望 2035 年，我国现代流通体系全面建成，形成覆盖全球、安全可靠、高效畅通的流通网络，流通运行效率和质量达到世界先进水平，参与国际合作和竞争新优势显著增强，对现代化经济体系形成高效支撑，为满足人民美好生活需要提供坚实保障。

 任务实施

Excel 电子表格配置线性求解

1. 打开规划求解功能（见图 7-5）

2. 设置目标

　　在"设置目标"中，选择写有对应目标表达式的单元格，这个表达式就是线性规划要优化的目标，比如最大利润、最低成本等。

　　在"到"里面，选择"最小"。

3. 设置可变参数的单元格范围

　　在"通过更改可变单元格"里面，选择用于放置优化过程中迭代变更的参数所在的单元格，如表 7-6 中的两个仓到三个城市，一共六个单元格。表格上显示的数值是达到优化后这些参数的最后取值。

图 7-5　打开规划求解功能

4. 设置约束条件

在"遵守约束"里面，单击"添加"，用于增加约束，它们分别是：

（1）可变更单元格的整数约束（见图7-6）。

图7-6　整数约束

（2）可变更单元格的正数约束（见图7-7）。

图7-7　正数约束

（3）需求量和接收量一致约束（见图7-8）。

北京、南京、重庆的原始需求量和优化后的接收量必须一致。

图7-8　需求量和接受量一致约束

（4）库存量和输出量一致约束（见图7-9）。

青岛、上海的原始库存量和优化后它们的发货输出量必须一致。

图7-9　库存量和输出量一致约束

5. 选择解法

在"选择求解方法"中，选择"单纯线性规划"，最后的结果如图7-10所示。

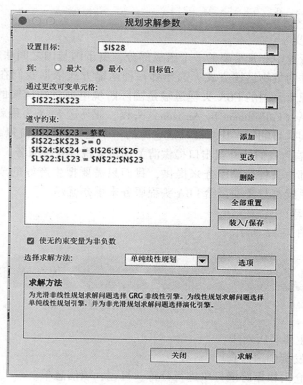

图 7-10　约束配置

6. 得到结果

单击图 7-10 的"求解"按钮，得到的结果如图 7-11 所示。

项目	配送数量			输出量	库存
	北京	南京	重庆		
青岛	150	50	0	200	200
上海	0	50	200	250	250
接收量	150	100	200		
需求	150	100	200		
总运输成本/千元	1050				

图 7-11　任务实施结果

因此总的运输成本：1 050 是最优解的结果。

任务 7-2　头程物流分析

微课–头程物流分析

知识准备

　　随着经济的全球化，跨境贸易也变得频繁。由于不同国家和地区的法律法规的差异，以及遥远的距离，国与国或者地区与地区之间的物流变得复杂昂贵和难于操作。在这种情况下，很多跨境的物流方式得到了快速的发展，头程物流是其中突出的一种，因为亚马逊电商的加持，变得越来越普及，现在也成了跨境物流的主要运作方式。

（一）头程运输方式

1. 头程运输的含义

跨境贸易是外贸行业中非常重要的一个组成部分，由于国与国之间法律、手续等的复杂性，国际上存在着各种各样的货物运输方式。选择哪一种运输方式依据我们在哪个跨境电商平台或者是由客户指定。来源于美国的FBA头程运输是国际跨境电商货物运输的重要内容。典型的头程运输就是亚马逊FBA（Fullfillment by Amazon）头程。亚马逊FBA头程就是指外贸出口商的货物从国内的工厂到达国外目的地，比如亚马逊仓库的一个完整的运转流程。在这个流程当中，亚马逊通过FBA头程运输为我们的外贸出口提供清关预付关税等各种服务。我们可以这样来理解：外贸出口的后继服务都由头程运输服务来提供，我们只需要把生产好的成品放到国内的码头就可以，接下来的所有手续都只需要交给FBA头程服务来承办就好。

2. 头程运输的过程

头程运输过程如图7-12所示。

发货　分拣、打包　清关　装机、运输　检查、通关　派送入仓

图7-12　头程运输过程

按照流程顺序，主要经历六步：

（1）外贸出口商发货到国内仓。

（2）专业人员在仓内根据跨境订单进行分拣、打包、填信息单。

（3）之后打包好的货物被送至海关清关。

（4）装机并跨境运输至目的地国家。

（5）到达目的地国家机场后，货物被检查，处理申报，并通关。

（6）根据订单，这些货物被送进当地仓。

3. 头程运输的方式

头程运输的方式主要有以下几种：

（1）中国邮政小包。

邮政小包属于邮政航空小包的范畴，是一项经济实惠的国际快件服务项目。归属邮政小包业务的有中国邮政小包、国际E邮宝、香港邮政小包、新加坡邮政小包等。

（2）FBA空加派头程。

亚马逊卖家可以选择靠谱的物流服务商通过空运的方式将货物运输至目的国家，再利用快递将货物送至FBA仓库，物流周期大约为1周。在淡季，成本会便宜，时效也能被接受，算是不错的选择。

（3）FBA海运头程。

这种运输方式的性价比相对较高，通过海运实现跨境运输，周期大约30日，对时效性不强的商品适用。海运可以和卡车、快递、卡车自提、快递自提这4种方式配合运输。FBA海运头程虽然价格实惠，但是因为周期长，回款压力会比较大。

（4）国际直发快递。

这种发货方式适用于时效性要求高的货物，主要的国际快递有UPS、DHL、FEDEX和TNT，周期小于一周。而且快递都是免预约入库的，这也是时效性强的原因之一。

（5）FBA海外仓发货。

通过亚马逊FBA头程，可以提前把货放在海外仓，除了亚马逊跨境电商平台，也可以在其他平台售卖商品，并直接从海外仓发货。

这些头程运输的方式各有价格、时效、清关通关多方面的差异，需要根据具体的商品特性来仔细选择。

（二）头程物流成本分析

一个分销公司，涉及的头程物流的成本主要分为以下三项：

1. 采购成本

采购成本主要包括产品成本，少量运费，耗材成本（纸箱、胶带、标签、Logo 等）。

2. 运输成本

运输成本主要包括佣金、头程运输费用、退货、收款工具费率等，其中佣金一般是销售价格的8% ~ 15%。

3. 办公成本和其他附加成本

办公成本和其他附加成本是指办公室租金、人员的工资、资金利息等。

其中，采购成本和办公成本较为固定，所以从成本优化的角度，运输成本成了可以压缩成本空间的最好选择。

1. 分析内容

跨境运输主要有三种：航空直发、空运、海运，价格依次从高到低，时效依次从低到高。如果用户愿意牺牲时效，而使用较便宜的运输方式，那么可以通过海运来进行运输。我们假设三种方式的成本分别是 20 元/千克、9 元/千克、4 元/千克。时效分别是 3 天、7 天、1 个月。用户的需求是 20 万单，其中 5% 的用户要求 72 小时收货，30% 的用户要求 7 天收货，其余的用户可以等待 1 个月收货。

2. 分析方法

找到合适的运输渠道组合非常方便。我们可以整理成如表 7-7 所示的表格。

表 7-7　运输渠道组合成本

渠道	单量/万	成本/元	总运输金额/万元
航空直发	20×0.05 = 1	20	20×1 = 20
空运	20×0.3 = 6	9	6×9 = 54
海运	20-1-6 = 13	4	13×4 = 52
总计			20+54+52 = 126

（三）头程物流效率分析

在实际国际头程物流运输中，影响货物物流时效的因素诸多，其中主要的原因有以下几种：

（1）物品的问题。

物品的问题包括违禁品、假冒品牌、仿牌品和敏感物品等。这类物品海关的查验概率相对较高，在清关时一般都会延误，严重的会将货物扣货或者直接退回，从而影响货物的物流时效。

（2）物流渠道的影响。

不同头程物流渠道，有不同的运输工具和运输路线，有不同费用和时效标准。头程快递直发，时效最快，但运费也比较贵。头程空运，时效居中，费用居中。头程海运，时效缓慢，费用低廉。

（3）清关文件不完善。

如果卖家提供的清关文件不完善，会导致货物在目的国清关时，无法顺利清关，从而影响货物的物流时效。不少卖家为了少交税，会报低申报货值，被海关扣货，也会影响物流时效。

（4）目的国海关的问题。

如果你的货物不幸被抽中重新检查，那么这批货物的物流时效会受到影响。另外，如果海关工作人员认为你的货物申报价值与实际价值不符，则需要收件人前去清关。这个时候，我们需要提供相关证明文件，证明申报价值的合理性。

（5）其他因素。

比如碰到自然灾害，目的地罢工问题和旺季排仓等。

1. 分析内容

作为一个跨境电商平台，我们收集了上一年 12 个月因为渠道、清关文件、海关的原因而导致的小包裹物流超时情况，帮助我们判断不同品类在不同月份可能产生的时效延迟的主要原因。这些数据如表 7-8 所示。

表 7-8　跨境品类和超时原因

品类	月份	渠道超时/件	清关文件超时/件	海关超时/件
母婴	1	351	863	826
母婴	2	995	632	911
母婴	3	224	433	912
母婴	4	448	489	474
母婴	5	458	157	319
母婴	6	433	151	581
母婴	7	839	247	490
母婴	8	762	100	918
母婴	9	108	337	928
母婴	10	847	738	760
母婴	11	547	748	439
母婴	12	334	568	789
男女装	1	127	638	548
男女装	2	366	450	612
男女装	3	650	168	688
男女装	4	947	860	707
男女装	5	138	855	103
男女装	6	340	616	984
男女装	7	531	120	514
男女装	8	686	771	839
男女装	9	491	718	898
男女装	10	428	108	148
男女装	11	408	871	605
男女装	12	226	952	115

续表

品类	月份	渠道超时/件	清关文件超时/件	海关超时/件
食品	1	745	305	894
食品	2	234	791	421
食品	3	452	550	626
食品	4	781	833	182
食品	5	536	437	706
食品	6	791	139	733
食品	7	235	501	276
食品	8	389	818	575
食品	9	607	383	285
食品	10	882	410	219
食品	11	703	119	480
食品	12	385	400	744

2. 分析方法

表7-8所示为品类、月份和超时原因对应的超时包裹。为了能够更准确地发现洞察，我们往往会通过"下钻"的手法。简单来说，下钻的含义是通过一个重要维度发现某个维度值的异常数据，然后在这个维度值上，使用另外一个维度进行分析。所以我们首先选择月份作为维度，得到的数值如表7-9所示。

表7-9　每月超时件数

月份	渠道超时/件	清关文件超时/件	海关超时/件
1	1 223	1 806	2 268
2	1 595	1 873	1 944
3	1 326	1 151	2 226
4	2 176	2 182	1 363
5	1 132	1 449	1 128
6	1 564	906	2 298
7	1 605	868	1 280
8	1 837	1 689	2 332
9	1 206	1 438	2 111
10	2 157	1 256	1 127
11	1 658	1 738	1 524
12	945	1 920	1 648

我们把数据可视化，得到的百分比柱形图，如图 7-13 所示。

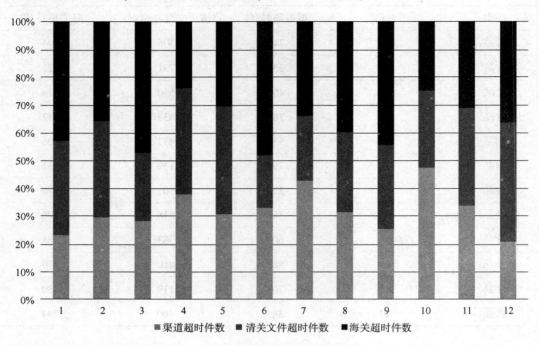

图 7-13　百分比柱形图

从这个图 7-13 可以看出来，10 月份有着占比最多的渠道原因超时包裹，而在 3 月份，海关原因的超时包裹最多。我们挑选 10 月份看一下渠道原因超时包裹的频率分布，初步对数据做筛选后用饼图展现，结果如图 7-14 所示。

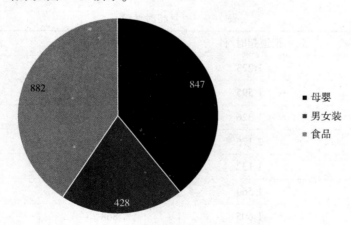

图 7-14　品类分布饼图

在这个简单的例子里面，我们可以看到 10 月份里面，母婴和食品两个品类碰到了大多数的渠道原因的超时。因为所谓渠道无非是选用了快递直发、空运、海运等，所以对于跨境电商平台而言，可以去进一步探索为什么在 10 月份母婴和食品会碰到更多的超时问题。我们在这里，没有把 10 月份和其他月份做数量的对比，也没有计算自身超时包裹和总包裹的占比。实际的场景会复杂得多。

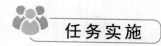

任务实施

按品类超时订单分布

平台-按品类超时订单分布

1. 初步整理数据

表 7-8 所示的数据是用于分析的基础表或者叫宽表数据。为了找到关键月份，需要新建透视表。首先把表格的数据拷贝在 Excel 电子表格。选中 Excel 电子表格的数据，然后单击菜单→"插入"→"数据透视表"，如图 7-15 所示。

在生成的空白透视表上，切换到"数据透视表字段"。把"月份"拉到"行"区域，把"渠道超时""清关文件超时""海关超时"拉到"值"区域，如图 7-16 所示。

图 7-15 数据透视表

图 7-16 透视表配置

2. 对透视表进行可视化

选中透视表数据（除了总和行），选择菜单的"插入"→"百分比堆积柱形图"，如图 7-17 所示。

默认的结果如图 7-18 所示。

3. 整理数据用于下钻

在原来透视图的基础上，增加月份作为过滤条件，选"10"；把品类拉到"行"区域；同时只在"值"区域保留"渠道超时"的求和项，如图 7-19 所示。

4. 可视化

选中调整后透视图的两列数据，然后在菜单中，选中"插入"→"饼图"，如图 7-20 所示。

得到的默认结果如图 7-21 所示。

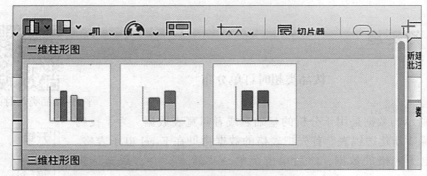

图 7-17　插入百分比堆积柱形图

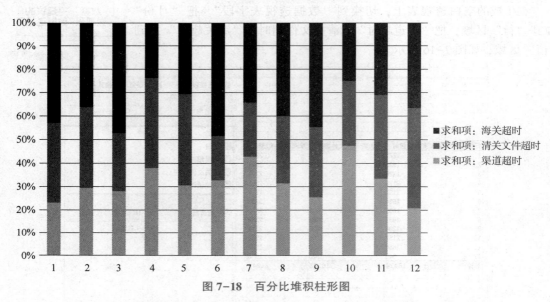

图 7-18　百分比堆积柱形图

图 7-19　透视图调整结果

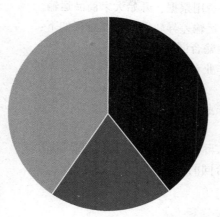

汇总

■ 母婴
■ 男女装
■ 食品

图 7-20　插入饼图　　　　　图 7-21　饼图结果

微课-B2B 物流分析

任务 7-3　B2B 物流分析

知识准备

　　企业与企业间的采购配送也需要物流的支持。这种物流配送统一被称为 B2B 物流。和大家平时能够接触到的配送不同，B2B 物流物品体量大，金额高，往往需要通过干线运输，通过空运、海运或铁路线路的方式来执行。

（一）B2B 运输方式

1. B2B 运输的含义

　　B2B 就是大家常说的 Business to Business，它主要是大宗商品直接的物流配送，面向 B 端企业。涉及商品一般是能源、基础原材料、农副产品或者企业大宗采购的商品，需求量大。这些商品的运输主要依托铁路运输、水路运输，并通过陆运接驳实现"最后一公里"的短途配送，运输周期较长。

2. B2B 运输的方式

　　B2B 运输离不开铁路、公路、海运甚至空运。从成本、运输便利性的角度出发，铁路和海运相对更为普遍。铁路运输主要通过下面的过程：

（1）申报计划。

按照月度或计划外安排，向铁路局申报。

（2）上货。

计划批准后，向车站提出落货要求，申请车厢货位。

（3）请车。

在上货完毕后，按之前批准的计划申请表，填写请车单，结清铁路运费。

（4）分承运车。

铁路局货运处在接到请车单后，按照情况分发承运车。

（5）装车。

空车皮送到装车地点后，把货物或大宗商品装车。

（6）启运。

装车完毕后，出具铁路费用票据，开始大宗商品运输。

水路的运输过程和铁路运输差异较大，主要过程如下：

（1）与船运公司签订运输合同。

（2）在港口办理港口作业合同。

（3）填写水路运单。

（4）在港口预交港口作业费用。

（5）等待装船。

（6）装船完毕后，按实际吨数结算港口费用和海运费。

（7）取回运单和港口合同的存查联。

（8）启运。

（二）B2B 物流成本分析

大宗商品的运费计算因为涉及铁路运、公路运、海路运和航空运，每种方式的计费计算方式各不同，一般物流平台也不会定制运费模板，只是在成本中记录物流费用。下面仅介绍最为复杂的铁路运的计算方法：

按照"货物运价里程表"计算出发站至到站的运价里程。

根据货物运单上填写的货物名称查找"铁路货物运输品名分类与代码表""铁路货物运输品名检查表"，确定适用的运价号，如表 7-10 所示。

表 7-10　铁路货物运输品名分类与代码表示例

代码			货物品类	运价号	
				整车	零担
1			煤		
1	1	0	原煤	4	21
1	2	0	洗精煤	4	21
1	3	0	块煤	4	21
1	4	0	洗选煤	4	21
1	5	0	水煤浆	4	21
1	6	0	其他煤	4	21

整车、零担货物按运价号查出适用的运价率（即发到基价和运行基价），如表 7-11 所示。

表 7-11　发到基价和运行基价示例

办理类别	运价号	基价 1	标准	基价 2	标准
		单位		单位	
整车	1	元/吨	6.4	元/（吨·公里）	0.037
	2	元/吨	7	元/（吨·公里）	0.044 4
	3	元/吨	8.7	元/（吨·公里）	0.049 8

续表

办理类别	运价号	基价 1		标准	基价 2		标准
		单位			单位		
整车	4	元/吨		10.8	元/(吨·公里)		0.055 3
	5	元/吨		1.7	元/(吨·公里)		0.063
	6	元/吨		17.1	元/(吨·公里)		0.086 9
	7				元/(吨·公里)		0.287 6
	机械冷藏车	元/吨		12.9	元/(吨·公里)		0.087 5
零担	21	元/10 千克		0.126	元/10（千克·公里）		0.000 62

整车货物每吨运价＝发到基价（基价 1）+运行基价（基价 2）×运价里程

运费＝货物每吨运价×计费重量（箱数或轴数）+杂费（电化费、建设基金）

以上就是运费计算的方法，在本小节，我们以配送到超市为例，看一下 B2B 成本的一些分析方法。在不考虑线路规划优化的前提下，B2B 物流成本的分析主要有指标对比法和因素分析法。指标对比法提到过很多次了，只有绝对的数字无法解释状况的好坏，一般都需要比对三个数字：绝对数、增减绝对数、增减百分比。一个具体的例子如表 7-12 所示。

表 7-12 指标对比法

项目	2019 年物流成本	2020 年物流成本	比较结果
绝对数	120 万元	145 万元	
增减绝对数			+25 万元
增减百分比			+20.8%

这几个指标都不能独立来看，同时也有着自己的含义。绝对数能够直观给一个定性的判断，如果常识告诉我们其他公司的成本体量上只有几十万元，那么超过百万元就是一个值得警惕的信号；增减百分比的大小代表了变化的大小，但是如果基数小，再大的变化也许只是因为某个小意外，比如多排了一辆车或者多运了一趟货。接下来，我们来看一下因素分析法。

1. 分析内容

有的时候，成本的变动是受到多个因素影响的，光是指标对比法没法揭示各个因素对指标变化的贡献和幅度。而因素分析法依据分析指标和其影响因素之间的关系，按照一定的方法来确定各因素对分析指标的影响程度。在分析某一个因素的同时，需要假定其他因素保持不变。因素分析法的前提是了解各个因素和指标之间的关系。某个配送物流公司是这样定义它的物流成本的：总物流成本＝配送货物量×配送距离×配送单位成本。现在物流公司发现它在 2018 年和 2019 年的物流总成本和相关因素表格，如表 7-13 所示。

表 7-13 物流总成本和相关因素

项目	第一周	第二周
配送货物量/吨	160	200
配送总里程/公里	100	95
运输单位成本/（吨·公里$^{-1}$）	1.5	1.6
总成本/元	24 000	30 400

2. 分析方法

想要计算每个因素变化带来的影响，需要假定在其他因素不变的情况下，因为这个因素变化而带来的变化。我们已经知道了总物流成本指标是由三个因素带来的，首先改变第一个因素，控制其他因素不变：

第一次变动后新的成本为 $N_1 = 200 \times 100 \times 1.5 = 30\,000$。

第一次变动带来的成本变化为 $C_1 = N_1 - N = 30\,000 - 24\,000 = 6\,000$。

第二次变动后新的成本为 $N_2 = 200 \times 95 \times 1.5 = 28\,500$。

第二次变动带来的成本变化为 $C_2 = 28\,500 - 30\,000 = -1\,500$。

第三次变动后新的成本为 $N_3 = 200 \times 95 \times 1.6 = 30\,400$。

第三次变动带来的成本变化为 $C_3 = 30\,400 - 28\,500 = 1\,900$。

总的成本变化为 $6\,000 + (-1\,500) + 1\,900 = 6\,400$。

我们的影响因素变化是顺序变化的，同时后继的因素代入计算时，前面的因素为新的数值。那么我们来看一下每个因素的影响幅度：

配送货物量变化的影响幅度为 $6\,000 / 6\,400 = 93.75\%$。

配送总里程变化的影响幅度为 $-1\,500 / 6\,400 = -23.44\%$。

运输单位成本变化的影响幅度为 $1\,900 / 6\,400 = 29.69\%$。

知识拓展

B2B 电子商务的物流

我们都知道 B2B 电子商务的特点，是商家与商家，企业与企业的交易。电子商务 B2C 的发展，必然带动 B2B 电子商务的发展。那么 B2B 电子商务中物流模式有哪些呢？下面可以举一些例子。

第一，网站自建配送的物流模式。这是比较常见的一种模式，包括国内某些大型电子商务网站都建立起了自己的物流体系。

第二，借助第三方物流企业的模式。实现电子商务的企业或商家从网站或虚拟网站上获得消费者的购物清单和家庭地址等信息，消费者收到快递的取货通知，到所在地邮局将商品取回，或由快递员直接将商品送到顾客家中，只不过这里的顾客换成了企业。

第三，网站与传统商业结合的模式。传统商业特别是连锁经营商业具有得天独厚的资源优势、丰富合理的商品种类、高附加值的服务、高效的配送体系等，这些正是电子商务主体所欠缺的。电子商务与传统连锁经营的结合能够充分发挥二者的优势，实现资源共享、优势互补。这种方式能够通过就近调货来实现物流高效运转。

（三）B2B 物流效率分析

物流的效率主要讨论的是经济性、时效性和客户服务水平的最佳平衡实践。在供应链物流，特别是 B2B 物流中，避免未装满（Less Than Truck Load，LTL）的货车进行配送是比较通用的方法。具体的实践主要有以下三种：

1. 商品整合和多点停留

这里指的是把多批商品合在一起装满运输卡车，同一辆车在多个目的地停留。假如商品 1 有 5 吨，商品 2 有 10 吨，运输目的地 A 公司与 B 公司距离较近，那么通过对运输价格的分析，我们可以采取整合两辆货车的货品，使得新的货车能够装满 15 吨的货品，再通过到达目的地公司的多点停留策略，使得商品的平均运输价格下降。这个过程如图 7-22 所示。

2. 灵活利用统筹点

统筹点就是将各个供应商的货品放在一起加以整合或是分散的运输网点。在统筹点，通过

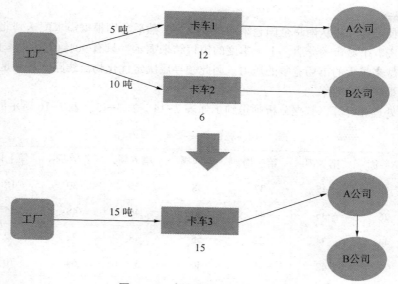

图 7-22 商品整合和多点停留

对商品的整合与规划，可以大大提高商品的运输效率，用于集合不同供应商的商品，或者分散供应商的商品来匹配车辆运力，来使得线路达到 FTL（Full Truck Load）的目的。统筹点的选址是非常重要的，我们应当通过对不同供应商流量的分析，选择一个总体运输费用较低的统筹点。整个过程如图 7-23 所示。

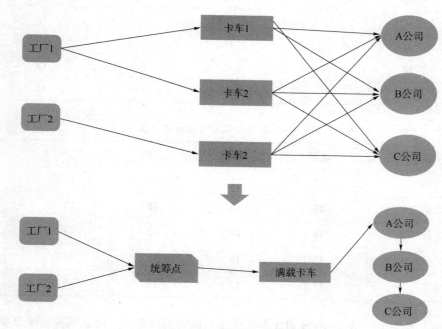

图 7-23 灵活利用统筹点

3. 越库

越库是指货物从收货过程直接"流动"到出货过程，穿过仓库，其间用最少的搬运和存储作业，减少了收货到发货的时间，降低了仓库占用；同时也降低了货物的保管成本。

我们抛开 Full Truck Load 的概念，来看一个 B2B 物流分析和优化的例子。

1. 分析内容

某全国性便利连锁店从南京全国仓采购某件商品，然后分别根据需求配送到北京、成都、上海、广州、重庆五个城市的分店。上个季度的销售结果显示：只有90%的用户需求得到了满足；同时，也面临越来越大的市场竞争的压力。因此领导层决定优化物流线路，从满足用户需求和成本两个角度，提高物流效率。

通过数据处理和计算，数据分析师得到了如表7-14、表7-15、表7-16所示的三批数据。

表7-14　城市每周需求（百万件）

城市	第一周	第二周	第三周	第四周	第五周	第六周	第七周	第八周
成都	33	45	37	38	55	30	18	58
北京	26	35	41	40	46	48	55	30
上海	44	34	22	55	48	72	62	28
广州	27	42	35	40	51	64	70	65
重庆	32	43	54	40	46	74	40	35

表7-15　城市出入库物流人工成本（元）

仓库所在城市	单位入库成本	单位出库成本
成都	12	13
北京	11.5	13
上海	11	13
广州	9	13
重庆	7	13

表7-16　城市间单位物流成本（元）

出发城市/到达城市	成都	北京	上海	广州	重庆
成都	13	14	14	15	17
北京	14	13	18	15	17
上海	14	18	13	15	16
广州	15	15	15	13	18
重庆	17	17	16	18	13

表7-14、表7-15、表7-16分别代表了过去八周的用户需求、南京到对应城市单位商品入仓成本以及同城运送到配送站的成本、不同城市间到配送站的运输成本。数据分析师需要给出一个物流策略，同时比较在成本方面的变化。当前物流配送线路如图7-24所示。

2. 分析方法

当前只有90%的用户需求被满足，管理层决定以满足用户需求为优先任务，在现有需求上，增加10%的供应。根据现有城市过去八周的需求以及单位成本，数据分析师得到以下数据，如表7-17所示。

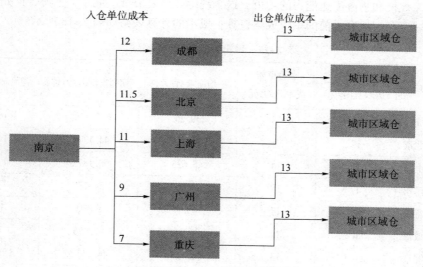

图 7-24 当前物流配送线路

表 7-17 城市的成本和需求

城市	单位入库成本/元	单位出库成本/元	平均需求/百万件	期望需求/百万件	物流总成本/百万元
成都	12	13	39.25	43.175	1 079.375
北京	11.5	13	40.125	44.137 5	1 081.368 75
上海	11	13	45.625	50.187 5	1 204.5
广州	9	13	49.25	54.175	1 191.85
重庆	7	13	45.5	50.05	1 001

在当前策略下，物流的总成本为五个城市的物流总成本之和：5 558 百万元。对于管理层而言，根据计算公式，随着需求和销量的提升，物流成本是一个线性的增长。如果没有规模效应，这种物流线路策略不可持续。那么，灵活利用统筹点的想法，把需要配送的商品集中配送到某一个统筹点，然后通过这个城市的统筹点仓配送到其他城市的配送站，能不能够产生规模效应，降低成本？最优化路径方案如图 7-25 所示。

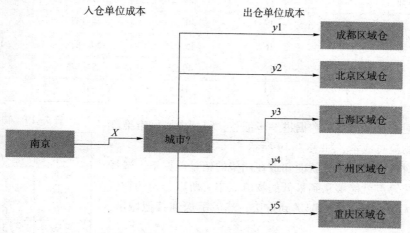

图 7-25 最优化路径方案

由于仓库规模和物流配送能力的约束，这个统筹点将是成都、北京、上海、广州、重庆其中一个的当前城市仓，根据之前的单位成本核算，成本的计算表格如表 7-18 所示。

表 7-18　城市间配送成本和需求

中心城市	城市	单位入库成本/百万元	单位出库成本/百万元	平均需求/百万件	期望需求/百万件	物流总成本/百万元
成都	成都	12	13	39.25	43.175	1 079.375
成都	北京	12	14	40.125	44.137 5	1 147.575
成都	上海	12	14	45.625	50.187 5	1 304.875
成都	广州	12	15	49.25	54.175	1 462.725
成都	重庆	12	17	45.5	50.05	1 451.45
北京	成都	11.5	14	39.25	43.175	1 100.962 5
北京	北京	11.5	13	40.125	44.137 5	1 081.368 75
北京	上海	11.5	18	45.625	50.187 5	1 480.531 25
北京	广州	11.5	15	49.25	54.175	1 435.637 5
北京	重庆	11.5	17	45.5	50.05	1 426.425
上海	成都	11	14	39.25	43.175	1 079.375
上海	北京	11	18	40.125	44.137 5	1 279.987 5
上海	上海	11	13	45.625	50.187 5	1 204.5
上海	广州	11	15	49.25	54.175	1 408.55
上海	重庆	11	16	45.5	50.05	1 351.35
广州	成都	9	15	39.25	43.175	1 036.2
广州	北京	9	15	40.125	44.137 5	1 059.3
广州	上海	9	15	45.625	50.187 5	1 204.5
广州	广州	9	13	49.25	54.175	1 191.85
广州	重庆	9	18	45.5	50.05	1 351.35
重庆	成都	7	17	39.25	43.175	1 036.2
重庆	北京	7	17	40.125	44.137 5	1 059.3
重庆	上海	7	16	45.625	50.187 5	1 154.312 5
重庆	广州	7	18	49.25	54.175	1 354.375
重庆	重庆	7	13	45.5	50.05	1 001

为了方便选择城市，对数据进一步汇总，得到中心城市维度的总体期望物流总成本，如表 7-19 所示。

不需要对数据可视化，就能知道在期望的销量前提下，选择重庆仓作为统筹点就能够拿到最低的物流成本。所以公司的物流路径策略最优化是成品统一配送到重庆，然后配送到其他城市，如图 7-26 所示。

表 7-19　物流总成本

城市	物流总成本/百万元
北京	6 524.925
成都	6 446
广州	5 843.2
上海	6 323.762 5
重庆	5 605.187 5

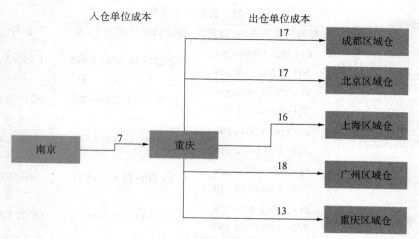

图 7-26 最优化配送路径

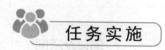

Excel-因素分析法   平台-因素分析法

因素分析法

1. 背景介绍

某公司有华南和华北两个分公司,2019 年的
业务成绩在 2018 年的基础上有一定的增长,为了搞清楚主要的增长推手,需要使用因素分析法
进行分析。

2. 数据汇总

该公司的业绩公式为用户数×用户金额-运营费用。数据汇总结果如表 7-20 所示。

表 7-20 数据汇总结果

项目	2018 年	2019 年
华南区		
用户数/万户	34	41
用户金额	285	278
运营费用/万元	4 650	3 971
总计/万元	5 040	7 427
华北区		
用户数/万户	29	32
用户金额	301	322
运营费用/万元	3 540	3 680
总计/万元	5 189	6 624
总计/万元	10 229	14 051

3. 因素计算

由于有了区域,总体的可控变量为 6 个,计算结果如表 7-21 所示。

表 7-21　变动后汇总表

项目	变动因素	变动后新销售额/万元	变动后销售额变化/万元	销售额变动占比
第一次变动	华南区用户数	41×285-4 650+29× 301-3 540=12 224	12 224-10 229=1 995	1 995/3 822=52.2%
第二次变动	华南区用户金额	41×278-4 650+29× 301-3 540=11 937	11 937-12 224=-287	-287/3 822=-7.5%
第三次变动	华南区运营费用	41×278-3 971+29× 301-3 540=12 616	12 616-11 937=679	679/3 822=17.8%
第四次变动	华北区用户数	41×278-3 971+32× 301-3 540=13 519	13 519-12 616=903	903/3 822=23.6%
第五次变动	华北区用户金额	41×278-3 971+32× 322-3 540=14 191	14 191-13 519=672	672/3 822=17.6%
第六次变动	华北区运营费用	41×278-3 971+32× 322-3 680=14 051	14 051-14 191=-140	-140/3 822=-3.7%
总变动			3 822	

根据分析结果，华南区用户数的变化是业绩增长的最大推手。

任务 7-4　B2C 物流分析

微课-B2C 物流分析

知识准备

　　对个人消费者而言，无论是线上还是线下购物，如果需要快递配送，这些物流就会以 B2C 的方式来实现。和 B2B 不一样的地方在于，B2C 从个人的角度来说，时效是最重要的考量因素。从公司角度来说，B2C 物流因为数量巨大，成本会对企业利润产生巨大的影响。从消费者角度来说，物流的时效、运费都极大影响了消费者对平台的体验。

（一）B2C 运输方式

1. B2C 运输的含义

　　B2C 的运输，是为了完成 B2C 的销售履约而需要的一种针对个人的运输。从商品的角度来看，它是企业或者品牌主通过物流快递上门送货的一种方式。B2C 的运输，和 B2B 的运输相比，主要差异在"最后一公里"，也是传统零售行业品牌到商场、品牌到店铺等的后继延伸。B2C 物流的快速发展，离不开两个必要条件：线上购物的兴起和对私物流的发展。

　　在线上购物兴起之前，零售以消费者线下购物为主。只有线上购物蓬勃发展，从购买到送货过程中，才需要物流的参与。行业的痛点，转变成了在物流过程中，如何降低成本、如何提高时效、如何减少丢包和快递件破损等问题。以四通一达为代表的中国对私物流企业，为了满足市场需求，提高竞争能力，投入了大量人力、物力、财力在仓储建设、物流干支线规划等方面，极大提高了中国广大消费者购物体验。另外，线下零售业态也在积极学习线上零售，提供了到家配送等服务。完整的 B2C 运输主要由干线、支线、终端配送组成，物流配送示例如图 7-27 所示。

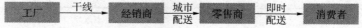

图 7-27　物流配送

2．B2C 运输的方式

B2C 的运输，由于商品特性、快递配送标准、用户要求等多样性，有着比 B2B 运输更高的复杂性。

从运力的来源和构成来看，有以下几种：

（1）3PL（Third Party Logistics），比如百世、中通等。

（2）物流企业，比如京东物流。

（3）车队运力，比如大众出租公司的卡车对公服务。

（4）社会运力，比如共享平台的货拉拉等。

从运输方式来看，有以下几种：

（1）公路、水路、铁路、空运等；

（2）整车、零担等；

（3）干线、城配等；

（4）常温、冷链等。

目前，随着技术的发展和应用场景的丰富，通过无人机送货已经在国内的有限区域进行了尝试。

行业动态

在部分山区，地面交通不便，运输成本极高，并且还会受到自然气候的严重影响。尤其是北方，一旦进入冬季，风雪天气成为常态，这些都成了"快递进村"的严重阻碍。为解决山区、农村配送难问题，积极探索通过无人机配送的可行性，中通快递在安康旬阳县开展创办了快递行业首个无人机飞行、无人机物流配送的测试飞行示范基地。2020 年 6 月，中通快递在安康旬阳县进行了测试飞行。配送生日礼物的无人机从旬阳县起飞，飞往 35 公里以外的棕溪镇，两地之间的陆上交通距离为 55 公里，由于山区路况较差，开车需要大约 80 分钟。而正常天气情况，无人机配送只需 40 分钟。无人机从旬阳县中通网点起飞，按照预设线路自动飞行，到达棕溪镇的降落点后自动降落，工作人员将快递取出，交给收件人。

中通通过油电混合无人机技术改造，已经解决了无人机续航问题，并可有效防风防雨，解决了山村"最后一公里"配送难题。中通无人机采用油电混合动力，最大载重 5 千克，可在中雨以及六级风以下条件飞行，续航时间 80 分钟，采用机器学习、人工智能、物联网技术、4G 无线通信链路（后续可升级为 5G），结合云平台系统实现远程监管和控制，全程根据预设线路实现自动飞行，可以确保飞行安全。

目前，中通正在研发更大载重的油电混合无人机，预计载重 10~15 千克，续航 100 分钟。无人机云平台系统正在不断更新完善，可以对多架无人机实现规模化的在线管理。

（二）B2C 物流成本分析

消费者很容易感受到 B2C 物流的成本。以电商平台为例，客户在下单的时候，往往会看到付款金额明细里有一项快递费用，如图 7-28 所示。

很多电商平台往往会在快递费用上做文章，去提升客户的订单金额，比如满 188 元免运费这样的优惠措施。作为零售商，它考虑如何最大减免总体物流费用，作为消费者，则会考虑如何最大程度降低订单金额。在上一节，我们讨论了如何去优化 B2B 总体成本，比如选择最佳配送点，

图 7-28　快递费用示例

避免车辆的未满载行驶等。所以在本节，我们来看一下能不能帮助一个零售公司在保持销售收入的同时，也能让用户感受到物流成本的降低。

1. 分析内容

某零售公司主打折扣低价商品，为了更好地服务顾客，提供了收费 6 元的市内送货服务。在最近的一次内部复盘中，业务同事纷纷反馈消费者复购次数增长缓慢，希望数据分析部门能够解决其中的问题。从业务的角度来讲，需要到达的目标即是提高复购次数。经过了消费者的线下和线上调研，消费者普遍反映送货服务费用偏高，购买次数多之后送货费用的开销过高。经过销售数据的统计，该公司在某区域的店铺和送货服务相关的购买数据如表 7-22 所示。

表 7-22　客户购买数据

用户	购买次数/次	平均订单金额/元
用户 1	2	105
用户 2	8	182
用户 3	11	78
用户 4	10	190
用户 5	10	134
用户 6	18	110
用户 7	1	87
用户 8	4	184
用户 9	5	54
用户 10	8	158
用户 11	20	140
用户 12	3	135
用户 13	11	178
用户 14	11	181
用户 15	5	171
用户 16	15	137
用户 17	7	165
用户 18	0	178
用户 19	15	66

用户	购买次数/次	平均订单金额/元
用户 20	15	184
用户 21	5	96
用户 22	17	125
用户 23	2	139
用户 24	19	53
用户 25	4	148
用户 26	15	51
用户 27	3	155
用户 28	5	159
用户 29	1	122
用户 30	2	185

2. 分析方法

促进销售的方法主要有两种：提高订单金额和提高订单数量。提高订单金额的一种方法在于让消费者感受到订单金额提升能够给他带来的回报。免费送货是其中的一种方法。那么多少订单金额可以在不影响公司总体利润的情况下，提供免费的送货服务呢？所谓免费的送货服务，其实就是由零售商来承担快递费用。一些相关信息如表 7-23 所示。

表 7-23 送货相关信息

指标	数值
平均商品利润率	20%
快递费用/次	6
公司利润目标	16%

我们假定订单的平均金额是 X，那么满足公司利润目标的公式为 $X \times 16\% = X \times 20\% - 6$，解出来的 X 为 150 元。这意味着，如果消费者的每个订单金额超过 150 元，公司可以承担快递的费用，同时满足公司利润目标。但是，这种做法还是把商品的平均利润从 20% 拉低到了 16%，所以更好的方法是提高复购次数。我们来看一下表 7-22 的数据，在 30 个用户中，不同的购买次数如表 7-24 所示。

表 7-24 购买次数和对应用户数量

购买次数/次	对应用户数量/户
0	1
1	2
2	3
3	2
4	2
5	4
7	1
8	2
10	2

续表

购买次数/次	对应用户数量/户
11	3
15	4
17	1
18	1
19	1
20	1

行业的二八原则可以用来参考。这里的二八原则指的是我们能不能找到一个购买次数，使 80% 的用户的购买次数都少于这个次数。如果这 80% 的用户都能够增加购买次数，就能够大大促进销售状况。我们对表 7-24 的数据使用累计用户占比可视化之后，结果如图 7-29 所示。

累计用户占比

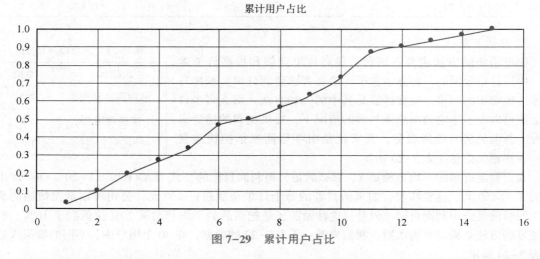

图 7-29　累计用户占比

我们可以看到，80%（纵轴）的用户购买次数是小于 10 次的。我们怎样把这些用户的购买次数提高呢？想法是这样的，假设一个消费者一共复购了 10 次，他的总体付出的送货费用是 60 元。那么如果我们在打造会员体系的过程中，提供 60 元全年包送货费的福利包，是可以期望提高大家的复购次数的。当然，实际情况会复杂得多。因为 80% 用户里的大多数人并没有购买满 10 次的期望需求，所以这个福利包是不大可能被售出的。那么从 80% 的用户购买次数大于 3 次的角度出发，提供 18 元的全年包送货费怎样呢？对公司来说，可能利润损失的比较严重。一般的做法是预估今年的人均购物次数，然后基于这个人均购物次数去提供全年的免费送货福利包。

（三）B2C 物流效率分析

B2C 的物流效率从消费者体验的角度出发，主要就是时效问题。消费者往往通过购买下单到到家签收的时间间隔，去判断一个物流公司的效率好坏。而从零售商或者电商平台的角度来看，消费者对于时效的感觉好坏往往是决定要不要继续从零售商或者电商平台购买商品的重要考量之一。所以，时效性越好的物流公司更容易成为零售商或者电商平台的合作物流方。某个物流公司针对某特定区域实现了一个十周改进计划，这个区域的物流时效和对比区域的物流时效的数据如表 7-25 所示。

表 7-25　对比区域和改进区域的时效对比

周数	对比区域/天	改进区域/天
第一周	9	7
第二周	5	2
第三周	7	4
第四周	4	2
第五周	9	8
第六周	6	3
第七周	5	5
第八周	7	3
第九周	2	4
第十周	6	2

　　把数字表格变成如图 7-30 所示之后，似乎改进区域的整体绩效会提高很多。但是仍然有两个问题：

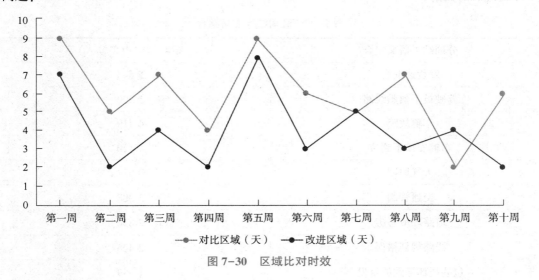

图 7-30　区域比对时效

（1）波动巨大，对用户而言意味着不确定性。

（2）第九周改进后的平均配送时间高于比对区域，严重影响用户口碑。

　　物流时效的提升是一个精细而复杂的过程，通过客户的反馈和物流一线员工的反馈，找到具体的原因，按照优先级逐步处理是常用的做法。

1. 分析内容

　　物流公司需要通过对物流时效异常的原因做出分析，找到最关键、最重要的原因，帮助总体的时效提升。分析的数据来源主要是两个方面：客户的投诉和员工的反馈。每一个产生时效问题的订单都会有相应的投诉记录和反馈日志，内容样本如表 7-26 所示。

表 7-26　物流投诉和反馈内容样本

序号	投诉内容	来源
1	快递状态始终没有更新	客户
2	物流派送错了地址，第二次上门隔了很久	客户

续表

序号	投诉内容	来源
3	物流车辆资源没有到位	配送员
4	用户地址填错，而且用户没有及时接听来电	配送员
......	......	......
100 000	突然下起暴雨，原有的路线没有办法派送	配送员

2. 分析方法

针对表 7-26 这样的文本数据，分析重点工作在于对文本数据的处理。其中最通用且易于实现的方法是文本分词。比如"快递状态始终没有更新"这句话，按照已经有的中文分词库，可以分为"快递""状态""始终""没有""更新"。每一个客户或者配送员提供的文本内容都可以按照这样的方式来处理。最后 10 万个客户中的 1 000 个人输入的内容分词后都包含有"送错""地址"，根据专家的输入或者机器语义提取等手段，我们可能得到如表 7-27 所示的对分词结果进一步处理后的数据。

表 7-27　分词结果语义组合

分词结果语义组合	频次（10 万条输入）
发货速度慢	5 643
驾驶员不熟悉线路	5 200
车辆故障	4 419
车辆安排不到位	4 120
天气原因	3 677
交通管制	3 288
道路环境恶劣	2 856
线路规划错误	2 426
包装损坏导致的重发	1 989
车辆资源不足	1 583
送错地址	1 318
缺乏培训	1 039
时效指标不合理	678
出库流程复杂	543
配送人员责任心差	321
揽收时缺货	302

常规手段是把语义处理的结果进行可视化，如图 7-31 所示。

供应链团队可以很简单地定位到产生时效问题的前几个描述，更好地安排资源去解决最重要的痛点。但是需要牢记的是，在具体解决问题的过程中，往往需要找到结构性方法。不同问题

频次（10万条输入）

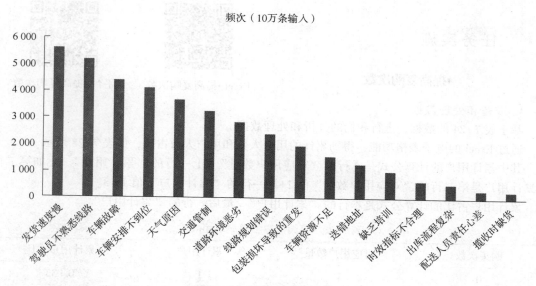

图 7-31　语义结果柱状图

的原因具有关联性和层级，定位关联性和层级能够帮助管理团队从全局来看待问题。因此，鱼骨图常常被使用，它通过画出影响因素层级之间的关系，像鱼骨一样揭示哪些是相关原因。针对上文的语义处理结果，我们得到的鱼骨结构图如图 7-32 所示。

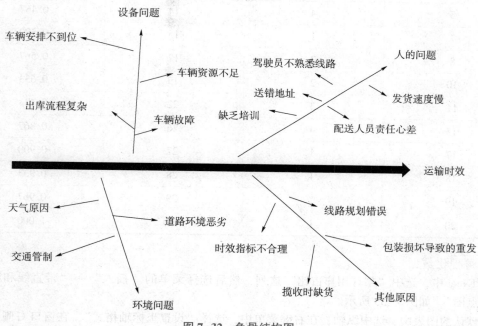

图 7-32　鱼骨结构图

从鱼骨结构图来看，可以把原因归于人的问题、设备问题、环境问题、其他原因等。所以在真正提高时效效率低过程中，从底层原因归纳到类别原因，能够帮助管理团队从运营的整体角度去思考问题。

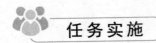

任务实施

提高复购次数

Excel-提高复购次数　　　平台-提高复购次数

1. 准备和处理数据

基于表 7-24 的数据，进行我们的分析和处理数据。

通过 Excel 的电子表格功能，得到累计的用户人数和用户人数占比，如表 7-28 所示。

其中累计用户的计算公式是本行的"对应用户数量"+上一行的"累计用户"。比如第二行的累计用户是第二行的"对应用户数量"值 2+第一行的"累计用户"值 1=3。

累计用户占比的计算公式是本行的"累计用户"/最后一行的"累计用户"。

表 7-28　复购次数和用户累计数据

购买次数	对应用户数量	累计用户	累计用户占比
0	1	1	0.033
1	2	3	0.100
2	3	6	0.200
3	2	8	0.267
4	2	10	0.333
5	4	14	0.467
7	1	15	0.500
8	2	17	0.567
10	2	19	0.633
11	3	22	0.733
15	4	26	0.867
17	1	27	0.900
18	1	28	0.933
19	1	29	0.967
20	1	30	1.000

2. 可视化数据

在 Excel 中，选中"累计用户占比"这列，然后选择菜单的"插入"→"带直线和数据标记的散点图"，如图 7-33 所示。

在默认的图表中，选中纵轴，在右键菜单中，选择"设置坐标轴格式"，在窗口右侧的菜单中，切换到"坐标轴选项"下的第四个子菜单"坐标轴选项"（如果不是默认），如图 7-34 所示。

把"坐标轴选项"的最大值设为"1.0"。

3. 提供建议和方案

在可视化图表中，根据二八原则或者平均原则去选择免费送货次数福利包。可视化图表的结果，如图 7-35 所示。

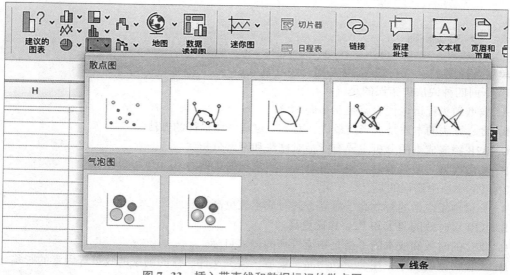

图 7-33 插入带直线和数据标记的散点图

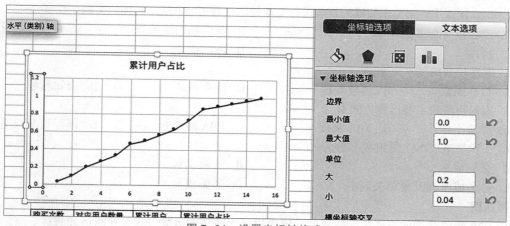

图 7-34 设置坐标轴格式

累计用户占比

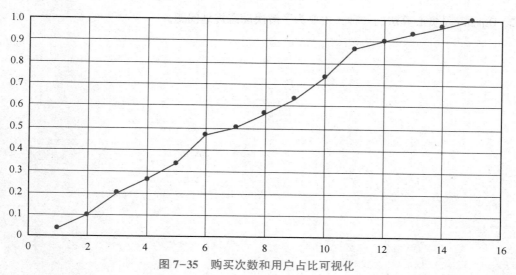

图 7-35 购买次数和用户占比可视化

学习检测

单项选择题

1. 下面四种说法中错误的是（　　　）。

A. 典型的头程运输代表就是亚马逊 FBA

B. 贪心算法的本质是求当前最优，而不一定是整体最优的做法

C. B2B 物流成本的分析主要有指标对比法和因素分析法

D. 动态规划一般是通过寻找可行域的顶点来求最优解

2. 以下说法中错误的是（　　　）。

A. 头程物流空运的时效高于海运，同时成本也更高

B. B2B 对时效的要求和 B2C 相比更高

C. B2C 的时效和成本的平衡是物流管理的追求目标

D. 头程物流的效率往往会受到物品、渠道、清关文件、目的国家的政策等因素的影响

多项选择题

1. B2B 物流中，避免未装满的货车进行配送是比较通用的方法。具体的实践主要有（　　　）。

A. 商品整合加多点停留　　　　　　　　　B. 灵活利用统筹点

C. 越库　　　　　　　　　　　　　　　　D. 波次优化

2. 线性规划的基本要素有（　　　）。

A. 目标函数　　　　　B. 模型方程　　　　　　C. 约束条件　　　　　　D. 未知参数

3. 头程物流的主要运输方式有（　　　）。

A. 邮政小包　　　　　B. FBA 头程　　　　　　C. FBA 海外仓　　　　　D. 国际直发快递

4. 头程物流成本主要组成部分为（　　　）。

A. 采购成本　　　　　　　　　　　　　　B. 运输成本

C. 办公成本和其他相关成本　　　　　　　D. 通关成本

判断题

1. B2B 物流承运的主要是大宗商品，国内用得比较多的运输方式是铁路运和海运。（　　　）

2. 头程物流相对国内 B2B 和 B2C 运输复杂的地方在于跨境物流需要遵守不同国家的法规和制度。（　　　）

3. Dijkstra 是贪心算法的一种，主要为了解决动态规划问题。（　　　）

学习单元 8 仓储管理

知识目标

1. 掌握仓储选址和布局规划的主要方法，比如因次分析法和加权因素法。

2. 掌握现代仓储物流中入库、上架、订单操作、出库等主要流程，能够设计完善的仓储业务方案。

3. 掌握订单操作的 9 大主要步骤和出库的 7 大主要步骤。

技能目标

1. 能够设计完整的仓储业务方案。

2. 能够理解入库、订单操作和出库的运作场景和步骤细节。

3. 能够分清传统大仓和电商仓的区别和相同点。

素质目标

1. 能够理解仓储管理在国内物流行业的线路规划中的重要驱动力量。

2. 能够理解国家对于保障重点行业的仓储稳定和高效提供的前瞻性建议和指导。

思政元素

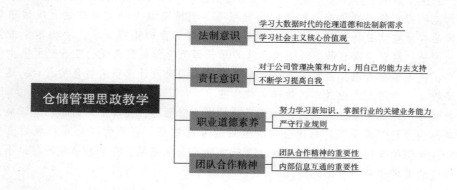

思维导图

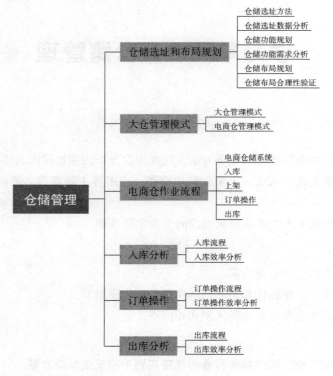

案例导入

富日物流于 2001 年 9 月正式投入运营。它拥有杭州市最大的城市快速消费品配送仓。通过引入西方先进的第三方物流经管理念，成功地开拓了以杭州为核心的周边物流市场，目前已成为杭州最大的第三方物流企业之一。富日物流的主要客户包括大型家用电器厂商、酒类生产企业、方便食品生产企业（如康师傅、统一等）和其他快速消费品厂商（金光纸业、维达纸业等）。

富日物流的商业模式就是基于配送的仓储服务。制造商或大批发商通过干线运输等方式大批量地把货品存放在富日物流的仓库里，然后根据终端店面的销售需求，用小车小批量配送到零售店或消费地。目前，富日物流公司为各客户单位每天存储的商品量达 2.5 亿元。由于仓库全都是平面仓，故大部分采用托盘和叉车进行库内搬运。同时设计了很有特色的月台，适合于大型货柜车、平板车、小型厢式配送车的快速装卸作业。

在业务和客户源蒸蒸日上的同时，如何迅速扩充仓储面积，提高配送订单的处理能力，进一步提高区域影响力已经成了富日物流公司决策层的考虑重点。富日物流为客户规划出多种增值服务，期盼从典型的仓储型配送中心开始向第三方物流企业发展。在信息系统的帮助下，期望能够使富日物流的管理上到一个新的高度。

案例思考

1. 仓储管理在供应链物流领域能够提供什么样的业务价值？

2. 仓储管理如何帮助富日物流从仓储配送中心发展为第三方物流企业？

案例启示

1. 仓储管理能够为制造商或者大批发商提供干线物流的货品中转服务。

2. 通过扩大仓储面积、提高订单配送能力，单纯的仓储配送中心能够向第三方物流企业发展。

任务 8-1　仓储选址和布局规划

微课-仓储选址和布局规划

知识准备

仓储在供应链的整个链条上，是作为中间站点而存在的。根据企业不同的业务需求，选择合适的仓储地点，可以优化物流的时效及成本，以及增加供应链的价值。仓储本身的地址一旦选定，仓储的施工和建造需要考虑到仓储的适应品类和人工操作效率，需要有合理的布局规划。

（一）仓储选址方法

仓储是供应链上最为重要的商品储存节点。为了满足不同地区生产的商品能够迅速地配送到另一些不同地区的消费者手上，在触达消费者的地方，需要有一个仓库。在用户订单或者用户需求的驱动下，仓库的现货（可发货商品）能够迅速地通过物流送至线下零售渠道。在这种情况下，仓库所在的地点就变得尤为重要，从配送成本和配送时效的角度出发，不同的选址会产生不同的效果。作为消费者，往往会有这样的感知：有的物流配送时效很快，有的物流配送费用很低。这种差别的原因就在于不同商品的品牌，需要配送到不同的仓储分布节点，产生不同成本和不同时效的配送路径。

1. 仓库选址的定义

供应链是由供应和需求共同驱动的。仓库选址是在供应和需求能同时触达的区域内，选择地址建立仓库的规划过程。如果选择的地址合理，那么商品通过仓库的汇集、中转、分发的全过程效益最高。由于仓库建设是巨大的财力和物力投资，故仓储的选址是一个十分慎重的过程。

2. 仓库选址的原则

仓库的选址需要十分慎重，在选址的时候首先需要遵循一些基本原则：

（1）适应性。

仓库的选址需要和国家以及当地的行业导向一致，满足国际资源分配和大局规划，同时适应国民经济的发展。

（2）协调性。

仓库的选址需要考虑国家整体的大物流网络，比如公路、高铁的建设等。仓库的配备和要求需要与区域的物流作业水平和技术水平相互协调。

（3）经济性。

仓库选址的结果需要建设费用和物流费用尽可能最低。

（4）战略性。

需要有大局观，从公司全局来考虑问题，也从公司长远目标出发来考虑问题。

（5）可持续发展性。

仓库选址后的后继开发，需要能够保护环境，不能牺牲长远的环境效益。

3. 仓库选址的方法

仓库的选址有定量和定性两个基本方法。

定性法是凭借个人和集体的经验来做出决策的方法。一般的过程是：

（1）根据经验确定评估指标（成本/时效/投入等）。

（2）对各个选址地址，使用评估指标来进行优劣比较。

（3）根据结果进行决策。

定量的方法有重心法和综合因素评价法等。

（1）重心法是单设施仓库选址的常用模型，只考虑运输费率和运输量两个选址因素。

（2）综合因素评价法是综合考虑影响仓储选址的多个因素，它通过多个因素的加权评分等方法来给备选的选址打分。

（二）仓储选址数据分析

仓库的建造是一件投入巨大、风险巨大的规划，当然需要考虑仓库建成之后对企业整体物流带来的正面影响。除了参考专家意见之外，也需要全面长远地考虑仓库对未来需求的满足能力。某汽车零部件公司现在已经有了上海、成都、杭州、广州、西安五个仓，目前打算在北京投资建厂，公司的管理层需要知道这个选址决策是否正确。那么公司需要考虑哪些方面呢？排除掉上一节的选址原则，我们可以更直观地从需求、成本可替代性和用户时效这三个方面来评估。数据分析师从销量、经济性和时效性三个方面进行了相应的测算。

从销量上来看，由于公司是汽车零部配件商，因此从潜在需求的角度来看未来销量。截至2017年6月，汽车保有量超过200万辆的城市如图8-1所示。

汽车保有量/万辆

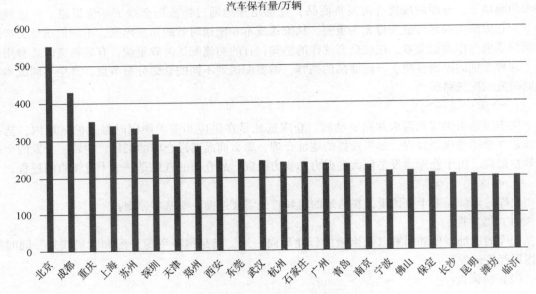

图 8-1　汽车保有量

北京的汽车保有量最高，同时在成都已经有了仓库，所以在北京建设仓库能够满足足够的需求。

从经济上来看，离北京最近的仓库属杭州仓，导航距离1 290千米，单次驾驶车程15小时，距离偏远，当前杭州仓也不提供北京的仓储物流服务。由于历史原因，订单由武汉仓来满足，发货成本预期比北京当地仓储提升5万~8万元/月。

从时效性上来看，当前北京、天津、河北、东三省的需求由武汉仓来满足，在北京建仓后，配送中转次数减少了1~2次，物流时效缩短了1~2天，配送产品中的易损件、保养件的破损将大幅减少。

所以从销量、经济性和时效性来看，在北京建仓是一个合理的选择。从另一个角度来看，如果选择面比较多，怎么去用客观量化的思路去衡量对比呢？行业比较认可的一种分析方法就是因次分析法。因次分析法是把经济因素和非经济因素按照相对重要程度统一起来，确定各个因素重要性和权重，计算各个方案的重要性指标。

因次分析法设经济因素的重要性指标为 M，非经济因素的重要性指标为 N，并且 $M+N=1$。

则 $M = \dfrac{M}{M+N}$，$N = \dfrac{N}{M+N}$。假设当前有 K 个备选地址，每个备选的经济因素，即各个因素的成本之和为 C_i，则经济因素的重要性因子：$T_j = \dfrac{\dfrac{1}{C_i}}{\sum\limits_{i=1}^{K} \dfrac{1}{C_i}}$。非经济因素的重要性因子 T_f 的计算步骤有三步：

（1）确定单一非经济因素对于不同备选的重要性。通过备选两两比较，较好的比重值为 1，较差的为 0。将每个方案的比重值 W_j 除以所有方案的比重值之和，得到单一非经济因素相对不同备选的重要性因子 T_d。计算公式为 $T_d = \dfrac{W_j}{\sum\limits_{j=1}^{K} W_j}$。

（2）确定各个因素的权重比例 G_i，可以通过专家意见得到，所有的权重比例之和为 1。

（3）将单一非经济因素重要性因子乘以权重，将各个结果相加，得到了非经济因素的重要性 T_f，其计算公式为 $T_f = \sum\limits_{i=1}^{K} (G_i \times T_{di})$。

（4）将经济性因素的重要性因子和非经济性因素的重要性因子相加，得到每一个备选的重要性指标 $C_t = M \times T_i + N \times T_f$。

1. 分析内容

某公司要建设一个仓库，需要选择合适的地点。备选地点有三个 A、B、C。非经济因素主要考虑政策法规、气候和劳动安全，经济因素成本如表 8-1 所示。就政策法规而言，A 地最宽松，B 地次之。就气候因素而言，A、B 两地相等，C 地次之。就安全因素而言，C 地最好，B 地次之。根据专家评估，三种非经济因素比重为：政策法规 0.5、气候因素 0.4、安全因素 0.1。现在要求使用因次分析法确定最佳选址地。

表 8-1 经济因素　　　　　　　　　　　　　　　　单位：万元

经济因素	成本		
	A 地	B 地	C 地
建设费用	3 000	2 600	2 850
当地劳动力成本（年）	400	480	520
重点区域运输成本（年）	220	290	260
其他管理费用（年）	80	170	120
总成本	3 700	3 540	3 750

2. 分析方法

首先，确定经济性因素的重要性因子 T_j。

$$\dfrac{1}{C_1} = \dfrac{1}{3\ 700} = 0.000\ 270\ 3, \quad \dfrac{1}{C_2} = \dfrac{1}{3\ 540} = 0.000\ 283\ 3, \quad \dfrac{1}{C_3} = \dfrac{1}{3\ 750} = 0.000\ 266\ 7$$

则　　$$T_{jA} = \dfrac{\dfrac{1}{C_i}}{\sum\limits_{i=1}^{K} \dfrac{1}{C_i}} = 0.000\ 270\ 3 / 0.000\ 820\ 3 = 0.330, \quad T_{jB} = 0.354, \quad T_{jC} = 0.325$$

其次，确定非经济性因素的重要性因子 T_f。

（1）政策法规因素比较结果如表 8-2 所示。

表 8-2　政策法规因素比较结果

地址	成对对比			比重之和
	A VS B	A VS C	B VS C	
A	1	1		2
B	0		1	1
C		0	0	0

这里 A 地址的"A VS B"=1 的含义是：从政策法规因素来看，A 地比 B 地更容易满足。即 A 比 B 好。

根据表格的结果，我们计算，得

$$T_{d1A}=2/(2+1+0)=2/3, T_{d1B}=1/(2+1+0)=1/3, T_{d1C}=0/(2+1+0)=0$$

其中 T_{d1A}，T_{d1B}，T_{d1C} 是第一个非经济因素中，A、B、C 三地的单一非经济因素重要性因子。

（2）气候因素比较结果如表 8-3 所示。

表 8-3　气候因素比较结果

地址	成对对比			比重之和
	A VS B	A VS C	B VS C	
A	1	1		2
B	1		1	2
C		0	0	0

同样的方法，计算，得

$$T_{d2A}=2/(2+2+0)=2/4, T_{d2B}=2/(2+2+0)=2/4, T_{d2C}=2/(2+2+0)=0$$

（3）劳动安全因素比较结果如表 8-4 所示。

表 8-4　劳动安全因素比较结果

地址	成对对比			比重之和
	A VS B	A VS C	B VS C	
A	0	0		0
B	1		0	1
C		1	1	2

计算，得

$$T_{d3A}=0/(2+1+0)=0, T_{d3B}=1/(2+1+0)=1/3, T_{d3C}=2/(2+1+0)=2/3$$

（4）根据上面的结果，我们得到的总结如表 8-5 所示。

表 8-5　非经济因素重要性因子汇总

因素	A	B	C
政策法规	0.666 7	0.333 3	0
气候条件	0.5	0.5	0
劳动安全	0	0.333 3	0.666 7

（5）计算各备选地址的非经济因素重要性因子 T_f。

专家给出的三个因素的重要性权重分别是 0.5、0.4、0.1。计算因子为

$$T_{fA} = 0.666\ 7 \times 0.5 + 0.5 \times 0.4 + 0 = 0.533,\quad T_{fB} = 0.333 \times 0.5 + 0.5 \times 0.4 + 0.333\ 3 \times 0.1 = 0.4$$

$$T_{fC} = 0 + 0 + 0.666\ 7 \times 0.1 = 0.067$$

（6）计算总的重要性指标 C_t。

假定 $M = N = 0.5$，则结果为

$$C_{tA} = M \times T_{jA+N*},\quad T_{fA} = 0.5 \times 0.33 + 0.5 \times 0.533 = 0.431\ 5,\quad C_{tB} = M \times T_{jB+N*}$$

$$T_{jB} = 0.5 \times 0.354 + 0.5 \times 0.4 = 0.372\ 6,\quad C_{tC} = M \times T_{jC+N*},\quad T_{fC} = 0.5 \times 0.325 + 0.5 \times 0.067 = 0.198$$

因此，在经济性和非经济性因素相对重要性指标同为 0.5 的时候，场地 A 是最合适的选择。

在选择了合理的仓储地址后，我们需要进一步明确建立仓库的目的。同时，为了更好地规划仓储的目的和用途，我们需要了解仓库服务对象现在的分布情况、服务对象未来分布情况、货物作业量的增长率以及配送范围等。在不同的客观条件下，仓储也许只是为了短期商品的转运、中长期的商品储存、专用的冷链节点功能和危险品防护功能等。关于仓储的功能，一般分为以下几种：

（1）转运型仓库。

有一些仓库，借助于便利的交通条件，特别适合作为商品整个链路过程中的中转。商品也多为高流转、快消耗。武汉是国内的交通大枢纽，西南省份的特有商品会在武汉转运，分别送至国内的其他区域。因此在武汉可以设立一个转运型仓库。

（2）储备型仓库。

适合中长期储存的物品，需要有一个集中的存放仓库用于管理。这样的仓库往往设置在城镇边缘或城市郊区的独立地段，具备直接且方便的水路空运输条件。比如适合长期储存的稀有矿石，往往会长期存放在交通便利的仓库。

（3）综合型仓库。

也有一些仓库需要存放多种商品种类，这个时候需要根据物品类别和物流量选择不同的仓储地址。比如与居民生活息息相关的柴米油盐和食品酒水等，消耗空间不大，又没有环境污染问题，可以就近选择靠近服务对象且交通运输方便的地址。在这个地址上设立的仓库是综合型仓库。

（4）专用仓库。

有些品类商品需要专门的仓库储存。这些仓库即为专用仓库。类目性质不同，需要不同的技术和配套设施。例如冷藏库多数选择在城郊，而危险品仓库基本选择远离居民区与重要设施。比如易燃易爆商品和有毒有害商品，即使仓库有特殊的安全防护规格，也需要远离人群。

（三）仓储功能规划

仓储选址完之后，需要进一步规划仓储的功能。目前物流行业通常把仓储的功能分为三类：

1. 基本功能

仓库应该具备基本操作行为能力，比如储存、保管、拼装、分类等。通过这些基本操作，商品得到了有效合理和符合市场客户需求方向的处理。例如，多个商品组合粘贴为套装就是为了下一个物流环节做准备。

2. 增值功能

仓储的基本功能体现了仓储的基本价值。而有些仓库可以提供额外的附加功能，比如独有的操作行为或者体现额外成本的行为，使商品的供给方或者需求方围绕商品，获取额外的利益，这个过程称为附加增值。仓储带来的增值功能一般体现在两个方面：

（1）提高客户的满意度。

除了及时准确地打包发送商品外，通过对商品的整饰、商品的平整操作等提高客户接到商

品的体验。

（2）高价值信息的传递。

在仓库管理的各项事务中，仓库利用率、进出货频率、仓库的地理位置、仓库的运输情况、客户需求状况、仓库人员的配置等信息得到及时更新、准确发布。这些信息为供应商开源节流带来了额外的信息参考，在带来额外的经济利益的同时，也能够让利消费者或者开发新产品。

3. 社会功能

仓储的基础作业和增值作业会给整个社会物流过程带来不同的影响。良好的仓储作业与管理会带来正面的影响，反之则会带来负面的效应。这些功能被称为仓储的社会功能。好的社会功能具体体现：

（1）帮助克服生产和消费的时间差。

（2）有效调整价格，影响生产计划和消费需求。

（3）衔接商品，通过仓储防范突发事件，也能对生产过剩蓄水。

这些仓储的功能规划随着仓库的不同有着不同的细节。在仓库过程中不同的操作行为反映了仓储功能的差异。在规划过程中，主要遵循以下做法：

（1）了解仓储主要的储存品类。

我需要知道我储存的是服装还是食品，服装是需要整饰，并且重新包装的。或者生鲜冷链商品是对车辆、发货时效的因素有特殊要求的。

（2）了解仓储主要的服务用户。

我需要知道我的品类商品主要的服务对象，比如轻奢配饰对于仓储的湿度温度的控制需要额外的恒温恒湿的设施投入。

（3）设计特有的操作和行为。

在理解了商品特性和主要服务对象后，设计并实现新增或者调整的操作行为。

（四）仓储功能需求分析

专家意见和行业经验可以帮助供应链规划仓储功能。但是为了更加有力和有效地确定具体的方案和策略，分析过程往往是不可或缺的。帮助团队理解仓储功能的需求所做的分析就是仓储功能的需求分析。基于规划过程中考虑的维度，仓储功能需求分析一般也从三个角度出发：

1. 从商品物理属性分析

分析商品的外形特征，长、宽、高，便于操作设备的分配、容器和货位尺寸的规划预留。还有同时分析商品所需要的存放条件的要求，比如温度要求、通风要求、消防要求、摆放要求等。因此对于商品物理属性的分析是首要的，也是必不可少的。

2. 从过程运作流程分析

在仓储功能规划中，操作行为的串联构成了整个仓储活动最重要的步骤之一。我们可以构造多层级的流程模型，第一层是最主要的几个活动，比如入库、理货、上架、分拣等，第二层级就可以按对象进行细分。这里的对象主要为业务对象，典型的有订单、商品、品牌等。不同的对象分类下可能会用到不同的流程或活动，比如有的商品只用一次分拣，有的需要二次分拣。这种情况下，大量操作行为的串联组合帮助我们从综合角度来评估功能需求。

3. 从对象进行数据分析

对仓储对象进行数据分析是另一个重要的分析环节，最通用的分析方式就是 EIQ（Entry Item Quantity），基于前面的物料分类，然后对其按订单、物料（商品）等多维度进行分析，找出分类对象在一个动态环境中的特征。物料的进出作业可能存在季节性，存在高频次和低频次，每一天也存在多个波次。根据仓储功能规划的需要，数据分析大致分为两种类型，一种是对仓储数据寻找特征。比如找到出入库数据的峰值、谷值等。另一种是用于仿真模型输入的分布函数。总之，通过相对详细的数据分析能帮助我们选址采用不同的仓储运作策略来进行功能设计和实施。

（五）仓储布局规划

对于仓储工作来说，仓储布局规划是最基本的重点和难点。现代仓库承担了越来越多的功能，因此根据仓库规划与布局的原则来打造一个功能齐全、设施完善的仓库是仓库运作的基础。仓库布局指的就是根据实际操作物流需求，确定各区域的面积以及相对位置，最终得到仓库的平面布局。仓库一般划分为 3 大组成部分：生产作业区、辅助区、行政区。其中生产作业区是核心区域，通常由装卸站台、出/入库区、储存区、通道、分拣区等组成。

在现代仓库中，一般储存区面积占比 40%～50%、通道面积占比 8%～12%、出/入库区域占比 10%～15%、分拣区占比 10%～15、退货及不合格品区占比 5%～10%。主干道一般采用双车道，宽度在 6～7 米，次干道为 3～3.5 米的单车道。

除了以上的常用评估标准，仓储布局的合理程度还可以从区域规划和货位规划两个维度来评价。

根据仓储不同的用途按照区域来划分，常常按照下面的原则：

（1）通道畅通，转弯少，落差小。

（2）食堂、更衣室、卫生间、休息区等生活区完备。

（3）工具存放区域拿取方便。

（4）供货商的入库商品质检区靠近入口。

（5）整货区作为主要的成品区域，按照成品的不同要求配置不同的设施。

（6）备货区、复核区各司其职。

（7）退货区、报废区、次品区空间的合理安排。

另外，货位的规划也有一些重要原则需要遵循：

（1）商品的摆放在规定货位基础上，靠近物流出口。

（2）高周转的商品优先放置在出口最近的固定货位。

（3）关联比较密切的商品可以放在相邻的位置。

（4）相同的商品放在唯一货位区域内。

（5）外观相近的商品，要间隔 2 个以上的货位。

（6）敏感商品或者保质期较短的商品，通过先进先出，进行严格管理。

（7）要考虑商品的形状大小，根据实际仓库的条件，合理搭配空间。

（8）楼上或上层货位摆放重量轻的商品。

（9）化学品、易燃易爆危险品单独区域存放，重点管理维护。

1. 分析内容

作为数据分析师，需要能够帮助仓库确定主要货位的布局。首先对收集来的数据做预处理，处理成方便分析使用的数据，然后使用 SLP（Systematic Layout Planning）给出粗略的规划。根据企业的仓储作业流程，有以下 8 个区域：入库暂存区、验收区、次品存放区、仓储拣选区、复核包装区、集货区、发货区、退货暂存区。我们给每一个区域一个编号，如表 8-6 所示。

2. 分析方法

SLP 布局规划法需要把在仓库内不同区域之间的物流线路分为 A、E、I、O、U 五个等级。其中，承担物流量大于 25% 的物流路径为 A，10%～25% 的为 E，5%～10% 的为 I，0～5% 的为 O，可以忽略的路径为 U。根据上一年实际的物流承担情况，得到的结果如表 8-7 所示。

表 8-6　区域编号

编号	区域
1	入库暂存区
2	验收区
3	次品存放区
4	仓储拣选区
5	复核包装区
6	集货区
7	发货区
8	退货暂存区

表 8-7　物流等级

物流线路（区域-区域）	物流量/万件	物流量承担比例	强度等级
1-2	8	19.05%	E
2-3	0.32	0.76%	O
2-4	1.6	3.81%	O
2-5	5.6	13.33%	E
4-5	5.04	12.00%	E
5-6	6.56	15.62%	E
6-5	0.8	1.90%	O
6-7	5.44	12.95%	E
4-7	1.44	3.43%	O
7-8	6.88	16.38%	E
3-8	0.32	0.76%	O
总计	42	1	

其中的强度等级根据对应的物流量承担比例来定，比如 19.05%，介于 10%~25%，因此给定级别为 E 级。通过把起点物流区域作为一列，终点物流区域作为一行，我们根据表 8-7 得到如表 8-8 所示的区域作业相关表。

表 8-8　区域作业相关表

区域	入库暂存区	验收区	次品存放区	仓储拣选区	复核包装区	集货区	发货区	退货暂存区
入库暂存区		E						
验收区			O	O	E			
次品存放区								O
仓储拣选区					E		O	
复核包装区						E		
集货区					O		E	
发货区								E
退货暂存区								

那么，我们根据物流的作业相关程度，可以得到对应的 8 大区域的作业路径图，如图 8-2 所示。

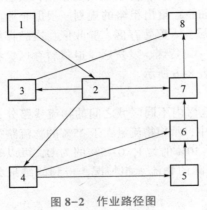

图 8-2　作业路径图

区域 5 和 6 之间的箭头方向由它们相互作业强度来决定，5-6 是 E 极强度，而 6-5 是较低的 O 级强度，则箭头由 5 指向 6。在这些区域的相对位置已经确定的基础上，我们可以根据实际的仓储面积大小来把路径图里的区域合理布局。

（六）仓储布局合理性验证

在仓储布局真正落地之前，我们需要验证布局的合理性。目前在供应链的仓储，由于投资巨大，改造成本很高，通常使用仿真模拟的方法来做。目前国内比较通用的仿真软件包括 Flexsim、Delmia、Demo 3D。三种软件各有优缺点，Flexsim 使用较为方便，Delmia 有更丰富的功能，而 Demo 3D 有最强的 3D 可视化功能。我们验证合理性，其实就是比对规划之前的作业时间和模拟的改造后的作业时间。通过储物货架和搬运时间的对比来看一下前后的用时差异，如表 8-9 和表 8-10 的数据来自 Flexsim 学习案例。

表 8-9　仿真前后货架作业时间对比　　　　　　　　　　　单位：秒

货架	最短停留时间（前）	最长停留时间（前）	平均停留时间（前）	最短停留时间（后）	最长停留时间（后）	平均停留时间（后）
货架 1	13.355 5	29.599 1	20.082 3	13.846	26.228 3	20.501 8
货架 2	6.188 8	27.705 3	17.999 8	9.324 9	26.459 9	19.039 9
货架 3	5.603 7	24.794 3	14.658 3	5.472 9	24.802 3	15.327 7

表 8-10　仿真前后搬运时间对比　　　　　　　　　　　单位：秒

对象	平均停留时间（前）	空载行走时间（前）	满载行走时间（前）	平均停留时间（后）	空载行走时间（后）	满载行走时间（后）
搬运组 1	3.955 3	316.442 4	351.272 4	3.955 4	302.018 7	335.660 3
验收员	3.622 8	321.871 3	322.431 5	3.622 8	305.975 5	307.939 9
搬运组 2	23.249 6	772.613 1	449.410 2	2.905 6	686.729 7	363.674 8
搬运组 3	24.389 7	799.456 9	432.591 6	22.371 8	694.599 6	393.167 8
打包员	15.672 2	188.554 2	576.076 3	16.344 1	190.213	552.163 9

通过仿真前后的数据，可以看到：

（1）仿真模拟中的空载行走时间在一定程度上较随机储存搬运减少，这说明规划的仓储布局提高了叉车和操作员的效率，减少了无效行走和运作时间。

（2）在叉车和操作员平均停留时间上，仿真模拟的数据相对减少，说明规划的仓储布局在作业时效上也有一定程度的提升。

知识拓展

仿真

仿真或译作模拟（Simulation），泛指基于试验或训练的目的，将原本的真实或抽象的系统、事务或流程，建立一个模型以表征其关键特性（Key Characteristics）或者行为、功能，予以系统化与公式化，以便对关键特征做出模拟。模型表示系统自身，而仿真表示系统的时序行为。

计算机试验常被用来研究仿真模型（Simulation Model）。仿真也被用于对自然系统或人造系统的科学建模以获取深入理解。仿真可以用来展示可选条件或动作过程的最终结果。仿真也可用在真实系统不能做到的情景，如不可访问（Accessible）、太过于危险、不可接受的后果、设计了但还未实现、压根没有被实现等。仿真的主要论题是获取相关选定的关键特性与行为的有效信息源，仿真时使用简化的近似或者假定，仿真结果的保真度（Fidelity）与有效性、模型验证（Verification）与有效性（Validation）的过程、协议是学术学习、改进、研究、开发仿真技术的热点，特别是对计算机仿真。

仿真保真度（Simulation Fidelity）用于描述仿真精度，模拟真实对应物有多近似。

低保真：对系统的最小模拟，接收输入产生输出。

中等保真：对刺激能自动响应，有限精度。

高保真：接近不可辨识或者尽可能地接近真实系统。

任务实施

EIQ-ABC 分析法

Excel-EIQ-ABC
分析法

平台-EIQ-ABC
分析法

1. 获取 IQ 数据

IQ 即 Item Quantity，每个单品的订货（出货）数量，按照订货量作为维度，统计每个不同出货量的品项，如表 8-11 所示。

表 8-11 IQ

出货量	对应品项数	品项占比
1	57	30.16%
2	38	20.11%
3	16	8.47%
4	16	8.47%
5	11	5.82%
6	7	3.70%
7	1	0.53%
8	6	3.17%
9	7	3.70%
10	1	0.53%
11	4	2.12%
12	5	2.65%
13	1	0.53%
14	3	1.59%
15	4	2.12%

出货量	对应品项数	品项占比
16	5	2.65%
20	2	1.06%
24	1	0.53%
30	2	1.06%
40	1	0.53%
69	1	0.53%
总计	189	

2. 分析 IQ 数值

由表 8-11 所示可知，该仓库订单绝大部分商品的日出货量小于 5，占到总量的 72%，只有 28% 的商品日出货量大于 5。

3. 获取 IK 数据

IK 分析，即对商品的订货次数进行分析，由 EIQ 资料统计数据，将各品项的出库频次 IK 按照从大到小的顺序进行排列，然后进行累计值和比例的计算得到如表 8-12 所示的结果。

表 8-12　IK

出货频次	对应品项数	品项占比
1	66	34.92%
2	39	20.63%
3	25	13.23%
4	21	11.11%
5	10	5.29%
6	7	3.70%
7	5	2.65%
8	8	4.23%
9	3	1.59%
11	1	0.53%
12	1	0.53%
14	2	1.06%
22	1	0.53%
总计	189	

4. IK 分析图

（1）选择 IK 数据。

（2）选址"插入"→"二维饼图"，如图 8-3 所示。

（3）在默认的饼图中，右键单击，然后"选择数据源"，确保"水平（分类）轴标签"指向"出货频次"数据，如图 8-4 所示。

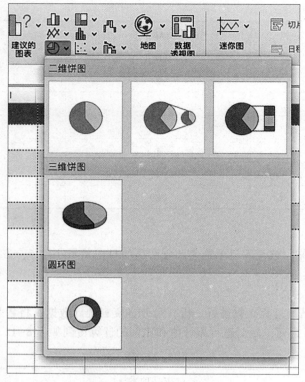

图 8-3　插入二维饼图

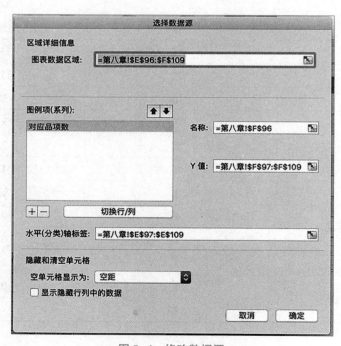

图 8-4　修改数据源

（4）右键选择"设置数据标签格式"，选中"百分比"，如图 8-5 所示。

5. 饼图可视化

得到的二维饼图如图 8-6 所示。

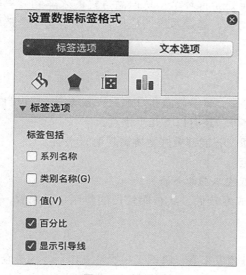

图 8-5　百分比

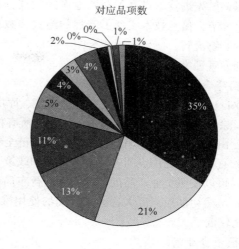

对应品项数

图 8-6　二维饼图

从图 8-6 可得，出货量最大值 22 的商品仅占 1%，出货量大于 5 的商品有 28 种，可以划分为 A 类商品；出货量在 3~5 次的商品有 56 种，可以划分为 B 类。剩余出货量小于 3 的商品划分为 C 类。

商品种类的计算举例如下：28＝7+5+8+3+1+1+2+1，即所有出货量大于 5 的商品，对应的品项数之和。这里 ABC 的标准划分可以根据管理需求变更，在我们这个例子里，我们选取的标准是出货量大于 5 的商品是 A 类，出货量在 3~5 的商品是 B 类。

任务 8-2　大仓管理模式

知识准备

仓库的管理有很多成熟的模式，针对任何企业都没有完美的管理模式，只有合适的管理模式。在具体的管理模式选择中，可以看重成本、效率、投资和费用的平衡等。

（一）大仓管理模式

在物流管理中，仓库的管理是非常重要的一环。在仓库管理中，为了科学有效地管理整个仓库的运转，企业会根据实际场景和业务需求采用一种获取多种仓库的管理方法和策略，即仓库的管理模式。作为业务的指导标准和仓库运营行为的准绳，仓库管理模式并非一成不变，始终在发展成熟。经过几十年的发展，供应链已经发展出了一些被验证和普遍采用的一些模式，我们统称为大仓管理模式，并且可以从生产管理和仓库管理两个维度进行分类。

从生产管理维度分类：

1. 传统仓库管理模式

传统仓储管理模式以保证生产的延续和稳定性作为中心，其他相关仓储库存行为只是为了生产行为而服务。在数字化浪潮对仓库的改造过程中，信息系统的本质就是提醒和标示订单的发货，同时使用过往信息去计算预测订单下达的时间点和判断生产批次的最佳产量。

2. 现代仓库管理模式

现代仓库管理模式，已经摆脱了生产大于一切的思维。数字化浪潮对仓库管理体系的改造全面而深刻。先进技术贯穿了仓库运作的大部分甚至是全部环节，从商品货物的入库到订单配送的各个环节，信息技术实现了流程的绝大多数自动化，管理系统的应用又支撑了仓库全链路的信息和实物流转。

从仓库管理维度分类：

1. 自建仓库管理模式

企业自己投入大量资金进行拿地、基建、库房建造、装修装潢和设施配置等动作，建设自己的仓库。除了可以完全拥有仓库的使用权和所有权之外，还有以下几个优点：

（1）由于完全控制仓储，在完整的供应链全链条上，能够更好地协调其他的流程。

（2）有更多的利用空间进行业务决策和政策制定。

（3）可以按照企业产品的业务模式进行布局和低成本的业务研究。

（4）虽然初期投入巨大，但是后期的使用维护成本较低，从仓库较长的使用年限来看，总体成本比较低。

2. 租赁仓库管理模式

通过租赁仓库满足仓库的使用需求，从企业财务角度来看，降低了一次性支出，在满足仓储需求的同时，降低了管理复杂度。虽然较高的租赁费用推高了总体成本，但是满足了未来仓储选择的灵活性和降低了变更难度。

3. 第三方仓库管理模式

企业把仓储管理等物流活动交给第三方仓储专业服务公司，由第三方外部公司提供综合服务。在一定程度上，第三方公司能够提供更专业的整体方案服务，企业需要投入额外的人力参与到第三方仓储专业服务公司的系统连接过程中。

这里需要指出的是，列举的仓储管理模式没有绝对的优劣之分，现代的未必一定优于传统的。比如短保质期的热销商品，也许传统的仓储管理模式更容易实现；而企业商品类目繁多，各个类目特性不一的情况下，租赁仓库和第三方仓库管理模式可以搭配采用。

（二）电商仓管理模式

电商是近10年来蓬勃兴起的行业，电商平台也作为重要分销渠道的补充，通过商品流转，帮助生产商扩大销售和开拓新的渠道。以京东自营为代表的自营电商，通过采购商品，获得商品所有权，然后出售给消费者获取商业利润。对于它们而言，供应链特别是仓储管理也是非常重要的一个方面。

影响电商仓库和传统仓库有较大差异的关键因素主要有各自面向的客户订单量、订单履约时间模式、实时性及精准性、订单波动性、退换货等问题。比如，电商仓平均订单履约有70%的时间耗费在走路上，电商仓单个SKU库存偏少，电商仓作业正确和实时性要求高等。

电商仓的管理模式，在大仓管理模式的基础上，又有了具备行业特性的发展。这些新的管理模式的发展，主要体现在货物的流转上，主要有以下几类：

1. 买断

自营电商往往会有自己的仓库，电商的常规做法就是下发采购单，通过采购价购买品牌方或者生产商的商品，入仓到自己的仓库，然后通过平台对消费者售卖。在这种模式下，电商对于商品的选择尤为重要。它们需要经历避免商品的滞销，否则会承受库存的巨大压力和商品价值的降低。

2. 第三方服务

电商行业竞争的要素之一是物流时效，为了时效的提升，自营电商往往会要求品牌商和生产商把生产的商品直接存放到自营电商自己的仓库。虽然商品所有权往往并没有转移，但是由于提早入库质检，故可以在订单产生的时候直接仓库发货，提高时效。在这个过程中，商品所有权的转移和采购结算通过提前约定的合同来处理。

3. JIT（Just In Time）

JIT 即零库存管理模式，兴起于 20 世纪 60 年代的国外汽车厂商，主要是一种根据需求，规划精细生产的过程。引入国内后，在电商领域，整个含义有了较大的变化。由于库存的成本对于企业的现金流至关重要，自营电商往往考虑如何把库存压低到最低。JIT 的本质就是采购发生在销售之后，当订单产生之后，自营电商下发给品牌商/生产商采购单，然后发出的商品送到自营电商仓库，经过质检，发送给消费者。在这个过程中，牺牲了一定的时效，用来换取库存压力的降低。

任务 8-3　电商仓作业流程

知识准备

在电商行业，平台主要承担着商品分销的责任。电商平台的仓库承担着繁重的个人订单的履约任务。商品从供应商仓库送到了电商仓库之后，通过入库、订单操作、出库等步骤确保消费者的订单能够及时得到履约。

（一）电商仓储系统

按照行业定义，仓库管理系统（Warehouse Management System，WMS）是通过出库、入库、库位调拨、库存调拨等功能，综合批次管理、物料对应、库存盘点、质检管理和即时库存管理等功能综合运用的管理系统。

它的主要用途在于同步仓储货物的变化，通过企业的 ERP（Enterprise Resource Planning）系统接通订单系统，实现库存、订单、配送、采购的一致性和协同。

功能上来讲，仓库管理系统主要围绕着仓库信息和对应的物流配送信息来设计。仓库信息主要包括仓库名称和类型、配送区域及仓库用途等。

仓库类型主要有中心仓、区域仓、供应商协同仓等，仓库类型的不同一般决定了订单寻址（寻找从哪里发货）的时候有不同的优先级。

中心仓：中心仓中涵盖商品种类数最多，品类最齐全，一般也是最大型。例如上海中心仓、北京中心仓等。

区域仓：中心仓涵盖多个区域仓，区域仓一般建立在订单量较大的城市。这些区域仓有一定的当地特色，为了适应当地的订单状况和分布，往往只存放一些需求较高的商品，库存的数量也保持在一定的水平，基本满足该区域绝大多数的订单需求。在区域仓没货的时候，才会从中心仓调拨或者通过中心仓发货。

供应商协同仓：在全国范围内有很多供应商时，为了保证物流实效，会直接从供应商处直接发货。这是在特定模式下或者和供应商建立了良好关系前提下的仓储类型，因为供应商的商品在没有通过质检之前，发给消费者会带来商品质量投诉之类的风险。

配送区域是仓储管理系统另一个重要的管理维度，它是指仓库的配送区域。一些仓库的发货区域有限制，比如华北区域仓可能不会配送到上海，而华南区域仓也不会配送到北京。因此在仓库管理系统中，往往会提供仓库和可配送区域的对应关系，这样可以自动化地帮助订单寻址，同时也能直接下发给合适的物流配送服务商。

仓库用途是指仓库的主要作用，包括发货仓和退货仓。当用户订单下发后，在发货仓对商品进行打包，然后发货。如果用户要求退货或者换货，在得到同意后，用户会把商品寄回到退货仓。退货仓里面的商品，部分通过退货整饰，可以重新整理包装，重新上架到发货仓。

（二）入库

在电商仓储整个运作的过程中，核心的诉求就是准确精细的商品库存管理。作为商品入库的第一步骤，入库的操作是非常重要的。举一个简单的例子，入库的商品数量决定着最终在电商平台的售卖数量。如果在系统中输入的数量比入库的少，那么就有商品无法售出。如果在系统中输入的数量比入库的多，那么可能有些订单就没有办法发货了。电商仓储的出入库操作流程是怎么样的呢？行业标准的入库流程如图8-7所示。

动画-电商仓作业
流程——入库

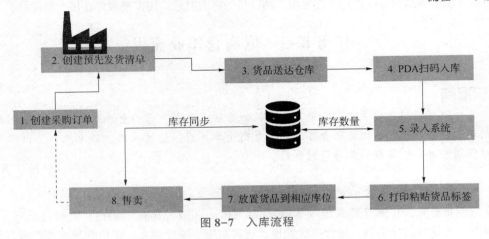

图8-7　入库流程

（1）创建采购订单，主要负责记录采购单号、客户名称、供应商等信息。

（2）用创建ASN（Advanced Shipping Note，预先发货清单）的方法告诉采购商货物到达的批次、数量和时间等。

（3）供应商把货物按照ASN送达仓库。

（4）仓库员工进行入库操作，一般使用手持设备，比如PDA扫描。

（5）核对完货物后，货品信息特别是数量信息录入到仓储管理系统，并标记为准入库状态。

（6）通过系统打印出对应货品的对应标签，并进行粘贴。

（7）仓库工作人员根据系统提示将货品放置到对应库存位置。

（8）在系统中上架货品，在售卖过程中，和仓储系统保持库存同步。

这个入库流程适用于传统的自用电商平台模式，采购在先，销售在后。在其他的模式，比如JIT模式中，销售在先，采购在后。对于这个流程的步骤顺序需要做先后的调整。

（三）上架

上架可以说是整个入库过程的收尾任务，它指的是把入库的货品放置到仓库对应的货架上，能够方便地被拣货和发货。我们来看一下正常商品上架的具体步骤：

（1）在系统打印出货品的对应单据后，选中明细，依靠系统进行定位。

（2）系统先获取定位规则指派中维护的选项，同时判断符合该货品的上架规则，再根据上架规则内的选项依次找到上架货位范围。

（3）打印上架清单。

（4）工作人员根据上架清单将货品一一放置在所属货位。

除了正常商品之外，还有退件上架和移库上架等。退件上架指的是用户寄回到退货仓的商品经过整饰重新上架，移库上架指的是正常入库的商品因为需要盘点或者库位重新分配而需要移动到其他仓库货位上。

（四）订单操作

消费者在平台购买商品后，订单系统会把通过审核的订单下发到WMS（仓库管理系统），在

WMS 系统通过订单号调用平台接口获取了发货信息和商品信息之后，打印出拣货单，开始了以下步骤：

（1）拣货员根据拣货单到指定区域拣选商品后存入商品代发区。

（2）配货员根据订单进行配发、贴物流面单、打包、装箱等操作，操作发货。

（3）物流配送员对订单对应包裹进行收件、扫描确认、签收和发运。

在整个订单操作过程中，越快地找齐需要的商品就越快地能够处理订单，也就可以在同样的时间内处理更多的订单。这个找齐商品的过程，就是拣货。在电商行业，通常使用 EIQ 的升级版本 EIQE 来优化整个拣货过程。

EIQ 分析法是配送中心经常用到的一种对订单商品出货的一种分析方法，利用客户的订单、货物的商品规格和货物的订单数量来研究配送中心的需求特征，进行出货特征的分析，为配送中心提供规划依据。根据现有电商仓的需求，进一步加入快递公司分析，也就是 EIQE 分析。

1. 分析内容

根据系统的拣货和出库记录，我们对商品的数量和对应物流公司进行模式的分析，希望能够提高拣货的效率。根据处理后的结果，我们得到的初步数据如表 8-13 所示。

表 8-13　订单和物流公司记录

订单号	订单数量	商品组合（商品×数量）	商品总数量	快递公司
10001	500	商品 A×1	500	申通
10002	400	商品 A×2	800	顺丰
10003	50	商品 A×1　商品 B×1	100	圆通
10004	15	商品 A×1　商品 B×1　商品 C×1	45	顺丰
10005	10	商品 A×1　商品 B×2　商品 C×1	60	顺丰
10006	10	商品 A×1　商品 C×1	20	顺丰
10007	5	商品 A×1　商品 C×2	15	顺丰
10008	3	商品 D×1	3	顺丰
10009	2	商品 E×1	2	顺丰
10010	2	商品 E×3	6	顺丰
10011	2	商品 F×1	2	顺丰
10012	1	商品 F×2	2	顺丰

2. 分析方法

我们通过表 8-13 的数据，可以看到三类订单：

（1）订单量大的商品，可以批次拣货，我们认为这些订单是 A 类订单，这些订单是 10001、10002、10003。

（2）订单量适中，但产品重合率依旧比较高，我们认为这些订单是 B 类订单，这些订单是 10004、10005、10006、10007。

（3）其他订单我们认为是 C 类订单。

对于 A 类订单，我们一般批量处理和拣货，直接在储存区拣货，在活动区包装出库，这批订单可以批量装入同样的商品，批量打包，针对不同快递加入不同波次。发货单和快递单都可以前置打印，批量贴单。这样可以快速地处理完这种类型的订单。

对于 B 类订单，可以采用先拣后分，然后二次分拣的方法拣货，先把商品通过整托盘或整箱拣入二次分拣区，然后通过电子标签技术进行二次分拣，通过扫描商品条码，帮助分拣员把正确的商品放到正确的待包装篮位。

对于其他订单，适合于边拣边分方法，边拣边分方法借助于拣货车拣货，一般拣货车有 15 篮位，30 篮位，可以根据拣货压力和车型自由设置。拣货员在对照拣货任务时，根据系统推荐的最优路径找到相应的商品，然后拿取相应的数量放入到所对应的拣货篮中。在这之前，拣货篮和订单要匹配好。

（五）出库

仓储的出库作业本质上就是一个通知物流揽收、装箱和交接快递包裹的过程。但是在真正操作之前，需要进行信息的关联。通过扫描，把发货单号、快递运单号、物料编码三者在系统中做关联。一个发货单可以对应多个快递单；一个快递单可以对应多个物料。此时，发货单状态变更为拣货完毕。这个关联步骤是出库流程中不可或缺的核心步骤，由单人操作，操作步骤不能进一步分解。

信息关联之后，就是具体的出库操作流程：

（1）接受发货通知单。

其表示仓库已经接受此发货单，并开始进入仓储操作作业流程。本质上是通知系统此发货单进入 WMS（仓库管理系统）的操作环境。系统常规的设计是以生成拣货单操作为标志。操作者在此环节可以按项目或按品类或按订单等不同规则，使已经存在的发货单进入 WMS 进行出库操作。

（2）校验装箱。

发货单号、快递运单号、物料编码三者关联之后，根据发货单号将商品装箱打包，在包裹上粘贴快递单。

（3）包裹交接。

物流配送人员到仓库接收配送包裹，在此步骤实现商品控制权到快递公司的转移。这一步在电商的订单系统里，被视为发货的开始。实质的交接环节和机制是收货方（快递公司）将运单底联返还给发货方为交接完成。

思政园地

2021 年 1 月 28 日，《政府储备粮食仓储管理办法》（国粮仓规〔2021〕18 号，简称《办法》）印发实施。《办法》是落实粮食储备体制机制改革精神的重要举措之一，为进一步加强和规范政府储备粮食仓储管理提供了遵循和行动指南。

一、出台《办法》的背景

政府储备在粮食储备体系中具有"压舱石"和"第一道防线"的作用。为进一步聚焦国家储备安全核心职能，从仓储的角度完善政府储备安全管理制度，推进政府储备承储库点分类管理，确保政府储备粮食数量真实、质量良好、储存安全、管理规范，基于现有粮食仓储管理制度标准，突出政府储备的特点，厘清各方职责，明确承储单位在仓储方面的技术和管理要求，制定专门规定，以筑牢政府储备安全管理的仓储一环。

二、《办法》制定的依据

落实关于改革完善体制机制，加强粮食储备安全管理的若干意见精神，根据《粮食流通管理条例》《中央储备粮管理条例》规定，在《粮油仓储管理办法》（国家发展改革委令 2009 年第 5 号）、《国有粮油仓储物流设施保护办法》（国家发展改革委令 2016 年第 40 号）等规章和《粮油储藏技术规范》等技术标准的基础上，结合近年来各地"一规定两守则"实践和粮食仓储管理发展的新情况，制定《办法》。

三、《办法》的主要内容

《办法》分为总则、基本要求、管理规范和附则四章共四十四条。第一章"总则"。本章明确了《办法》制定的目的依据、适用范围，政府储备粮食承储主体、管理原则，以及各有关单位在政府储备粮食仓储管理中的责任等。第二章"基本要求"。在借鉴原中央储备粮代储资格审核条件的基础上，衔接仓储管理制度和标准，吸纳新的实践情况及经验，提出中央储备承储单位的基本要求：硬件方面包括库区及周边环境、仓（罐）容规模、仓储设施设备、仓房性能和储粮工艺、检验能力、储藏功效等；软件方面包括承储单位的规范化水平、专业技术人员、备案管理等。地方储备承储单位由各地根据事权并结合实际参照制定。第三章"管理规范"。本章对用好仓储条件、开展仓储业务的管理过程予以规范。从收储保管流程出发，规定了收购要求、安全管理、规范装粮等的要求，就承储单位做到"一符""三专""四落实"，以及粮情检查、虫霉防治、损耗定额及处置等作了具体规定。对承储单位开展储粮技术研发与应用、着力实现绿色储粮等，也进行了引导。第四章"附则"。本章说明了承储单位、储存年限的起算方法、解释权限、实施时效等。

四、《办法》创新

一是明确了政府储备承储单位"一符""三专""四落实"的具体要求，强化政府储备粮食仓储管理，确保承储安全。二是对现行仓储管理制度标准中涉及具体操作的有关内容作了展开，便于实践中更好理解和操作，例如储存年限的起算方法、损耗定额、装粮合理上限等。三是顺应技术发展，提出了控温储藏、因地制宜配备多参数（多功能）粮情测控技术、储粮有害生物综合防治等，体现了技术进步和储备安全升级的要求，引领在更高水平上保障政府储备粮食储存安全。

任务 8-4 入库分析

知识准备

仓储的库存管理的原起点一定是入库，通过单据的操作，质量的检测和不合格入库商品的退回或其他处理来对商品的售卖库存进行初始化的操作。

（一）入库流程

在上一小节，我们简单描述了从新建采购单（Purchase Order，PO）到库存系统同步的简单入库流程，在这一小节，我们再花费一些时间，去看一下货物到达之后，我们更细致的操作过程。这个过程是从收到到货通知开始，到发送货物已收报告为止。整个流程如图 8-8 所示。

（二）入库效率分析

1. 分析内容

基于图 8-8 中的入库流程和仓库的整个布局，可以画出一个平面的一个草图，这个草图可以较完整地描绘出入库细节和人流的轨迹，如图 8-9 所示。

根据轨迹图，记录下每个步骤操作的时间，移动先后顺序等，可以得到梳理后的表格，内容如表 8-14 所示。

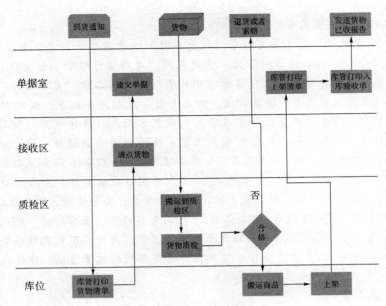

图 8-8　入库流程

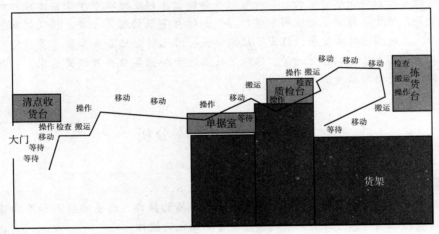

图 8-9　轨迹图

表 8-14　步骤详情表

序号	步骤	距离/米	用时/分	类型	需要人数
1	货物到，等待仓管打印清单	15	8	等待	1
2	等待仓管卸车		3	等待	
3	将货物卸下	5	10	搬运	3
4	搬运到清点台	2	5	搬运	3
5	取出票据		8	操作	3
6	清点货物数量		5	检查	1
7	重新装箱		7	操作	3
8	等待搬运		6	等待	

序号	步骤	距离/米	用时/分	类型	需要人数
9	置于手推车	2	5	搬运	3
10	推向检验台	20	2	搬运	
11	卸下货物	1	3	搬运	3
12	移至检验台	2	5	搬运	3
13	等待检验人员		3	等待	
14	拿出货物放置工作台上		5	操作	3
15	查看零件参数质量		10	检查	1
16	重新装箱		7	操作	3
17	等待搬运		3	等待	
18	置于手推车	2	5	搬运	
19	推至仓库拣货台	20	5	搬运	
20	将货物卸下至拣货台	2	5	搬运	3
21	扫描条码，办理入库		10	操作	1
22	等待单据室打印入库单	20	8	等待	1
23	分拣同一货架商品		8	操作	3
24	等待搬运		3	等待	
25	分别运至货架	15	10	搬运	3
26	分别查找货架，定位货架位	10	10	检查	

2. 分析方法

基于表 8-14 的数据，我们先来看一下各种活动类型的用时和距离，汇总后的结果如表 8-15 所示。

表 8-15　活动类型统计

活动类型	活动次数	活动距离/米	活动用时/分
搬运	10	71	55
操作	6		45
等待	7	35	34
检查	3	10	25
总计	26	116	159

整个流程主要存在下列几个问题：

（1）入库工作过于烦琐。

操作有 6 次，多次反复对商品包装、拆包；

搬运有 10 次，其中 7 次发生在商品和工作台之间的装卸；

等待有 7 次，时间占比 21.4%；

检查有 3 次，可以分头并行处理，节约时间。

（2）作业单位位置过于分散。

清点、检验、分拣台布局过于分散，增加了工作人员工作量，增加了作业成本。

（3）信息没有共享。

单据和实际商品的核对需要在单据室和库房来回往返。

在了解了入库流程存在的问题后，我们用 ECRS 分析法来探索优化一些方向。ECRS 其实是四个原则：取消-Eliminate、合并-Combine、重组-Rearrange、简化-Simplify。通过 ECRS，我们可以得到一些应对的想法和响应，如表 8-16 所示。

表 8-16　ECRS 问答

序号	优化想法	响应
1	第一步工序为什么要等待仓管打印清单，可不可以让供应商直接通知仓管？	和供应商建立了长期关系，方案可行
2	第6和第14步检验都要拆箱，为什么在过程中需要装箱？	两个工作台相距太远，所以需要装箱搬运
3	为什么接收、检验、点数台需要分开？	因为空间布局的原因，三个区域物流距离比较远
4	能将接收、检验、点数台合并吗？	可以

行业趋势

根据 2021 年最新统计数据，我国营业性通用仓库面积已超过 10 亿平方米，其中立体仓库接近 30%。总体看，仓库设施已基本满足物流需求，但在产品结构与地区分布上还存在供求之间的矛盾。

2022 年仓储业发展趋势如下：

1. 把握物流装备领域的数字化发展机遇期

据 LogisticsIQ 最新报告显示，2026 年，估计全球仓储自动化市场将达到 300 亿美元的里程碑，2020—2026 年的复合年增长率约为 14%。根据这样的增长态势，数字化、智能化成为仓储业核心需求。

与此同时，数字零售时代驱动着物流系统的发展，从传统的仓储为中心转变为以仓配系统为中心，其中，输送分拣设备作为仓配中心的核心设备，价值量占比高达 36%，成为整个物流系统效率的关键因素。

据 DHL 研究，仓储 4.0 的许多智能化技术仍处于开发阶段，目前大多数公司仍处于部署的初始阶段。但不少企业已经在对数字化、智能化和智慧化进行提前转型及部署，未来市场可能迎来一波集中式的爆发。

2. 国内进入智能化仓储高速发展时期

仓储业也可以按照一种特定的产业链口径分为上、中、下游三个部分。上游为设备提供商和软件提供商，分别提供硬件设备和相应的软件系统（WMS、WCS 系统等）；从发展阶段来看，我国仓储行业发展包括人工仓储、机械化仓储、自动化仓储、集成自动化仓储、智能自动化仓储五个阶段。目前，我国仓储发展正处在自动化阶段，主要应用 AGV、自动货架、自动存取机器人、自动识别和自动分拣系统等先进物流设备，通过信息技术实现实时控制和管理。下游应用领域不断发展，并出现新业态、新产业、新模式，对仓储物流服务提出了更高要求，是中国传统仓储行业不断转型升级的主要发展动力。2022 年，随着京东物流等行业先锋企业的上市，将会带动国内智能化仓储发展进入一个高速发展期。

综合来看，即便国内经济面临内外的多重考验，但是在进一步深化改革开放，政府采取灵活政策的前提下，全国 GDP 增长 6% 的目标有望实现。仓储业作为国民经济的基础产业之一，也将在同行齐心协力的共同努力下，加快智能化、绿色化、共享化、专业化的转型发展，与我国经济的发展态势相吻合，成为助推中国物流市场降本增效的重要力量。

任务 8-5　订单操作

微课–订单操作

知识准备

仓库的主要操作就是为了满足订单的履约。在订单从销售一侧下发到仓库，仓库就需要确认订单的有效性、打印单据、拣货等操作。一个订单完整的供应链履约效率主要由这个过程决定。

（一）订单操作流程

更为详细的订单操作过程主要包括接受订货、订单确认、制定订单号码、建立客户档案、存货查询及按订单分配存货、计算拣取的标准时间、依订单排定出货和拣货程序、分配后存货不足的处理、订单资料处理输出。我们来看一下其中的每一步的细节：

1. 接受订货

接受订货主要有传统订货方式和电子订货方式。传统订货方式通过业务员跑单、电话口头订货、传真订货、邮寄订单、客户上门取货等多种方式完成。电子订货主要通过信息化的技术手段，主要由电子订单系统来承担接受订货任务。

2. 订单确认

订货信息到达后，需要做订单确认，主要确认内容包括订单数量、订单的到货日期、客户的信用评分、手工订单还是电子订单、订货的价格和成本、增值服务等。

3. 制定订单号码

配送中心对订单进行编码，可以更好地管理订单，也让整个生产和物流过程更加顺畅。

4. 建立客户档案

客户档案应该包括客户名称、信用等级、信用额度、付款条件、配送区域及其他配送要求等。

5. 存货查询及按订单分配存货

检查库存状况，确认是否能够满足订单的商品种类和数量要求。

在库存满足订单要求后，分配库存。分配库存主要有两种做法：单一订单分配就是一旦收到订单就及时下发开始物流相关工作；批次订单分配就是把收到的订单按照不同时间段统一处理。这两种方式因人而异，对于大客户，一般是单一订单分配；对于数量更多的普通客户，建议采用批次订单分配。

6. 计算拣取的标准时间

计算拣取物品的标准时间可以分为三步：

第一步，计算拣取每一单元货物的标准时间。

第二步，计算每个品项的订购数量，再配合每个品项的寻找时间计算每品项拣取的标准时间。

第三步，统筹安排每个品项的标准时间。

7. 依订单排定出货和拣货程序

每个配送中心都有自己的运作规则，按照客户的分类、工作量、拣取标准时间、内部工作负荷来排定出货时间及拣货先后顺序。

8. 分配后存货不足的处理

如果现有存货数量无法满足客户的需求，又没有客户能接受的等价替代品，公司就需要安抚客户或者和客户商量解决方案。一般的处理方法有四种：

（1）重新调拨，即从别的仓库调拨物品。

（2）补货，即时从供应商处补充货物。

（3）延迟交货。

（4）取消订单。

9. 订单资料处理输出

订单处理完后需要打印物流作业单据进行下一道工序。常见的作业单有拣货单（出库单）、送货单、缺货文档等。

（二）订单操作效率分析

订单的操作效率是仓储效率的重要参考指标，主要查看下面几个指标：

（1）订单数。

（2）订单行数，即每个订单可能包含的货物品种数，品种更多，就意味着操作复杂度更大。

（3）订单件数，即每次处理的订单商品数量。

（4）重量。

（5）处理耗时，即每个订单的处理时间。

1. 分析内容

我们来看一下历史订单的数据，然后找出订单操作效率高低的相关性指标。通过数据分析师的数据处理和变换，得到了订单重量和订单用时的数据，如表8-17所示。

表8-17　订单重量和订单用时

订单	用时/分	重量/千克
订单1	4.3	13.8
订单2	3.7	11.2
订单3	3	11
订单4	3.9	11.5
订单5	3.6	14.9
订单6	4.2	12.1
订单7	3.5	10.6
订单8	3.2	14.6
订单9	3.4	11.7

续表

订单	用时/分	重量/千克
订单 10	4.5	10.2
订单 11	4	14.2
订单 12	3.4	13.1
订单 13	3.1	10.4
订单 14	4.7	11.7
订单 15	4.4	13
平均值	3.8	12.3

2. 分析方法

我们相应找到影响订单效率的一些关键因素，基于表 8-17 的数据，我们可视化为一个气泡图，如图 8-10 所示。

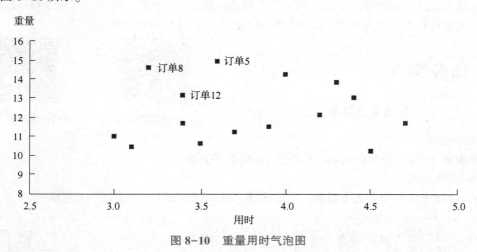

图 8-10　重量用时气泡图

我们已经知道了订单的平均用时是 3.8 分，订单的平均重量是 12.3 千克，那么订单 5、8、12 是满足重量超过平均值而用时少于平均值的三个订单。这三个订单有什么特点呢？如表 8-18 所示，进行分析。

表 8-18　订单行数和数量

订单	订单行数	订单件数	平均每商品数量
订单 1	5	10	2.00
订单 2	9	15	1.67
订单 3	10	15	1.50
订单 4	3	5	1.67
订单 5	1	6	6.00
订单 6	10	13	1.30
订单 7	3	6	2.00
订单 8	2	6	3.00

续表

订单	订单行数	订单件数	平均每商品数量
订单 9	9	15	1.67
订单 10	5	11	2.20
订单 11	8	11	1.38
订单 12	4	11	2.75
订单 13	6	11	1.83
订单 14	5	11	2.20
订单 15	5	10	2.00

我们通过订单行数和件数，可以得到平均每商品数量。订单 1 的平均每商品数量为 2，来自计算公式：订单件数/订单行数=10/5=2。其他订单同理。

我们观察一下订单 5、8、12，它们的平均每商品数量分别是 6.00、3.00、2.75，在所有订单中数值最大。这个数值越大，越体现了订单商品的规格一致程度。所以，这三个订单即使重量大，用时也相对较少。因为规格一致的程度越高，拣货、打包的复杂度越低。

 任务实施

查找重点订单

Excel-查找重点订单　　　平台-查找重点订单

1. 准备数据

把如表 8-17 所示的数据复制、粘贴到 Excel 电子表格。

2. 生成散点图

在 Excel 电子表格中，选中数据，然后选择"插入-散点图"，如图 8-11 所示。

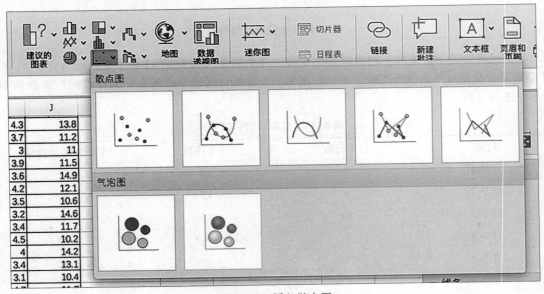

图 8-11　插入散点图

默认出现的散点图去掉标题和网格如图 8-12 所示。

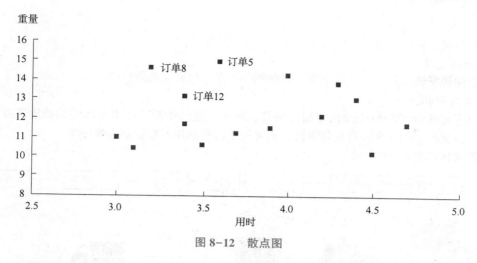

图 8-12   散点图

3. 查找重点订单

如图 8-12 所示，我们可以看到，已经标注了订单 5、订单 8 和订单 12。这是因为根据表 8-17 的数据，所有订单的重量的平均值和用时的平均值分别为 12.3 千克和 3.8 分。根据每一个点的数据，可以找到 3 张订单是重量大于平均值，同时用时小于平均值。我们可以继续去分析这三张订单操作效率较高的原因。

任务 8-6   出库分析

微课-出库操作

> **知识准备**
>
> 在仓库操作的最后一步就是出库。在这个过程中，需要把商品打包，贴上物流单，在出库的同时，进行了物品看护权的转移。

（一）出库流程

出库流程并不仅仅是我们想象中的操作完订单后，把包裹传递给物流人员那么简单。事实上，订单操作和出库流程的边界很难完全分清。一个完整的出库流程也会涵盖部分的订单操作。现在让我们把视线聚焦到完整的出库流程上，以传统零售行业为例，来看一下具体的执行步骤：

1. 订单处理

根据订单批次的实际情况，以及对应的处理策略，进行订单操作。

2. 生成波次

订单处理产生了出库单，为了提高出库的效率和降低操作复杂度，往往会把这些出库单合并，生成波次单。以波次为单位去执行拣货操作。

3. 拣货

仓储信息化发展到今天，波次单一般会被推送到手持设备，比如 PDA 上，同时发送拣货提示。拣货员领取了拣货任务后，根据 PDA 上的提示，扫描商品，同时让商品下架。拣货策略主要有两种：每一份订单商品分拣完成后，进行下一份订单商品的分拣操作，称为摘果式拣货；多份订单的商品汇总成一批，在一个循环的拣货操作中处理完全的操作，称为播种式操作。哪种操作较好，取决于主营商品类别、库房面积、货架分布和分拣人员的配置等。

4. 复核

在商品分拣完后，分拣结果需要送到复核区，等待复核人员检查装箱后的商品信息的完整和准确后，准备最终出库。

5. 称重

检查重量，审核信息，然后贴上出库单，送到待发货区。

6. 上车出库

物流配送车辆来到后，装货上车，同时把货物保管权移交给物流商。

7. 库存同步

当出库完成后，WMS 记录出库商品信息，对库存进行扣减。这里扣减的是物理库存，即仓库还有多少商品。如果企业有销售系统，则可用于销售的库存数量也需要同步。

出库流程如图 8-13 所示。

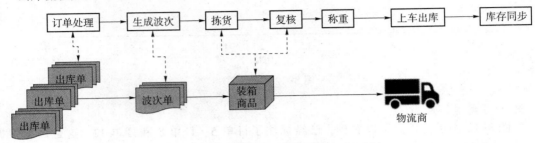

图 8-13　出库流程

（二）出库效率分析

在出库整个过程中，拣货效率是整个出库效率最为重要的因素之一。在有些公司的仓储系统中，甚至占到了 70% 的出库总用时。所以根据仓储管理的出库效率分析，大部分的关注点在于如何提高拣货效率。因此，行业发展出一套用于评定拣货效率的指标，主要由以下部分组成：

（1）拣货人员的评估指标。

每人时平均拣取能力=当月拣货单笔数/（拣取人数×每日拣货时数×当月工作天数）

每人时拣取次数=当月拣货单位累计总件数/（拣取人数×每日拣货时数×当月工作天数）。

每人时订单拣取能力=当月订单数量/（拣取人数×每日拣货时数×当月工作天数）

拣货责任品项数=总品项数/分区拣取区域数。这个数值越大，表示每位拣货员负责品项越多，必然影响分拣效率。

拣取品项移动距离=拣货行走距离/订单总笔数。这个数值越大，表示工作人员在拣货中耗费的时间和体力越多，影响整体效率。

（2）拣货设备的评估指标。

拣货员装备率=拣货设备成本/拣货人员数，这个数值的大小代表设备的投资程度。

拣货设备投入与产出=发货品金额数/拣货设备成本，这个数值表示已投入设备的拣货效率。

每人时拣货金额数=发出品金额数/（拣取人数×每日拣货时间×当月工作天数）

（3）拣货策略带来的相关评估指标。

每批量包含订单数=订单数量/拣货分批次数

每批量包含品项数=订单笔数（订单商品总品项数）/拣货分批次数

每批量处理次数=发货箱数/拣货分批次数

每批量拣取体积数=发货品体积数/拣货分批次数

批量拣货时间=拣货人数×每日拣货时间×当月工作天数/拣货分批次数

（4）拣货时间的评估指标。

单位时间处理订单数=订单数量/每日拣货时数×当月工作天数

单位时间拣取品项数=订单笔数×每日订单平均品项数/（每日拣货时数×当月工作天数）

单位时间处理次数=拣货单位累计总件数/（每日拣货时数×当月工作天数）

单位时间拣取体积数=发货品体积数/（每日拣货时数×当月工作天数）

拣货时间的长短可以反映拣货能力的大小，从而影响拣货效率。

（5）拣货成本的评估指标。

拣货成本主要由人工成本、拣选直接成本、拣选间接成本、拣选设备折旧成本、信息处理成本、耗材等费用组成。

$$每订单投入拣货成本 = 拣货投入成本/订单数量$$
$$每订单笔数投入拣货成本 = 拣货投入成本/订单总笔数$$
$$每拣货单位投入拣货成本 = 拣货投入成本/拣货单位累计总件数$$
$$单位体积投入拣货成本 = 拣货投入成本/发货品体积数$$

（6）拣货质量的评估指标。

拣货质量主要是指拣货的准确度。

$$拣误率 = 拣取错误笔数/订单总笔数$$

1. 分析内容

某仓库通过计算一段时间内的拣误率，发现数值很高。为改变这种状况分析工作人员具体造成拣货质量差的原因，并针对不同的问题提出了相应的改进措施。通过对拣货日志的整理和补充，最近错误拣货的情况如表 8-19 所示。

表 8-19　拣货错误日志

错误拣货序号	错误类型	拣货员
1	数量错误	拣货员 1
2	数量错误	拣货员 2
3	商品看错	拣货员 2
4	商品看错	拣货员 2
5	商品识别错误	拣货员 2
6	商品识别错误	拣货员 2
7	数量错误	拣货员 2
8	数量错误	拣货员 2
9	商品识别错误	拣货员 2
10	商品识别错误	拣货员 1
11	数量错误	拣货员 1
12	数量错误	拣货员 1
13	数量错误	拣货员 1
14	商品识别错误	拣货员 1
15	商品识别错误	拣货员 1
16	数量错误	拣货员 3
17	数量错误	拣货员 3
18	商品识别错误	拣货员 3
19	商品识别错误	拣货员 3
20	商品识别错误	拣货员 3

2. 分析方法

拣货错误记录里面的错误类型，仅仅是错误的外在表现，为了找到解决错误的方法，还需要对错误的原因进行挖掘和分析。在对拣货员 1、2、3 沟通和了解之后，基本上梳理出了发生错误的原因，整理后如表 8-20 所示。

表 8-20　拣货错误及原因

错误拣货序号	错误类型	拣货员	错误原因
1	数量错误	拣货员 1	照明不够看错数字
2	数量错误	拣货员 2	照明不够看错数字
3	商品看错	拣货员 2	包装相似
4	商品看错	拣货员 2	包装相似
5	商品识别错误	拣货员 2	商品代码接近
6	商品识别错误	拣货员 2	商品代码接近
7	数量错误	拣货员 2	照明不够看错数字
8	数量错误	拣货员 2	照明不够看错数字
9	商品识别错误	拣货员 2	商品代码接近
10	商品识别错误	拣货员 1	商品代码接近
11	数量错误	拣货员 1	照明不够看错数字
12	数量错误	拣货员 1	照明不够看错数字
13	数量错误	拣货员 1	照明不够看错数字
14	商品识别错误	拣货员 1	商品代码接近
15	商品识别错误	拣货员 1	商品代码接近
16	数量错误	拣货员 3	照明不够看错数字
17	数量错误	拣货员 3	照明不够看错数字
18	商品识别错误	拣货员 3	商品代码接近
19	商品识别错误	拣货员 3	商品代码接近
20	商品识别错误	拣货员 3	商品代码接近

通过对错误原因的可视化，我们可以得到如图 8-14 所示的柱状图。

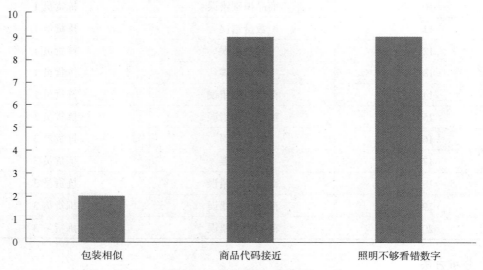

图 8-14　拣货错误原因计数

从柱状图上，我们可以看到，"商品代码接近"和"照明不够看错数字"是导致错误发生的两个主要原因，在此基础上，分析人员可以提供对应的解决方案：

（1）通过使用光电管显示器去解决照明不够的问题。

（2）把代码接近的商品分置在不易误认的货架上去解决商品识别错误的问题。

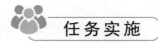

Excel-寻找重点　　　平台-寻找重点

拣货错误原因　　　拣货错误原因

寻找重点拣货错误原因

1. 准备数据

把表 8-20 的数据复制到 Excel 电子表格上。

2. 生成透视图表

在 Excel 电子表格中，选中相应数据，然后选择"插入-数据透视表"，如图 8-15 所示。

图 8-15　插入数据透视表

选择数据透视表的放置位置之后，在默认出现的数据透视表的字段配置中，把"错误原因"拉到"行"区域，把其他字段，比如"错误拣货序号"拉到"值"区域，如果不是作为"计数项"出现，需要对字段进行设置，如图 8-16 所示。

最后出现的透视表如图 8-17 所示。

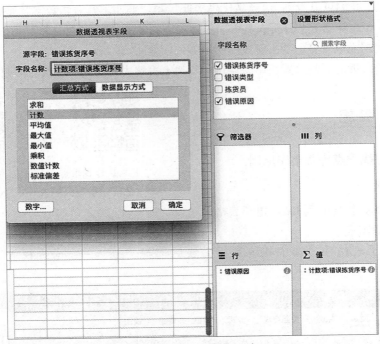

图 8-16　透视表配置

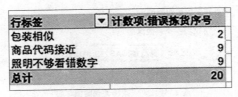

图 8-17　透视表

3. 生成拣货错误原因可视化

选中在 Excel 电子表格中的透视表，然后选择"插入-二维柱形图"，如图 8-18 所示。

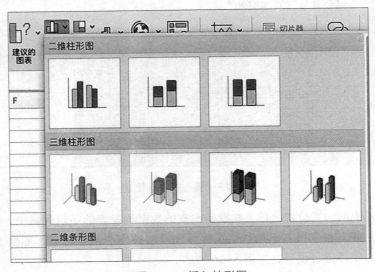

图 8-18　插入柱形图

在默认的柱状图中，去除标题和网格，得到的结果如图 8-19 所示。

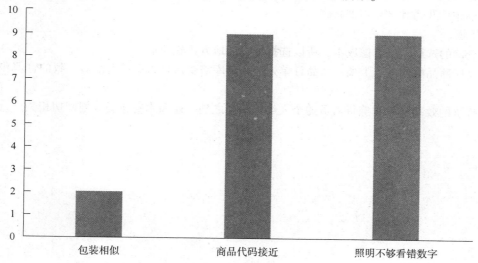

图 8-19　拣货错误原因

非常明显，我们可以确定因为商品代码接近和照明不够看错数字的原因占据了主要部分。那么从仓库设施上，我们可以增加照明强度，从商品代码的生成逻辑上，增加可识别性。

 学习检测

单项选择题

1. 下面四个选项，不是仓库选址的原则的是（　　）。

A. 适应性　　　　　　B. 战略性　　　　　　C. 经济性　　　　　　D. 地域性

2. 以下说法中错误的是（　　）。

A. 货物搬动越少，物流效率相对越高

B. 订单的波次处理是为了提供订单操作的效率

C. 自建仓库的前期投入成本比较巨大

D. JIT 的货物流转方式能够极大提高物流配送时效

3. 关于因次分析法，下面说法中错误的有（　　）。

A. 因次分析法主要是通过经济因素来计算重要的影响因素的权重大小

B. 因次分析法主要是为了把非经济因素的影响程度量化

C. 因次分析法综合考量了经济和非经济因素

D. 因次分析法不用考虑专家内行人士的主观观点

多项选择题

1. 常用的仓库类型有（　　）。

A. 中心仓　　　　　　B. 区域仓　　　　　　C. 社区仓　　　　　　D. 供应商协同仓

2. 电商仓库操作过程中，主要用到的单据包含（　　）。

A. 入库单　　　　　　B. 波次单　　　　　　C. 拣货单　　　　　　D. 出库单

3. 现代仓库中，各区域面积的占比通常为（　　）。

A. 一般储存区面积占比 40%～50%

B. 出/入库区域占比 10%～15%

C. 分拣区占比 10%～15%

D. 退货及不合格品区占比 5% ~ 10%

E. 通道面积占比 8% ~ 12%

判断题

1. 仓储的选址需要考虑成本，所以选择远郊的地方比较合适。 （   ）

2. 仓库商品的入库、上架、商品订单处理和出库需要通过单据进行前后一致的管理和操作。 （   ）

3. 拣货的效率除了和拣货人员的个人经验相关之外，还和库房布局规划密切相关。 （   ）

学习单元 9　供应链的发展新态势

知识目标

1. 掌握进出口电商在头程物流、税费、政策方面的困难和挑战。
2. 掌握 O2O 电商线上线下融合对履约、供应带来的挑战。
3. 掌握垂直电商和社区电商在商品主营类目、用户流量运营方面有别于平台电商的特点。

技能目标

1. 能够完整说明进出口电商的异同点和关键难点。
2. 能够完整描述 O2O 的业务链路和对消费带来的促进。
3. 能够描绘垂直电商和社交电商的特定和发展驱动力。

素质目标

1. 理解国家和政府对应搭建经济发展新态势下的供应链的鼓励和支持。
2. 理解在疫情影响下，国内国外发展双循环下对供应链的新需求。

思政元素

思维导图

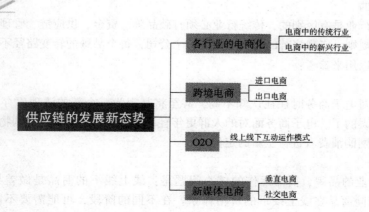

案例导入

拼多多的成功被誉为是近几年社交化电商的最成功案例，通过病毒式的营销，指数级地实现用户增长。

以一个砍价信息为例，在微信的加持下，这个信息可以通知到一个10个人的聊天群，同样地，这10个人可以同样发送砍价信息给自己的其他群，从而达到裂变的效果。理论上这种裂变可以无穷大。从1人变成10人，再从10人变成100人，100人变成1 000人，1 000人就会达到1万人的传播效果。

拼多多的传播一方面确实是社交电商的成功，但是它的传播却是标准的病毒式扩散，很难看到现在有商业案例能做到如此大的病毒式传播规模。这样极大地方便了拼多多利用人们的社交网络传播低价甚至免费的信息扩散。

目前的拼多多已经是全球用户规模最大的电商平台。

案例思考

1. 如何利用社交圈帮助电商用户规模实现指数级增长？
2. 如何持续打造用户增长的条件和环境？

案例启示

1. 通过社交关系中人与人之间的传播系数，实现用户的指数级增长。
2. 裂变增长是当前社交领域的重要增长理念。

任务9-1 各行业的电商化

知识准备

传统行业发展到今天，面临着用户喜好多样化、商品供应同质化、运营管控多样化等的挑战。特别是最近几年电商的迅速发展，对传统行业的业务模式造成了极大的冲击。为了应对这些影响，传统行业也在纷纷寻求变化。比如最典型的生鲜电商，把菜场搬到了线上；又比如教育培训这样的传统线下行业，也很早就开辟了线上培训的第二战场。

（一）电商中的传统行业

电商的出现，一定程度上解决了供应到消费的信息流、物流和现金流的距离。我们通常所说的电商，事实上是零售行业的线上化。但是不管是来自零食行业，还是教育行业或者是其他行业，有远见的品牌总是思考着如何进行线下往线上、货等人往货找人的电商化转变。但是这个转变不是一蹴而就的。

电商和传统行业是有区别的，传统行业必须打破品牌、资金、供应链、管理等相对成熟的体系，打破原有的规则，实现痛苦的转型。虽然每个公司，每个品牌的转变路径不一样，但是归纳出的一些路径可以用来参考：

1. 定位

传统品牌面对电子商务时往往认知不高，甚至将其视为一个新的清理库存的渠道。这种看法已经证明是错误的了。电子商务面对的人群更年轻、更时尚、更注重线上购物的体验感。这就要求传统品牌为网购消费者进行全新的定位。

2. 商品统一

对于传统行业的品牌，商品运作的核心问题是：线上线下的商品是做差异化还是沿用线下？如何管理相同商品在线上线下的价格体系？在不同的阶段，可能需要不同的商品统一策略。在初期可直接用线下的商品在线上进行销售；步入发展的中后期，线上线下商品应以差异化为主。

3. 是否自建 B2C 商城

是借助已有的电商平台分销还是要自建 B2C 直营平台，这个取决于传统品牌对于电商的发展目标。想要低成本地卖商品，可以通过现在的主流电商进行渠道销售，如果考虑人、货、场的闭环，则最好自建 B2C 商城。

4. 自建配送

物流配送往往决定了用户的收货体验。为了更好地实现物流配送的管理，传统品牌会面临是自建物流还是利用第三方物流的决策。自建物流，在初期投资巨大，同时面临着激烈的市场竞争。以四通一达为代表的行业巨头已经占据了市场的领先地位。

5. 品牌延展

传统品牌企业如要扩展网上市场，占有优势地位，对品牌的延展就势在必行。我们可以参考很多国际知名的企业的做法：随着不同的市场环境和消费认知不断地对品牌进行重新定义和演化，比如联想、李宁等。

（二）电商中的新兴行业

传统行业中的品牌都在考虑如何利用电子商务的各种优点去驱动自身的增长和开辟第二战场。但是电子商务本身的存在，并不以传统行业的存在为前提。随着电子商务的发展，一批传统品牌焕发了新的生命力，同时也赋予了新的行业和新的品牌。

从新的品牌来讲，以三只松鼠为代表的国内新的品牌抓住了电子商务的契机。对于新兴品牌来讲，电子商务提供了以下几种独特的优势：

（1）启动成本低。

传统上，品牌是否卖得好依赖于线下人流的多少。这就要求大量地铺货，渗透进终端零售渠道，与之而来的就是不能承受的成本。而电子商务脱离了地域的局限性，可以触动全体消费者。

（2）试错机会多。

新兴品牌的产品打造，是极难一蹴而就的。在没有一定体量的试验结果之前，贸然的规模化生产和推广都是把公司至于险境。所以，小规模化的生产，在电商销售，试探用户的购买和评价，能够帮助品牌优化产品，避开研发的陷阱。

（3）可以专注于某一领域。

一个产品的推广涉及方方面面，从产品研发、供应管理、渠道管理、库存管理到价格管理、用户触达、广告营销、售后和客服等形成了一个很长的业务链条。现在依托于电商平台，可以利用电商去触达流量、利用营销产品实现低成本营销、利用各种平台工具实现库存渠道等的管理。品牌可以专注于产品的研发和新业务的拓展。

（4）人货场的洞察。

主流的电商平台一定会提供商品、用户的分析洞察。通过分析用户的心智去帮助品牌定位商品和改良商品。比如，什么价位的商品有着最广的用户基数；商品的组合结构如何实现引流、获利，推新的目的；什么尺码的服饰有着最多的预测需求等。

所以电商对于新兴品牌带来了极大的红利，但是随着电商平台的流量到达天花板，营销费用成倍增长，以及越来越多市场竞争对手的出现和用户需求的不断变化，这些品牌不得不重新评估电商平台的运营成本以及线上体验缺失的挑战。更重要的是，这些品牌期望能够直接掌握消费者，因此这些发展成熟于电商平台的新兴品牌正在布局于线下，希望能够从其他渠道突破。

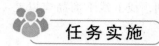

新品的用户接受度

1. 背景理解

新品牌研发出了一款新口味的糖果，在投入大规模营销之前，在电商平台做了测试投放，希望能够通过用户的反馈去调整产品的投放策略。该电商平台具备流量优势，因此通过流量的标签处理，把用户一共分成了 8 个组，分别为组 1 到组 8。

2. 数据准备和处理

通过利用平台的营销工具，每一个用户组都圈选了 1 000 人。经过投放之后，分析了每一组的转化率（下单人数/每组人数）和复购意愿分。在计算出了复购意愿分后，我们得到的每一组的数据如表 9-1 所示。

表 9-1　组别转化率和复购意愿分

组别	转化率	复购意愿分
组别 1	0.21	1.9
组别 2	0.48	1.3
组别 3	0.44	3.9
组别 4	0.26	1.4
组别 5	0.11	3.6
组别 6	0.41	2.5
组别 7	0.28	4.1
组别 8	0.29	2.9

3. 数据可视化

基于表 9-1 的数据，我们可以用矩阵分析法，去找到那些对我们有价值的组别。把数据导入 Excel 电子表格。

选中"转化率"和"复购意愿分"这两列数据后，选择菜单中的"插入-散点图"，如图 9-1 所示。

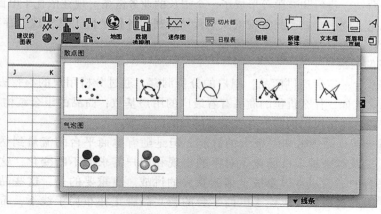

图 9-1　插入散点图

默认出现的散点图如图 9-2 所示。

复购意愿分

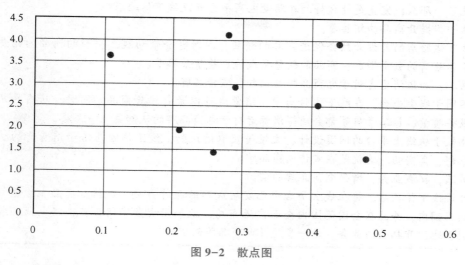

图 9-2　散点图

4. 数据细节观察

复购意愿分的平均值为 2.7，转化率为 0.31。在图 9-2 上，我们去寻找两个指标都高于平均值的点，只有代表组 3 的点，如图 9-3 所示。

复购意愿分

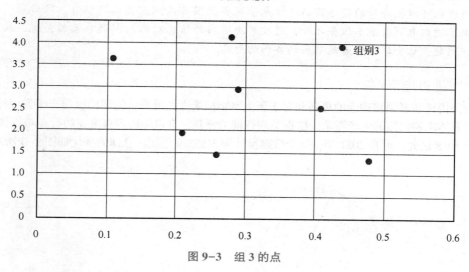

图 9-3　组 3 的点

5. 结论

按照平台的定义，组 3 的点属于这样的一群用户：年龄在 19~24 岁，住在新一线城市，喜欢购买配饰。那么给定了这些用户标签，我们对于大规模的营销就有了比较明确的指导了。我们在圈定用户的时候，不再很粗略地寻找组 3，而是基于用户的具体标签来做更加精致的选择：

（1）年龄：19~24 岁。

（2）城市等级：新一线。

（3）购买爱好：服饰和配饰。

知识拓展

在新零售的环境中，线上平台开设线下体验店、线下体验店开设线上平台的现象越来越常见了。那么，究竟是什么好处在驱动电商平台开设线下体验店呢？

第一，提升商品的销售量。

线下体验店的开设必然会促进商品的销售，同时也会带动线上平台的商品的销售。随着线下体验店的数量增加，商品的销售量或许也将节节攀升。

第二，加强消费者对于电商品牌的认知，宣传品牌。

不同于线上平台，在线下体验店中，消费者可以亲自体验商品。同时，店内的装修风格、服务质量、员工素质等都会使得消费者对于电商品牌的认知更上一层楼。

相较于从线上平台的网页设计、文案等获取的认知，线下体验店给予消费者的认知是更加深刻、真实的。这就是在宣传电商品牌。

第三，拓展业务，增强电商品牌的实力。

开设线下体验店，将在线上平台中已发展成熟的品牌声誉、风格、商品、管理模式等延续到店铺内，并且在全国范围内全面广泛布局，就如同吹散了蒲公英，将电商品牌驻扎到全国各地，开拓全新业务，进一步提升电商品牌的实力。

任务 9-2　跨境电商

知识准备

经济的全球化也带来了电商的全球化，通过电子商务，国内的商品可以直接销售到海外，同理也可以把海外的精选商品通过电子商务提供给国内广大的消费者。跨境电商，除了提供了境内电商的基本服务之外，通过解决境内外信息对称的问题和各国关税、政策等的差异问题，让全球消费者能够买到各国的商品。

（一）进口电商

随着国内消费者消费理念的更新和对于新生事物接受度的提高，能够接触和购买到境外生产的商品，有着越来越强烈的生产需求。根据艾瑞咨询的测算，进口跨境零售电商的行业总规模在 2013 年，仅为 59.8 亿元，而在 2021 年，这个数据预计为 3 555.9 亿元。总体的变化如图 9-4 所示。

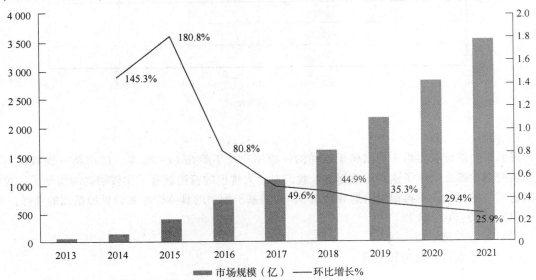

图 9-4　进口跨境零售电商市场规模和环比增长（2013—2021 年）

进口电商的运营模式主要有以下几种：

（1）保税进口模式。

这种模式指的是跨境电商先从海外大批量采购商品，并运至国内的保税区备货暂存。当消费者在电商网站下单时，订单、支付单、物流单等数据将实时传送给海关等监管部门，以便完成申报、征税、查验等通关手续和环节。这个过程就是我们所说的清关，然后这些跨境商品会直接从保税区的仓库发出，通过国内物流运达到消费者手中。我们在一些进口电商平台下单之后，在物流消息里面，经常会看到如"从重庆保税区发出"的字样，就是通过了这种模式。

（2）直邮进口模式。

这种模式指的是消费者在跨境电商的平台下单后，电商或申报企业通过跨境电子商务系统进行申报，并向海关推送订单、支付、物流等消息，在完成信息对碰后，这些跨境商品会在海外库完成打包，并以个人包裹的形式入境，完成清关，之后通过国内的物流以快递的形式发送到消费者手中。

（3）快件清关。

这种模式指的是在跨境电商平台下单，并得到供应商的确认后，国外供应商帮助打包，发货，通过国际快递将商品直接从境外邮寄至消费者手中。这种模式非常类似国内的电商物流配送，比较灵活，适合业务量较少的场景。缺点是物流费用会较高，并且当成普通邮包通关，效率较低。

进口电商和国内电商的最大区别在于通关流程，通关一般会经过三个环节：

（1）企业申报。

（2）海关监管。

（3）放行配送。

如图 9-5 所示。

图 9-5 通关流程

我们来详细地了解每一个环节的细节：

1. 进口商品申报

图 9-6 三单对碰

消费者在完成商品选购后，在报关的时候需要实现"三单对碰"（见图 9-6）。就是将物流单（电子运单）、电子订单和电子支付单作为报关清单的重要部分同时提交。海关对"三单"信息和清单信息进行数据比对，核验通过后，保税仓发货，信息回传到跨境 ERP，物流信息反馈到跨境商城，消费者了解进度。在满足以下条件之后，海关系统确认放行：

（1）订单、支付单、物流单匹配一致。

（2）电商平台、电商企业备案信息真实有效。

（3）订购人姓名、身份证号匹配查验一致。

（4）订购人年度购买额度 ≤ ￥26 000。

（5）单笔订单实际支付金额 ≤ ￥5 000。

（6）订单商品价格、代扣税金、实际支付金额等计算正确（允许 5% 误差）。

（7）订单实际支付金额与支付单支付金额、支付人信息等一致。

2. 海关监管

海关依托信息化系统实现"三单"信息与"申报清单"的自动比对。一般情况下，规范、完成的"申报清单"经海关快速审核后放行，实现"秒级通关"。对于部分判定存在风险的，经海关单证审核及商品查验无误后放行，如图9-7所示。

3. 包裹配送签收

经海关监管放行的进口商品，企业在通关口岸可以进行打包装车配送，进口商品的主要通关流程结束。消费者收到进口商品后，完成签收，如图9-8所示。

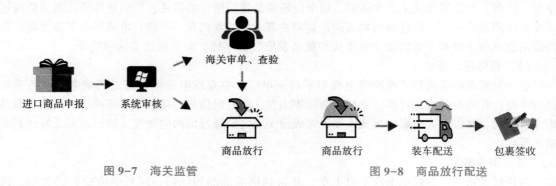

图9-7 海关监管   图9-8 商品放行配送

（二）出口电商

跨境出口电商一般是B2B形式（即公对公）。在一般操作流程上，是境内企业通过跨境物流将货物运送至境外企业或海外仓，并通过跨境电商平台完成交易的贸易形式。

运营模式主要为以下两种：

1. B2B直接出口

这种模式指的是境内企业通过跨境电商平台与境外企业达成交易后，通过跨境物流将货物直接出口至境外企业。在这种模式下，境外企业收集了订单之后，从境内企业采购商品。

2. 出口海外仓

这种模式指的是境内企业先将货物通过跨境物流出口至海外仓，通过跨境电商平台实现交易后从海外仓送达境外购买者。

出口电商的操作链路如图9-9所示。

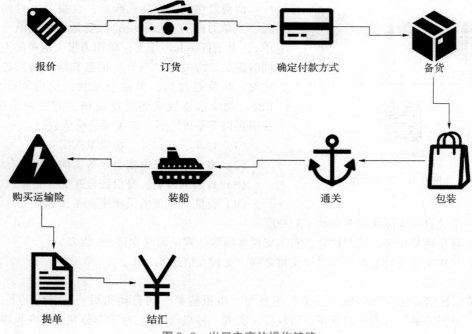

图9-9 出口电商的操作链路

1. 报价

在国际贸易的过程中，最先的步骤是产品的询价、报价。报价内容主要包括产品的质量等级、产品的规格型号、产品是否有特殊包装要求、所购产品量的多少、交货期的要求、产品的运输方式、产品的材质等内容。比较常用的报价有 FOB 船上交货、CNF 成本加运费、CIF 成本、保险费加运费等形式。

2. 订货

贸易双方就报价达成意向后，买方企业正式订货并就一些相关事项与卖方企业进行协商，双方协商认可后，签订《购货合同》。在签订合同过程中，主要对商品名称、规格型号、数量、价格、包装、产地、装运期、付款条件、结算方式、索赔、仲裁等内容进行商谈，并将商谈后达成的协议写入《购货合同》。这标志着出口业务的正式开始。

3. 确定付款方式

比较常用的国际付款方式有三种：①信用证付款方式；②TT 付款方式；③直接付款方式。

4. 备货

备货须按照合同逐一落实。备货的主要核对内容如下：

（1）货物品质、规格：应按合同的要求核实。

（2）货物数量：保证满足合同或信用证对数量的要求。

（3）备货时间：应根据信用证规定，结合船期安排，以利于船货衔接。

5. 包装

根据货物的不同来选择包装形式（如纸箱、木箱、编织袋等）。不同的包装形式的包装要求也有所不同。

（1）一般出口包装标准：根据贸易出口通用的标准进行包装。

（2）特殊出口包装标准：根据客户的特殊要求进行出口货物包装。

（3）货物的包装和唛头（运输标志）：应进行认真检查核实，使之符合信用证的规定。

6. 通关

通关手续极为烦琐又极其重要。目前我国进出口商品检验工作主要有四个环节：

（1）接受报验。

报验是指对外贸易关系人向商检机构报请检验。

（2）抽样。

商检机构接受报验之后，及时派员赴货物堆存地点进行现场检验、鉴定。

（3）检验。

商检机构接受报验之后，认真研究申报的检验项目，确定检验内容。

（4）签发证书。

在出口方面，凡合规的出口商品，经商检机构检验合格后，签发放行单。

7. 装船

在货物装船过程中，您可以根据货物的多少来决定装船方式，并根据《购货合同》所定的险种来进行投保。可选择整装集装箱和拼装集装箱。运费分别按照整装集装箱个数和体积重量来计算。

8. 购买运输险

通常双方在签订《购货合同》中已事先约定运输保险的相关事项。常见的保险有海洋货物运输保险、陆空邮货运输保险等。其中，海洋运输货物保险条款所承保的险别，分为基本险别和附加险别两类。

9. 提单

提单是出口商办理完出口通关手续、海关放行后，由外运公司签出、供进口商提货、结汇所用单据。

所签提单根据信用证所提要求份数签发，一般是三份。出口商留两份，办理退税等业务，一份寄给进口商用来办理提货等手续。

进行海运货物时，进口商必须持正本提单、箱单、发票来提取货物。若是空运货物，则可直接用提单、箱单、发票的传真件来提取货物。

10. 结汇

出口货物装出之后，进出口公司即应按照信用证的规定，正确缮制箱单、发票、提单、出口产地证明、出口结汇等单据。在信用证规定的交单有效期内，递交银行办理议付结汇手续。由于电子化的高速发展，现在汇款主要使用电汇方式。

 任务实施

计算 **CAGR**（Compounded Annual Growth Rate）

1. CAGR（复合年均增长率）

复合年均增长率是一个评估总体增长趋势的指标。比如第二年比第一年增长了 80%，第三年比第二年增长了 15%。这样两个差异极大的增长率就比较难以归纳去描述总体的增长快慢了，这就是复合年均增长率的适用场景。

Excel-计算 CAGR

2. 准备数据

根据艾瑞咨询提供的数据，从 2014 年到 2021 年的年增长率和市场规模如表 9-2 所示。

表 9-2　年增长率和市场规模

年份	市场规模/亿元	环比增长/%
2013	59.8	
2014	146.6	145.3
2015	411.6	180.8
2016	744.2	80.8
2017	1 113.4	49.6
2018	1 613.3	44.9
2019	2 182.7	35.3
2020	2 824.4	29.4
2021	3 555.9	25.9

3. 实现计算公式

CAGR 并不是每一年的增长率的平均值，而是一个基于市场规模的指数表达式。我们先假设这个 CAGR 是 Y。从 2013 年开始，2014 年的市场规模 $m_{2014}=m_{2013}\times(1+Y)$，2015 年的市场规模 $m_{2015}=m_{2014}\times(1+Y)$，那么 2021 年的市场规模 $m_{2021}=m_{2020}\times(1+Y)=m_{2019}\times(1+Y)\times(1+Y)=\cdots=m_{2013}\times(1+Y)^8$。

4. 计算 CAGR

为了计算 Y，我们需要把上面的公式倒推，把 $m_{2021}=m_{2013}\times(1+Y)^8$ 变为 $Y=\sqrt[8]{\dfrac{m_{2021}}{m_{2013}}}-1$。

在 Excel 电子表格中，键入表达式：=(B53/B45)^(1/8)-1。其中 B53 指向 2021 年的市场规模数值，B45 指向 2013 年的市场规模数值。最后得到的结果＝0.666＝66.6%。所以从 2013 年到 2021 年，复合年均增长率为 66.6%。

思政园地

中国跨境电商行业经历数年的积累蓄力，迎来快速发展的"黄金期"。全国跨境电子商务综合试验区（简称"跨境电商综试区"）扩容至 105 个，跨境电商 5 年增长近 10 倍。2021 年上半年，中国跨境电商进出口额为 8 867 亿元，同比增长 28.6%。跨境电商已成为外贸发展新动能、转型升级新渠道和高质量发展新抓手。

新兴业态逆势增长

在中国（南宁）跨境电商综合试验区，频繁来往的货车满载来自中国和东盟的商品，不少年轻人在这里从事跨境电商运营和直播相关工作。自 2018 年设立南宁跨境电商综合试验区以来，跨境电商相关业务在此落地生根，茁壮成长。据统计，2021 年 1—7 月，南宁跨境电商综合试验区共完成跨境电商进出口交易额 30 亿元。

全国范围内，像这样的跨境电商综合试验区已达 105 个。自 2015 年首批跨境电商综合试验区设立以来，先行先试的"试验田"结出累累硕果。据海关统计，2020 年全国跨境电商进出口额达 1.69 万亿元，增长 31.1%。作为新兴贸易业态，跨境电商在防疫期间飞速发展，成为稳外贸的重要力量。据统计，2020 年实体经济遭受新冠肺炎疫情冲击，中国出口电商凭借高度灵活性，逆势实现超 20% 的高速增长。

全球化智库在 2021 年发布的《B2C 跨境电商平台"出海"研究报告》显示，中国和美国目前是全球跨境电商的主要平台方所在国，也是全球跨境电商交易的主要市场。全球约有 26% 的企业到消费者（B2C）跨境电商交易发生在中国大陆，中国超过美国、英国、德国和日本等，排名居世界第一。

"近年来，中国跨境电商呈现迅猛增长的发展态势，体现出诸多明显特点。"中国国际经济交流中心美欧所首席研究员张茉楠接受本报记者采访时分析，中国在跨境电商贸易领域正从数量型增长转向高质量发展；跨境电商交易的产品类型呈现大而全的特点，企业到企业（B2B）跨境电商交易量显著增加，大量中小企业参与跨境电商贸易，体现了中国整体产业能力和企业竞争力的提升；中国对新兴市场的贸易增量明显加速，尤其是在东南亚、拉美、非洲国家等"一带一路"沿线国家的跨境电商增长速度较快。

任务9-3 O2O

知识准备

线下的零售发展了近百年，线上的零售借助电商也有了 10 多年的历史。线上线下两大渠道早已经被充分地研究和理解，它们各自的优缺点也已经暴露无遗。线下的渠道实时体验比较好，客户复购率高，地域阻碍了流量的获取但也成了现有流量的护城河；而线上渠道方便商品的比价比质，但是客户体验较差，复购率偏低，虽然突破了地域的局限，但也让消费者的忠诚度变得脆弱。

在这种情况下，吸纳线下线上的渠道优势的新业务模式 O2O 成了行业的热点。借助 O2O，人们可以享受上门的便利，也能够无障碍地挑选定价合理并且充分好评的商品。

（一）线上线下互动运作模式

大部分人一定用过美团外卖或者饿了么外卖，我们打开 App 或者小程序，挑选自己喜欢的外卖（或者其他零售类商品），生成订单，完成支付，然后等待到家的快递配送。和电商平台以及线下零售都不一样的地方在于：购买发生在线上，而履约并不是从仓库发起的，而是通过线下的餐饮店打包来发起配送的。在早期阶段，因为商品以餐饮外卖为主，因此地域范围、时效要求成为最需要关注的履约规则和指标。经过一段时间的高速发展，虽然品类从餐饮扩张到了百货、非处方药，但是一小时或者半小时上门，依然是消费者对这些平台的要求。

行业对这样线上购买线下履约的商业模式称为 O2O（Online-2-Offline），通过网购，把互联网与地面店完美对接，消费者在享受线上优惠价格的同时，又可享受线下贴身的服务。O2O 的优势，可以总结为以下几点：

（1）O2O 模式充分利用了互联网跨地域、海量用户的优势，同时充分挖掘线下服务和商品资源，进而促成线上用户与线下商品与服务的交易，我们熟知的团购也是 O2O 的一种典型代表。

（2）O2O 在服务业中具有优势，价格便宜，购买方便，且折扣信息等能够在线上及时获知。

（3）O2O 将拓宽电子商务的发展方向，由规模化走向多元化。

（4）O2O 模式打通了线上线下的信息和体验环节，让线下消费者避免"价格蒙蔽"的同时，实现线上消费者"售前体验"。

O2O 的高速发展，除了业务模式带来的自然优势外，也因为可以三方获利：

（1）对本地商家来说，带来了更多的线上资源，也带来了更多利润。由于没有地域边界，O2O 模式在一定程度上降低了商家对店铺地理位置的依赖，减少了租金方面的支出。

（2）对消费者而言，O2O 提供丰富、全面、及时的商家折扣信息，能够快捷筛选并订购适宜的商品或服务，且价格实惠。

（3）对平台或者服务商来说，O2O 模式可带来大规模高黏度、高复购的消费者，进而能争取到更多的商家资源；能够正向地保持商家和用户的同步增长。

根据艾瑞咨询的数据，O2O 的市场规模始终保持高速的发展，如图 9-10 所示。

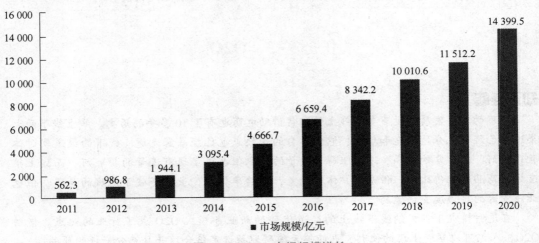

图 9-10 O2O 市场规模增长

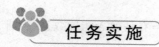

品牌在 O2O 店铺的铺货率

1. 背景理解

和电商一样，O2O 上也有店铺的概念，这些店铺往往是超市、便利店这种类型的。对于品牌而言，它追求的是铺货率指标，即该品牌的商品，在 O2O 平台上的所有店铺中，有多少店铺有该品牌的售卖。同时也会有一个加权铺货率的指标，即有该品牌售卖的店铺的总销量，在所有店铺销售额中的占比。

2. 数据准备

为了得到上面的指标，我们提取了这个 O2O 平台上的店铺数量，用关键词提取了店铺里面商品的品牌以及所有商品的销量。针对品牌 A，我们得到的数据如表 9-3 所示。

表 9-3　O2O 店铺销量

店铺	是否有品牌 A 商品	店铺销售额/万元
店铺 1	1	109
店铺 2	1	496
店铺 3	1	454
店铺 4	1	162
店铺 5	0	973
店铺 6	1	249
店铺 7	1	231
店铺 8	1	955
店铺 9	0	549
店铺 10	1	354
店铺 11	1	855
店铺 12	0	609
店铺 13	1	849
店铺 14	1	320
店铺 15	0	437
店铺 16	0	512
店铺 17	1	945
店铺 18	1	492
店铺 19	1	495
店铺 20	1	931

在这里，1 代表这个店铺有品牌 A 的商品销售。

3. 数据计算

铺货率是有品牌 A 商品销售的店铺和所有店铺数之比。则铺货率＝有品牌 A 店铺数量/店铺总数量＝15/20＝75%。

加权铺货率是有品牌 A 商品销售的店铺的总销量和所有店铺的总销量之比。则加权铺货率＝7 897/10 977＝72%。

相比较两个铺货率指标，加权铺货率略小，意味着品牌 A 商品进入了一些销售规模较小的店铺。比如夫妻老婆店等。

任务9-4 新媒体电商

微课–新媒体电商

知识准备

伴随着消费者的多元化、流量天花板的到来、获客成本的高涨，电商的固有模式也在发生着演变。比如，为了打造小而美的用户群体，很多电商收缩品类规模，深耕用户，通过专注于少量品类，去打造平台的调性和用户人设。另外一种是流量的运营，传统的电商平台以公域流量为主，商品是不是触达目标消费者，怎么才能不被掩盖在浩瀚的商品海洋中是非常难以回答的问题。基于这种考量，行业里出现了通过运营私域流量为主的平台，借助微信的好友，通过聊天群或者朋友圈，相互推荐商品。背后的逻辑很简单，把货推荐给认识的朋友，通过信任来背书，可以达到比较高的转化率和成交量。

（一）垂直电商

垂直电商可以从两个角度来理解：品类垂直和品牌垂直。品类垂直通常指的是不管是自营电商还是平台电商，不走全品类商品，而专注于某一个或者某几个品类。比如酒仙网和得物，前者只提供酒类商品的线上零售，后者以鞋为主，另外补充几个小而美的小众品类。品牌垂直是一种比较新的垂直电商定义，主要指的是品牌通过自建电商平台，提供自有品牌或者合作品牌的售卖。

1. 品类垂直

事实上，每个电商都是从品类垂直电商起家的。在发展的早期，资源有限、运营能力缺乏、供应链把控能力不强，导致把单个品类的商品作为突破口。随着业务的发展，在合适的时机才会转向全品类电商。但是，转型并不是必然之路，转型也会成功或者失败。这里举正反两个例子：当当网创办于 1999 年，抓住了互联网的风头成为当时国内最出名的互联网电商。因为两个创始人的背景来自图书行业，所以当当网早期主要发展图书品类，在 2005 年，销售额就达到了4.4亿元。然后当当网就开始了全品类扩张，力图打造线上百货品类的巨无霸。但是直到 2021 年，在普罗大众的认知里，当当网依然是一个卖图书的网站，管理层变动剧烈，市场占有率一蹶不振。

另外一个例子是京东商城，京东商城成立于 1998 年，因为创始人的背景，早期只做3C类商品，在击败了新蛋和其他对手，巩固了市场占有率之后，开始了全品类的发展。在 2021 年，仅618 大促，京东的销售额就达到了 3 056 亿元。除了全品类的销售之外，京东也在重新定位公司模式，很多业内人士甚至认为京东已经是一家供应链公司了。

对于很多垂直电商公司而言，保持对少数品类的专注有着天然的逻辑和对行业的判断。在若干年前，垂直电商十分艰难是很多推崇全品类的人士的看法，他们的理由也十分有说服力：垂直品类流量缺乏、不易扩大规模打造护城河、用户往往跨品类购买、资本更看好大而全的一站式购物体验等。不少垂直电商的失败遭遇也似乎验证这种说法。但是从 2020 年甚至更早开始，垂直电商开始了又一次的发展，其中的主要驱动力来自消费者的新消费行为模式：消费者更加渴望专业性和差异化的商品，这一点决定了电商对品类商品的选品、推广和倒逼品牌研发的要求不断提高；消费者分层边界越来越明显，全品类的电商已经无法在转化率和人货匹配上获得优势了；移动的购物习惯导致一单一品的下单行为急剧增长。在以上几个原因的共同作用下，流量不占优势但是商品差异化、深度化、专业化、社区化的垂直电商得以再次发展。专注品类、深耕品类的垂直电商体现出了以下优势：

（1）产品管理灵活。

垂直电商管控数量较少的供应商，能保证商品质量和损耗最低。商品的管理模式和系统只需要适应少数几个类目，能够保证体验好、效率高和统一协调性强。

（2）服务优质高效。

垂直电商为供应商提供低库存风险、低成本、高效率的渠道，进行定向的品牌推广，市场调研。客户忠诚度较高，对他们能够进行有效的行为分析及消费能力水平的评估。

（3）信息整合度高。

通过供应商和物流渠道资源整合，专业的垂直电商网站的品质服务和产品保障，可以满足同类消费者的需求。

（4）精细化运营。

垂直电商能够有针对性地完善供应链和提供独特的产品服务，达到与综合电商差异化的效果。

2. 品牌垂直

品牌垂直用另一个易于理解的概念来表述就是品牌的自营电商平台。为什么品牌需要运营自己的电商平台呢？有些品牌需要维持自己的调性，很多品牌虽然在主流电商上都有旗舰店，但是在浩瀚的人流中，找到合适的消费群体并不容易，转化率的提升也困难，另外这些有价值的用户是品牌真正需要获取和挽留的。通过自建品牌电商，可以直接获取这些目标消费者的行为、消费和个人信息，作为客户资产可以更好更有效地运营。另外，对于很多品牌来说，自建电商平台也许更便宜。在主流电商，有一个指标叫作货币化率或者现金化率。它指的是品牌站内曝光或者引流曝光的费用和品牌销售 GMV 之比。这个比例越高，意味着产生一块钱的销售额，需要花费的广告营销成本越高。在国内电商流量增长已经达到天花板的前提下，品牌越来越多，商品越来越多，为了不让自己埋没，品牌方们不得不支付巨额的广告费去争取消费者能够"看到"他们。这种 ROI（Return on Investment，投资回报率）对于品牌商来说，已经不足以成为他们继续依赖主流电商来线上销售的理由。甚至很多享受到流量红利，依赖主流电商平台崛起的品牌，也纷纷走上了品牌垂直电商之路，比如花西子、三只松鼠等。

（二）社交电商

毫无疑问，品牌垂直电商的消费者和访客都是品牌的自有流量，也称为私域流量。和私域流量之间的触达和交互更加直接，甚至不用成本。如果品牌需要能够进一步加强和流量之间的信任，以及利用流量进行裂变，产生更多潜在消费者和用户的话，就需要去打造自己的社交电商体系了。

社交电商，顾名思义，是以社会交往关系为基础，通过社交圈的沟通对象，在互信互惠的前提下，进行商品售卖的电子商务模式。一个典型的社交电商，包含了品牌和消费者的关注、消费者在朋友圈对品牌商品的推广或者裂变、已经裂变的总体流量对商品的购买行为。如图 9-11所示。

社交电商的运行逻辑主要是这样的：品牌通过内容也好、赠券也好吸引潜在消费者的关注，主要依托于微信，在朋友圈、聊天群、官方公众号或者订阅号和消费者互动。消费者的心智认同品牌定位和商品的时候，他会自己购买，同时也会因为认同，把品牌营销内容推荐给自己的聊天

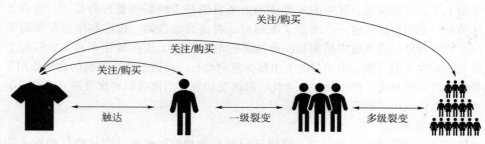

图 9-11　社交电商

好友和朋友圈。同理，朋友也会推荐给朋友。这样通过数据的流量增长，可以用很低的成本达成很高的私域流量池。这一切出于朋友之间的了解、信任和趋同，因此品牌能够获取的用户转化率、用户全生命周期的价值都会高于通过投入成本营销获取的流量。对于品牌来讲，种子用户、裂变指数和裂变效率是社交电商运营活动中最为关心的指标。种子用户是指直接关注品牌的用户数量，裂变指数是指用户在一个周期内给几位好友推荐了品牌；裂变效率是指被推荐的朋友当中，有多少是关注或者订阅了品牌公众号或者订阅号。

我们假设种子用户的数量是 S，在一个周期（比如一个月）的裂变指数是 R，并且从第二个月开始裂变，裂变效率是 C，那么一个品牌开展了宏大的营销活动之后，三个月的总关注用户通过简化的计算公式，得 $U_3 = U_1 + U_2 + U_3 = S \times C + (S \times C)^R \times C + [(S \times C)^R \times C]^R$，在这里第一个月的用户数 $U_1 = S \times C$，是因为种子人数不一定都会持续关注或者对品牌认同。

第二个月的用户数 $U_2 = (U_1)^R \times C = (S \times C)^R \times C$，是把第一个月的留存种子用户作为基数去计算用户数。

第三个月的用户数 $U_3 = (U_2)^R \times C = [(S \times C)^R \times C]^R$，是把第二个月的留存种子用户作为基数去计算用户数。

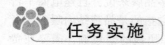 **任务实施**

计算社交电商裂变指数

1. 任务描述

品牌希望通过营销去获取新用户流量。目标是在三个月内达成 5 000 万新用户，作为美妆行业的品牌，行业的单个用户拉新成本是 50 元，那么总体的预算就是 25 亿元，是一笔无法承受的成本。现在，希望能够通过裂变拉新达到同样的新用户增量，同时也要预估一下花费的营销成本。

Excel-计算社交电商
裂变指数

2. 评估参数

我们先按照假设场景给定一些参数。美妆行业的头牌裂变指数是 4.2，裂变效率为 20%，假设营销成本主要用于种子用户的拉新成本，那么这些用户的单个成本大约为 50 元。

3. 计算种子用户数

我们已经知道了三个月的总关注用户为 $S \times C + (S \times C)^R \times C + [(S \times C)^R \times C]^R$，那么代入上面的各个参数，则为 $5\ 000 = 0.2S + (0.2S \times 0.2)^{4.2} + [(0.2S)^{4.2} \times 0.2]^{4.2} = 5.43 \times 10^{-16} \times S^{17.64} + 0.000\ 2 \times S^{4.2} + 0.2S$。

在 Excel 电子表格里面，选对一个单元格，比如 B82，然后键入表达式，如图 9-12 所示。其中 H81 是种子用户数所在的单元格。

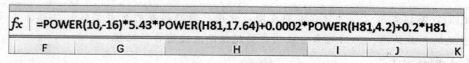

fx =POWER(10,-16)*5.43*POWER(H81,17.64)+0.0002*POWER(H81,4.2)+0.2*H81

| F | G | H | I | J | K |

图 9-12 裂变公式

然后选择"数据"→"模拟分析"→"单变量求解",如图 9-13 所示。

方案管理器...
单变量求解...
模拟运算表...

图 9-13 选择单变量求解

4. 计算成本

在单变量求解的对话框中,输入如图 9-14 所示。

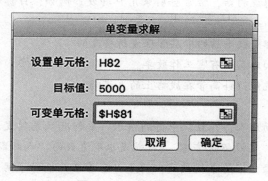

单变量求解

设置单元格: H82

目标值: 5000

可变单元格: H81

取消　确定

图 9-14 对话框配置

这里 H82 是输入技术公式的单元格,5 000 指的是计算公式的最终结果是 5 000,可变单元格 H81 是参数 S(种子数量)输出的目标单元格。配置好之后,单击确定,得到的结果如表 9-4 所示。

预估成本则为 50×11.88 = 594(万元)。所以通过裂变,我们可以用远远低于预期成本去达成原来预定的拉新目标。

表 9-4 求解结果

种子数量/万个	11. 885 633 9
目标/万元	4 999. 999 996

行业动态

裂变的动机归纳

在传统营销的打法中,大部分都是非常直接粗暴的,一般都是通过不太友好的方式比如邮件、短信、电话、微信等强推广告给用户,狂轰滥炸地做营销。强推是非常伤害用户的,是无法引发传播的。

那么,如何让用户愿意转发分享品牌的信息?李教授(营销专家,Y 型营销咨询公司CEO）有篇文章《你为什么发朋友圈：让用户疯狂转发的5大动机》总结了5点，加上最常见的利益诱惑，总结起来，让用户转发信息主要有6种动机：

（1）利益诱导。

转发送电饭锅、送资料、朋友购买有钱分等，肯定会有人转，但利益诱导产生的忠诚度也是最低的，用户极有可能领到利益就走了，所以品牌还需要配套让用户留存的内容。这样的案例就太多了，曾刷屏的新世相就是其中一个典型的案例。

（2）提供谈资。

给用户提供其他人不知道的讯息，好让用户可以拿去聊天，这样的内容也经常会被转发，比如：

深圳人看过来，这20个福利，99%的深圳人没领全过！

别再问我广州哪里好玩了！这儿全了……

今天，北京又发生一件大事了

……

（3）表达想法。

帮用户说出他们想说的话，常常会引来用户转发。例如，目标群体是职员，那就可以发这些内容：

70%的优秀员工都是被平庸的中层管理者折磨走的。

研究发现：过度加班反而有害工作效率。

员工更加勤奋，就能弥补高管在战略上的失误吗？

（4）帮助别人。

大部分人喜欢帮助别人，并且从中得到快乐，更何况只是转发这种举手之劳呢！所以有人总喜欢转发各种"实习招聘信息"（也就是求职者说的"人贩贴"），以帮助朋友圈的人找工作……当年风靡全球的冰桶挑战，就是以慈善名义撬动了网红和明星，带动了大众参与。

（5）塑造形象。

每个人都渴望在朋友圈塑造并且强化自己的形象——

"我非常热爱生活，我是××大学毕业的，我是广东人，我是……"

所以如果所提供的信息能够强化他们的形象，他们就会转发这种信息。

比如说华南师范大学物理学专业成为世界一流学科的内容我会转，因为这就是我所读的专业，我想让大家知道我所读的专业就是很棒的专业，强化了"华师人"和"学习能力很好"的身份和形象。

（6）社会比较。

如果所提供的信息能帮助用户有效并一目了然地进行比较，人们就会倾向于转发该信息。

例如：

各种游戏，玩了之后，告诉你打败了94%的小伙伴、你的排名是多少名……

支付宝账单，让人瞬间了解自己过去10年支付宝花的钱并转发朋友圈。

甚至每次微信群抢红包，大部分人都会比较一下谁抢得多。

学习检测

单项选择题

1. 下面四个选项，不属于传统行业电商化的路径的是（　　）。

A. 重新定位　　　　　　　　　　　　B. 考虑自建配送和 B2C 商城

C. 商品统一　　　　　　　　　　　　D. 收购小电商公司

2. 以下说法中错误的是（　　）。

A. 新兴行业通过电商，可以用较低成本试错

B. 出口电商可以通过 B2B 的模式来运作

C. 进口电商可以通过保税进口的模式来运作

D. 进口申报得到通过的一个条件是申购人单笔消费金额小于等于 26 000 元

3. 下面哪一种不是常用的出口电商的国际付款方式？（　　）

A. 信用证付款方式　　　　　　　　　B. TT 付款方式

C. 直接付款方式　　　　　　　　　　D. 月结转账付款方式

多项选择题

1. 社交电商用户裂变的几个重要参数是（　　）。

A. 种子用户数　　　B. 裂变转化率　　　C. 裂变指数　　　D. 裂变时间

2. 垂直电商主要的类型有（　　）。

A. 品类垂直　　　B. 品牌垂直　　　C. 商品垂直　　　D. 服务垂直

3. 进口电商需要哪些单据对碰，才能满足申报清单的资料要求？（　　）

A. 电子订单　　　B. 电子运单　　　C. 电子支付单　　　D. 包裹物品单

判断题

1. 传统行业不能朝电商转变，因为电商属于新兴的业务模式。（　　　）

2. 年复合增长率就是每一年的增长率的平均值。（　　　）

3. O2O 是 Online 2 Offline 的简称，典型的 O2O 模式是线上下单，线下配送或者履约。（　　　）

参考文献

［1］王玉，赵刚，卢鹏翔. 浅析大数据分析在物资供应链管理中的应用［J］. 中国物流与采购，2022（03）：65-66.

［2］王玫雯，王升. 经济新常态下供应链金融缓解中小企业融资约束的研究——基于山东省42家中小企业的面板数据分析［J］. 黑龙江金融，2022（01）：29-33.

［3］何寅. 大数据背景下制造企业供应链成本管理的实施对策分析［J］. 中国市场，2022（03）：142-143.

［4］徐德安，曹志强. 大数据分析能力、供应链协同对零售企业绩效的影响［J］. 商业经济研究，2022（01）：38-41.

［5］王艺. 大数据技术对供应链管理的影响分析［J］. 中国储运，2022（01）：167-168.

［6］寇军，田帅辉，陈鑫. 基于大数据分析的供应链产品定价和延保服务需求协调策略［J］. 扬州大学学报（自然科学版），2021，24（06）：58-65+78.

［7］柳伟. 基于大数据分析的白酒行业供应链融资风险预警模型［C］. 中国当代社会科学与高校教育会议论文集，2021：147-150.

［8］叶枫，林正品. 大数据分析能力、供应链敏捷性与企业竞争优势关系［J］. 科技与经济，2021，34（05）：71-75.

［9］冯佳欣. 大数据环境下的粮食双渠道供应链利润分配研究［D］. 哈尔滨：东北农业大学，2021.

［10］程晏萍，黄千芷，董慈蔚. 大数据在供应链管理中应用的研究现状——基于 CiteSpace 的知识图谱分析［J］. 华中师范大学学报（自然科学版），2021，55（03）：453-461.

［11］朱新球. 大数据分析能力如何影响供应链绩效——基于供应链弹性视域的分析［J］. 中国流通经济，2021，35（06）：84-93.

［12］江怡洒. 大数据分析能力与供应链可视性对大规模定制能力的影响［D］. 哈尔滨：哈尔滨工业大学，2021.

［13］陈广，陈少兵，李泽坤，崔晓昱. 现代供应链中面向智能电表质量的大数据分析技术研究［J］. 自动化与仪器仪表，2021（05）：180-183，188.

［14］李穗生. 面向大数据分析的供应链金融区块链隐私保护机制研究［D］. 广州：广东工业大学，2021.

［15］陈伟. 大数据分析对供应链绩效的影响［D］. 合肥：中国科学技术大学，2021.

［16］张长瑶. 基于大数据分析视角的供应链管理优化策略研究［J］. 企业改革与管理，2021（02）：35-37.

［17］刘辉，范林榜. 科技创新与企业绩效的"门槛效应"研究——基于供应链视角对我国制造型企业的面板数据分析［J］. 物流科技，2021，44（01）：128-134.

［18］徐文杰. 基于数据分析的航材供应链管理［J］. 航空维修与工程，2020（09）：43-45.

［19］詹川，龚英，杨婷婷. 大数据视角下供应链人才需求分析及其在重大疫情下变化趋势的研究［J］. 供应链管理，2020，1（09）：14-20.

［20］冯复平，龙琼. 服装实体零售店供应链数据分析模型的构建［J］. 全国流通经济，2020（23）：9-11.

［21］倪向丽，吕波. 核心企业信用扩散背景下旅游供应链金融信用风险评估研究——基于旅游餐饮行业上市公司的数据分析［J］. 旅游研究，2020，12（04）：23-33.

［22］李刚. 基于大数据分析的供应链风险识别与监控研究［J］. 供应链管理，2020，1（07）：42-52.

［23］张岩. 大数据能力、供应链动态能力与动态创新能力的关系研究［D］. 北京：首都经济贸易大学，2020.

［24］吕娜. 大数据能力、服务链整合对政府智慧服务绩效的影响研究［D］. 南京农业大学，2020.

［25］程家俊. 大数据在供应链中的应用热点与趋势分析［D］. 合肥：合肥工业大学，2020.

［26］谭冲. 大数据背景下的供应链协调问题研究［D］. 绵阳：西南科技大学，2020.

［27］张晴，张玉琪. 大数据分析在供应链管理中的应用研究综述［J］. 广西质量监督导报，2020（02）：169-170.

［28］耿晓媛，冷志杰. 农产品供应链金融风险度量及经验数据分析［J］. 供应链管理，2020，1（02）：86-95.

［29］张雅琼，刘巧云，危思攀，等. 大数据分析在物流及供应链管理中的应用研究进展［J］. 中国市场，2019（28）：164-167.

［30］尤耀华. 供应链中大数据分析应用研究［J］. 计算机产品与流通，2019（09）：99-100.

［31］莫芊霖. 探究大数据分析在供应链管理中的作用［J］. 今日财富（中国知识产权），2019（09）：67.

［32］吴忠县. 大数据分析法打造智慧供应链［J］. 现代信息科技，2019，3（14）：164-165+168.

［33］李军臣. 供应链管理中大数据分析的应用［J］. 区域治理，2019（29）：106-108.

［34］张棹. 大数据分析在供应链管理中的应用［J］. 电脑编程技巧与维护，2019（06）：111-113.

［35］沈浩. 基于数据分析方法的供应链网络设计研究［D］. 北京：清华大学，2019.

［36］周才云. 大数据分析法打造智慧供应链［J］. 中国自动识别技术，2019（02）：56-58.

［37］杨小龙. 大数据技术对供应链管理的影响分析［J］. 通信与信息技术，2019（02）：45-46.

［38］马建勋. 大数据应用对供应链管理价值提升的分析［J］. 智富时代，2019（03）：120.

［39］马洁，郑彩云. 应用大数据进行供应链物流服务升级的现状和需求分析［J］. 中国商论，2019（04）：12-13.

［40］陆杉，陈宇斌. 供应链中大数据分析应用研究综述［J］. 商业经济与管理，2018（09）：27-35.

［41］杨帆. 大数据应用对供应链管理价值提升的分析与研究［J］. 中国新通信，2018，20（18）：110-111.

［42］高思翔. 大数据应用对供应链管理价值提升的分析［J］. 现代企业，2018（09）：12-13.

［43］陈俊丽. 大数据分析在供应链管理中的有效应用［J］. 计算机产品与流通，2018（04）：261.